HR

数智化转型

人机协同与共生

陈春花　徐少春　朱丽　刘超　钟皓　曾昊 / 著

清华大学出版社

北京

图书在版编目（CIP）数据

HR 数智化转型：人机协同与共生 / 陈春花等著 . 北京：清华大学出版社，
2025. 8. -- ISBN 978-7-302-70229-0

Ⅰ . F243-39

中国国家版本馆 CIP 数据核字第 2025R99B15 号

责任编辑：宋冬雪
装帧设计：青牛文化
责任校对：王荣静
责任印制：刘海龙

出版发行：清华大学出版社
    网 址：https://www.tup.com.cn，https://www.wqxuetang.com
    地 址：北京清华大学学研大厦 A 座   邮 编：100084
    社 总 机：010-83470000   邮 购：010-62786544
    投稿与读者服务：010-62776969，c-service@tup.tsinghua.edu.cn
    质 量 反 馈：010-62772015，zhiliang@tup.tsinghua.edu.cn
印 装 者：北京同文印刷有限责任公司
经 销：全国新华书店
开 本：170mm×230mm   印 张：17.5 字 数：222 千字
版 次：2025 年 9 月第 1 版   印 次：2025 年 9 月第 1 次印刷
定 价：72.00 元

产品编号：112513-01

序一

数智技术的本质是赋能人，
而不是取代人

数智技术成为一种生存环境

无论是企业还是个人，都需要面对一个事实，即数智技术正逐渐成为一种生存环境。借助于数智技术的发展，人类的基本活动发生着前所未有的变化，这些变化体现在以下三个方面：

● 人类活动，从有边界的物理世界，延伸到无边界的数字世界，甚至是虚拟世界。

● 社会经济活动，从物质生产活动，叠加上人际交往活动以及自我意识活动。

● 时间不再是一维的，时间的内涵则呈现为"意义"，即如何"定义和命名"。

这三个方面的变化，既带来社会与企业发展模式的根本性改变，也带来人自身价值与意义活动的变化，人们在数智技术的作用下，可以"重新定义"行业、产业、组织、市场、顾客价值，甚至是个人的生活，包括对世界的看法也会被"重新定义"。人们在感受到前所未有的机遇的同时，又对未知和巨大的变化感到焦虑，并不得不为此进行自我重塑、转型与升级。

技术和速度的叠加，使得数智技术普及非常快，如 AI（人工智能）技术经由 ChatGPT 横空出世，使人类几乎在一夜之间由大数据时代进入了 AI 时代。对每个人来说，挑战变得完全不确定且没有经验可循。因此，我们在理解新概念或定义新概念时，需要真正理解创造价值、产生价值的内在逻辑所发生的变化，从而获得由数智技术引发的对新意义与新价值的认知。

时间价值的社会变迁。对时间价值变化的理解，可以帮助我们认知数智技术带来的时间价值的"重新定义"的内在含义。在农业社会，时间是"上帝的时间"。这个时期的人类只能在资源匮乏中祈求上帝的眷顾，努力学会使用工具和建立合作，创造生存所需的用品。到了工业社会，"时间就是效率，效率就是生命"，技术革命带来生产力的极大提升，人类可以通过技术和工业化，不受自然资源或者自然生命时间的限制，能够在有限时间内产出更多，时间的内涵转换为单位时间内能否产出更多；满足人们生存所需的财富创造达到前所未有的高度。来到信息社会，时间的内涵呈现为"意义"。借助于数智技术，时间不再是一维的，人类可超越物质世界进入一个全新的世界；人际互动与意识活动参与社会经济活动，人们也通过不断定义自身的意义而获得价值。

人类三种基本活动的场景。数智技术作为生存环境，让人类三个最基本的活动场景——物质生产活动、人际交往活动、自我意识活动——都有了现实应用的场景。在农业社会和工业社会，物质生产活动是主要经济活动，人际交往和自我意识活动是辅助性活动。到了信息社会，也就是数智技术生存环境下，物质生产活动依然是主要活动，但是人际交往活动和自我意识活动也可以直接产生经济价值，人际交往活动和自我意识活动与物质生产活动一样，成为主要的经济活动，由此，社会经济活动价值的空间变得完全不同。

2024 年初春，我们去杭州调研，参观了几个很有意思的地方。一些村落曾经因为村民到城市居住而被遗弃变得荒芜了。现在，因为一些年轻人，这些村落反而焕发出新的生机。城里的年轻人把这些小村落承包下来，在里面打造他们的新生活方式，形成一个小的生态闭环。他们对村落进行重新定义和规划，十几套民房被改造为不同的空间，如茶室、书舍、音乐间、冥想空间、村民食堂、民宿等；他们把麦田作为背景，辟出一小块村民广场，在这里教游客打鼓、跳舞、画画等。这些年轻人平均 35 岁，凭着对生活的理解，他们创造出自给自足的生态共同体，与我们居住在城市中的广泛生态系统，是一种完全不同的存在。这种充满了自我创造，按照理想生活方式打造出的模式令人心动。

财富生产方式的变化。因为时间价值的变迁，人类基本活动的实现方式发生了变化，财富生产方式以及对于财富衡量的标准也发生了变化，由此带来的工作价值取向，以及人的精神追求也随之发生变化。今天的人们，尤其是新生代员工，更关注可自由支配的时间，更追求按照自己的意愿去生活，这些新的选择成为衡量财富的一个重要维度。在新生代员工看来，选择工作的标准不再是薪酬，他们更看重自己的兴趣以及时间上的自由度，甚至一部分新生代员工会选择灵活契约关系，或者选择零工，更有人选择"躺平"。而在价值追求上，社会价值回归与精神价值回归成为趋势。相对于传统的通过奋斗拥有物质财富才算是丰富的人生的价值取向，年轻人的工作取向变成兴趣导向，认为可自由支配的时间才是丰富的人生。这是两种完全不同的工作取向和财富衡量尺度。

需要特别关注和强调的两点。第一，数智技术改变了顾客的价值观念，因此，数智化转型要求企业的核心业务做出革命性的改变。第二，数智技术改变了社会发展观念，因此，整个数智化转型，要求企业的发展模式做出革命性的改变。

企业发展的关键性变化

回到企业视角，在数智技术成为一种生存环境的背景下，企业发展模式也发生了关键性的变化，即战略、组织与人三个根本性的变化。

第一个变化：战略环境与选择的变化。工业技术背景下，企业探讨战略环境与选择时，更多是基于产业条件视角做出判断，企业战略选择也多以竞争战略为主，通过对外部环境趋势的判断，在产业空间中做出取舍并获得竞争优势。但是，数智技术背景下，外部环境充满不确定性，无法预测趋势，而产业边界与组织边界都被打破，跨界融合出现在各个领域。企业战略环境与选择发生了根本性变化，既要把战略与外部环境、产业条件联系在一起，也要把战略与组织、人联系在一起。战略是一个面对环境持续变化的动态选择，同时也是一个共生态价值创造的过程。而其中的核心变化是，数据、信息和知识、技术变成了个人、社会与经济的主要资源。

领先企业一般具有以下三个特点：第一，在战略方向选择上，使命优于利润，把推动社会进步、利他向善作为驱动力量，通过共生创建更大的战略空间；第二，战略不再只是一个资源模型，更是一个能力模型，以不断为顾客创造新价值作为战略优势；第三，战略、组织与数智技术融为一体。

第二个变化：组织效能、组织发展和人的发展的变化。在企业价值活动的数智化概念中，发挥效能的空间变了，原来只有一个业务价值空间，今天会有生态价值空间与组织运营价值空间。当三个价值空间的效能都发挥出来时，整体组织效能显现出优势，从而推进组织可持续发展。

今天的组织一定要关注组织发展和人的发展是同步的。组织和人同步发展，才能得到组织的最终因变量——组织效能。这里引用德鲁克的观点——"效能是知识工作者，包括管理者的一种特殊技术，他们只有对组织真正有所贡献，才算是卓有成效"。

从组织效能的现实出发，我们需要特别关注组织有效性的四大障碍。第一，创造顾客价值的障碍。这一障碍是由顾客价值意识弱、市场变化速度快、人才储备与技术应用不足导致的。第二，保持组织优势的障碍。这是由人才储备与能力不足、体系固化、数字化程度低导致的。第三，构建组织能力的障碍。适应环境能力弱、无法构建关联战略、应用技术不足是根因。第四，挖掘人员潜力的障碍。无法明确与衡量人员价值、激活不足与使能人员不足是挖掘潜力障碍的关键影响因素。

第三个变化：人力资源支撑战略的模式的变化。 我们与金蝶一起，围绕着数字经济时代人力资源管理模式这一主线，进行了七年多的探索。人力资源支撑战略过程可以分为四个阶段：

- 事务型（1.0）：档案管理、工资体系、实务管控；
- 专业型（2.0）：六大模块、科学分工、标准流程；
- 业务型（3.0）：卓越中心、业务伙伴、共享服务；
- 共生型（4.0）：人人平台、多元契约、共创价值。

这四个阶段也可以理解为人力资源管理的进化路径。在深入企业的实践调研中，我们发现很多企业的推进速度是非常快的。从表0-1中可以看到，人力资源管理从专业人力支持进化至共创顾客价值，而在这个进化的过程中，管理模式也发生了相应的变化。同样要求改变的是企业数字技术系统，从工具化、信息化到智能化再到场景化，而在场景化阶段也已经有领先企业实践，如平安银行、东鹏饮料、海尔和华住等。这背后的底层逻辑是什么？关键是数智技术能力组合与应用，直接作用于顾客价值创造，支持了价值场景再造。

表 0-1 不同阶段的人力资源关注点、阶段表现、管理模式、代表企业和需要的 IT 支持
(从专业人力支持进化至共创顾客价值)

人力资源关注点	人事阶段 具体事务支持	专业化阶段 专业职能支持	三支柱阶段 人力场景支持	价值化阶段 价值场景创造
阶段表现	人事管理 (成立行政与人事部，提供简单人力流程助力员工，如入职盖章)	专业模块管理 (成立人力资源部，提供专业化服务支持业务发展，如人才招聘)	场景化管理 (成立人力共享中心，提供场景化服务支持业务发展，如干部管理)	活动化管理 (成立产品化科技中心，提供半封装场景助力价值创造，如网红工厂)
管理模式	单一职能	专业职能	传统三支柱	场景化三支柱
代表企业	早期企业	华发集团 Huafa Group	韵达 ICBC 工银科技	中国平安 PING AN 东鹏欧科 Haier 华住 HUAZHU
需要的 IT 支持	工具化	信息化 (简单报表与逻辑关系)	智能化 (基于数据的决策模型、预测等)	支持价值场景再造 (数字化能力组合与应用，直接作用于顾客价值创造)

"数字经济时代人力资源管理新模式" 课题组

对 CHO 洞察与调研的发现

本书是对参与调研的受访者观点和问卷调研的结果进行分析研究的成果，相关的调研数据和管理层观点，在书中一一呈现。这既是我们首次对 CHO100 人力资源最高管理层进行的调研，也是我们研究团队开展的数字化管理创新调研的系列之一。CHO100 是国内最具影响力的人力资源管理领域的社群之一，由陈春花教授发起，北京大学国家发展研究院支持，集聚 100 多位中外领先企业的 CHO（首席人力资源官），涵盖多个行业和领域。参与本项目访谈调研的 CHO 基本情况如下：

受访的 CHO 总数：61 位

受访 CHO 所服务企业

组织特征：行业领先企业，包括十多家世界和中国 500 强

组织现状：快速发展期

人员规模：2 万人以上

营收规模：分为两组，11 亿~99 亿元与 100 亿~500 亿元

在这项管理层调研中，我们与 20 多个行业的 61 位人力资源最高管理层主管进行了一对一访谈，以了解他们对数智技术背景下，人力资源管理的挑战和应对所做的努力，更深入地研究了参与访谈的 61 位 CHO 的观点。访谈发现，由于确信数智技术会对人力资源管理产生深远影响，CHO 们都把数智化转型作为重中之重。同时我们也进行了问卷调查，扩大对研究对象的了解范围，涵盖了从高层管理者到具体执行层，从人力资源管理专业职能负责人到业务负责人。

参与问卷调查的企业画像：中小型非国有组织为主，人力资源规模较小、投入较少。基本情况如下（图 0-1）：

• 绝大部分受访组织是 0.5 万人以下的非国有组织（87.1%），以私营企业（67.2%）为主，中外合资企业（11.6%）也占一定比例；

• 国有企业与事业单位（9.4%）、0.5 万人以上组织（4.3%）的占比较低；

• 营业收入在 5000 万~1 亿元的占比最高，对人力资源的投入普遍不高：82.3% 的组织人力资源规模在 20 人及以下，大多投入不超过营业收入的 1%。

分析维度及说明：总体为主，对比分析不同规模/性质的企业（图 0-2）。

分析维度一：总体企业

分析维度二：企业所属行业，重点关注

• 0.5 万人以下国有组织（N=86）；

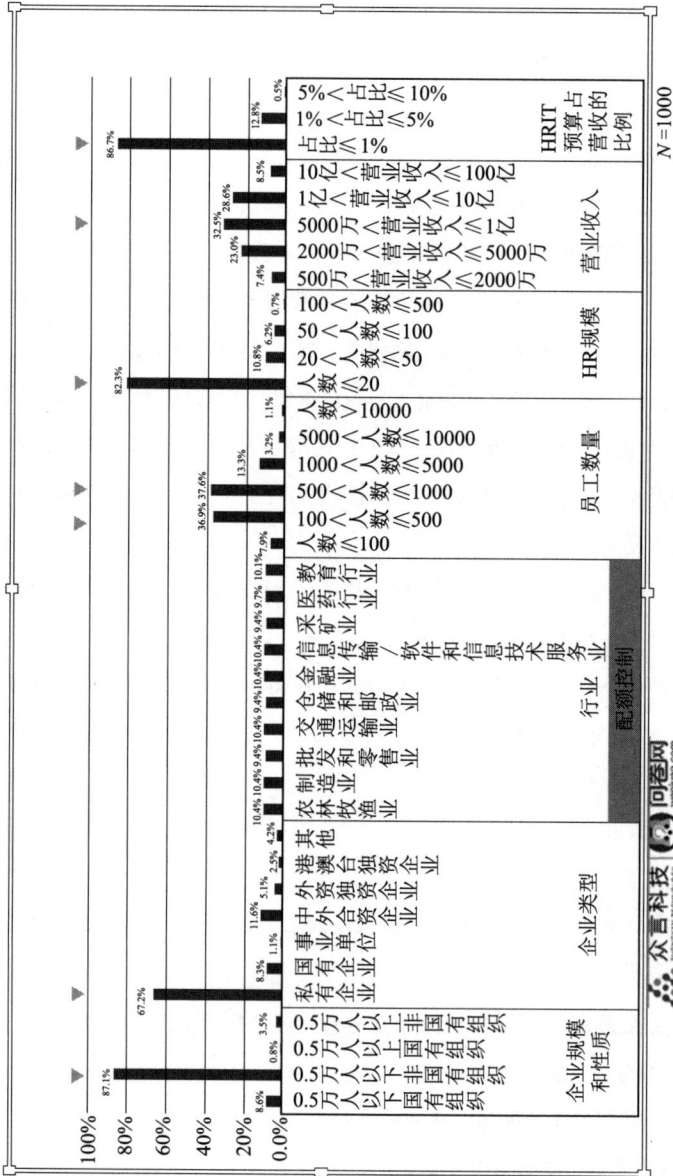

图 0-1 问卷调研企业画像

$N = 1000$

• 0.5 万人以下非国有组织（N=871）；

• 0.5 万人以上国有组织（N=8[①]）；

• 0.5 万人以上非国有组织（N=35）。

规模/性质（N=1000）

87.1%

8.6%

0.8%

3.5%

| 0.5万人以下
国有组织 | 0.5万人以下
非国有组织 | 0.5万人以上
国有组织 | 0.5万人以上
非国有组织 |

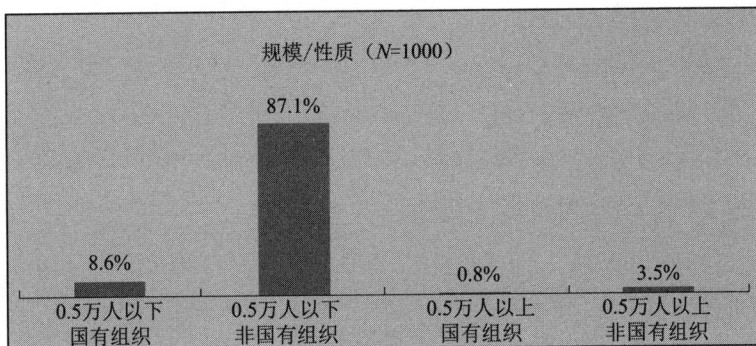

图 0-2 分析维度说明

综合访谈和问卷调查，我们总结了以下核心观点：

组织的可持续发展，必须迎难而上。宏观经济、数智技术、复杂多变环境等将成为组织持续发展的外部挑战；生态与组织建设、人员认知和技能将是实现组织持续发展的内部挑战；需要 CEO（首席执行官）、CHO、CSO（首席战略官）与 CTO（首席技术官）组成推动组织持续发展的关键团队。

面对变化，提升人力资源体系的有效性是关键。确保组织的有效性，需要人才储备与技术应用强化；保持组织优势需要提升现有人才能力，引进新人才构建新能力；激活与赋能人的发展，释放人的潜力并创造价值。

重塑人力资源体系的目标与路径。高效的人力资源体系可落实战略、激活与使能工作单元、提升经营绩效与变革组织；人力资源体系改进的重

---

① 小样本数据，后续不做具体分析，结果仅供参考。

要方向是推动数智化、重塑领导力、重构管理模式；领先企业已经基本完成三支柱变革与数字化，即将启动个性化三支柱与深度数智化的新探索。

结论：加速人力资源数智化转型之旅。CHO 们应该从以下 5 个方面展开行动：

- 高效契合企业战略；

- 主动协同业务运行；

- 深度个性化员工体验；

- 将知识与能力视为核心资产；

- 打造人力资源数智技术架构。

这项研究持续了 7 年多的时间，特别感谢所有参与的伙伴们，正是你们的探索和实践，让我们对这一主题有了结论，并得出五大行动方向；你们独到的观点也被引用在本书之中。事实上，这一主题依然处于持续的探索中，会有更多新发现陆续展开。本书作为阶段性的成果，使命和责任在于，激励更多的企业以及 CHO 们，加速推进人力资源的数智化转型，引发和深化关于人力资源管理与发展课题的探讨与实践。

陈春花

上海创智组织管理数字技术研究院院长

序二

拥抱人力资源管理新世界

2018 年初，怀揣着探索中国管理模式，助力中国企业成长的初心，我与陈春花老师团队决定开启数字经济时代下企业管理新模式的研究。研究的第二阶段，我们把研究方向聚焦于数字化人力资源管理。三年中，我们见证了从新冠疫情肆虐到"后疫情"时代，AI 技术正在以超乎想象的发展速度重塑商业格局，与此同时，国内经济转型调整，企业经营面临前所未有的压力。挑战无处不在，然而挑战的另一面是更多的机遇。中国企业正被簇拥着站在变革的十字路口。这期间，研究团队对话了来自 20 多个行业的领先企业的 CHO，愈发坚定人力资源管理到了需要拥抱变革的时候。变革之路的另一头，我看到人力资源管理新画卷正徐徐展开。

在探索人力资源管理变革的过程中，我有几点感悟。

第一，关于变革。回顾人力资源管理的演进历程——从关注人事管理到聚焦专业职能再到支持业务需求，人力资源管理的价值边界不断突破。当数智时代来临，不断加速的变化成为企业生存的常态环境，人力资源的价值需要被再次定义。

戴维·尤里奇在最近更新的 HRBP（人力资源业务合作伙伴）模型中，

提出"人力资源的未来不再只关注人力资源，而是为所有利益相关者创造价值"。这意味着，人力资源的视角需要从内部转向外部，从被动跟随业务进化转至与业务共创价值。我们发现，已经有领先企业通过数字化能力的组合与应用，实现人力资源直接作用于顾客价值创造。在数字技术的加持下，人力资源管理变革正在开辟全新的可能性。

第二，关于标杆。中国企业的人力资源管理不仅要对标世界一流，更要敢于定义世界一流，定义属于中国的管理模式。2020 年，美国公司停止了华为人力资源系统的服务。短时间内，华为需要建成能够支撑其全球化业务并且快速响应变化的人力资源管理系统。顶住巨大的压力，金蝶与华为共同创建了一套覆盖全球员工的人力资源管理系统，数智化管理水平已经达到甚至超越国际水平。

过去这几年，一方面，金蝶与众多世界一流企业共创人力资源管理体系；另一方面，在积累了许多最佳实践的基础上，金蝶也一直在深化对世界一流人力资源管理的研究。世界一流的人力资源管理支撑战略、使能业务、提升运营和服务效率，更重要的是，创造极致的员工体验，利用数字化技术打造一个个有温度的工作场景贯穿员工的组织之旅，激活组织，成就每个人。属于中国的世界一流人力资源管理模式已不是空中楼阁，而是清晰可见的现实，更是值得每家中国企业、每一位人力资源管理从业者共同努力的事业。

第三，关于技术。AI 红利时代已来，人机协同是释放价值的关键。我们在研究中发现，AI 正在逐渐融入人力资源管理的各个场景，重塑流程、重塑决策、重塑体验。坚定"AI 的价值在于赋能人"的信念，金蝶围绕 AI 与人力资源展开了许多实践。以服务海信为例，金蝶与海信携手共创了人才供应链的各个场景。其中，基于 AI 技术打造的"活水平台"，帮助人力资源从业者高效且精准地识别和配置合适的人才满足业务需求，帮助员工有更多的机会找到适合自己的岗位，利用 AI 技术形成组织与人才互相成就的美好局面。

我们对 AI 的期待还不止于此。未来，组织中每个人都将拥有一个超级智能 AI 管理助手，获得全场景、个性化的智能助手解决方案。智能体新模式将会最大限度激发每一个人、每一家企业的潜力，金蝶正致力于让这个理想变成现实。

第四，关于本质。人力资源是企业最独特的资源，人是万物之灵，人的内心有无穷的力量。要真正理解如何让人力资源创造持续的价值，管理者必须认识到人力资源管理的本质是心力资源管理，就是要开发和挖掘每个人内心无尽的宝藏。

稻盛和夫曾说过，"最容易改变、最脆弱的是人心，而最牢固、最可靠、最美好的也是人心"。人力资源管理者唯有以人心为本，洞察人性、顺应人性，心怀成就天下人才的伟大使命，知行合一，将使命化为人力资源管理的新行动，才能真正激活每一个人的心力。心力资源管理的新思维将帮助人力资源管理者走向变革的成功。

这本书是我们探索人力资源管理新世界、探索中国管理模式的一个里程碑，更是我们下一个阶段深化研究的起点。回首这三年多的探索之旅，在与众多 CHO 对话的过程中，我们有幸听到、看到中国企业中发生的一个个有温度、有技术、有中国管理思想的人力资源管理场景，清晰地感受到我们离中国管理模式的本质又近了一步。带着此次研究收获的力量，未来我们将继续探索与建设，与全球共享来自中国的人力资源管理新世界。

徐少春

金蝶国际软件集团董事会主席兼 CEO

目录 CONTENTS

第一部分

数智技术对人力资源管理体系的深刻影响

人力资源管理的核心工作是赋能员工，为员工释放价值提供保障。数智技术为员工带来的赋能，正在成为整体员工体验中不可或缺的一部分。特别是随着企业更广泛地与生态伙伴合作，面对不确定性挑战，让员工与此相适应，不仅仅是员工自己需要努力的方向，更是人力资源需要努力的方向，也就是需要多主体、多维度赋能。

全面数字化来临之后，企业面临的外部环境发生了变化。整个公司治理的模式、探寻顾客价值、组织架构重塑方面都需要重新思考。人力资源也要保持与社会的同步，了解最新知识，促进公司的变革和发展。

（范晓静，菲尼克斯）

> 一切都存在，同时又不存在，因为一切都在流动，都在不断地变化，不断地产生和消失。
>
> ——赫拉克利特

第 1 章
数智技术发展与渗透

数智技术有效地推动了企业围绕顾客展开价值活动，帮助企业从以企业为中心转型为以顾客为中心。在企业的价值创造活动中，人力资源对顾客的理解，才可以嵌入整个价值活动之中。

数字化、科技、自动化也提高了人的生产力，或者提高了基础的生产力，把人释放到更前端去了，更前瞻了，更有创造性了；对人力资源来说也一样，如果人力资源不知道客户的需求是什么，客户的痛点是什么，甚至不知道客户是谁，客户希望我们提供什么样的价值，那么，这样的人力资源可能很快就会被取代。

(李婕，GFK)

第四次工业革命与人类过去经历的变革截然不同。正如古希腊哲学家赫拉克利特所言："一切都存在，同时又不存在，因为一切都在流动，都在不断地变化，不断地产生和消失。"这恰如其分地概括了数智时代的本质特征。在这个时代，技术的生命周期越来越短。20 世纪上半叶，一项技术从发明到成功商业化往往要经过几十年，例如电话用了长达 60 年的时间才走进 50% 的美国家庭；然而在 20 世纪下半叶，互联网走进美国家庭却只用了 5 年的时间[1]。物联网、AI、大数据分析、区块链等前沿科技以前所未有的深度和广度重塑着生产方式、商业模式乃至人们的生活习惯。技术的瞬息万变不仅要求社会具备高度的适应性和灵活性，也对个人的持续学习和创新能力提出了新的挑战。因此，第四次工业革命不仅是对技术的革新，更是对人类社会认知框架、价值观念以及合作模式的根本性重塑，展现了"存在与不存在"的动态平衡，以及在不断变化中寻找新机遇和应对新挑战的智慧。

技术的迅猛发展和广泛应用推动社会进入了一个全新的变革阶段。在这场变革中，AI 的快速发展尤为引人注目。它不仅拥有影响人类决策和行为的能力，而且这种影响力并不依赖于机器人在群体中的占比，无论数量多少，机器人都能在一定程度上影响人类。在工作场所中，机器人的角色正经历从追随者到合作伙伴，甚至到领导者的转变[2]。这一变化对组织在人力资源管理上提出了新的挑战，它不仅关乎如何对机器人进行有效的管理，更涉及机器人与人类员工之间的互动方式。

为了充分发挥人机协作的潜力，组织可能需要对现有的物理工作空间进行重新设计，以适应更广泛的双人协作、团队合作，以及更高层次的人机协同工作的需求。这种变革预示着我们所熟悉的工作场所在设计和功能上可能会经历根本性的变化。因此，数智时代的调研变得尤为重要，因为深入理解数智技术的复杂性对于塑造未来的工作场所和社会组织结构至关重要。这种理解有助于我们优化人机协作的模式，提高团队合作的效率，同时确保技术的进步能够与人类的需求和能力相匹配，从而推动整个组织向着更加高效、灵活和创新的方向发展。

1.1 数智技术发展历程对人力资源管理的新挑战

就人力资源管理而言，数智技术既调整了组织结构、信息通道，也提供了新的技术处理以及资源整合方式。组织的边界越来越开放，个体与组织的"契约关系"正在发生深刻变化[3]。在对 CHO 进行访谈时，我们也发现使用数智化的人力资源管理工具和方法已经成为行业共识。因此，为了厘清数智技术对人力资源管理的改变，我们首先从数智技术的发展阶段来回顾人力资源管理的演进。总体来看，人力资源管理经历了 4 个阶段（表 1-1）。

表 1-1 数智技术发展历程及其对人力资源管理的改变

关键时间点	数智技术的发展	对人力资源管理的影响
20 世纪中期至 1970 年	信息技术初露头角	自动化和整合人力资源管理流程
1970 年至 1990 年	互联网开始萌芽	人力资源记录的维护与管理不再受限于大型设备
20 世纪末至 2010 年	互联网技术快速发展	基于数据的决策模型加速了人力资源管理领域的数智化转型
2010 年至今	云计算技术、大数据技术、AI 技术	转变角色，参与到组织的战略和政策制定活动中

第一阶段：20 世纪中期至 1970 年

起初，数智技术的萌芽源自战争时期的迫切需求。在第二次世界大战期间，为了应对高强度的计算需求，美国启动了可编程的通用计算机ENIAC 项目。1946 年，该机器在宾夕法尼亚大学正式面世，美国国防部用它来进行弹道计算，这是世界上第一台电子计算机，它的出现宣告了计算机时代的来临。后来，晶体管的出现使计算机生产技术得到了根本性的发展，在被用于科学计算的同时也为数据处理、过程控制等方面提供了可能性。随着时间的推移，这些强大的计算工具开始被应用于解决商业和社会中的复杂问题，其中就包括了人力资源管理领域。

第一代计算机化的人力资源信息系统（Human Resource Information System，HRIS）的使用是企业从传统的纸质文档管理向数智化管理迈进的重要一步。这一时期，企业开始采用计算机技术来实现自动化和整合人力资源管理流程，如员工信息记录、薪资计算、福利管理等。这些早期系统通常依赖于集中式的计算架构来承担所有数据处理任务，而终端用户通过简易的终端设备（如打字机式终端）与主机交互，操作权限和功能相对有限。但这些大型主机能够高效处理大量数据，显著提高了工资单制作、数据分析等重复性工作的效率。与之前的手工记录相比，也减少了错误并加速了信息处理流程。然而，信息的输入、查询和分析请求通常需要通过专业的数据处理团队或 IT 部门来执行，人力资源专业人员在获取实时数据和生成定制报告方面存在一定的不便。

尽管如此，这一代 HRIS 的引入仍然是人力资源管理现代化进程中的一个重要里程碑。它不仅减轻了人力资源部门的行政负担，还为后续更加灵活、用户友好的系统发展奠定了基础[4]。

第二阶段：1970 年至 1990 年

随着技术的发展，20 世纪 70 年代便出现了小型计算机，这些小型计算机的体积更小、成本更低。它们常常通过编程来为某项特定的商业活动执行具体的功能，同时也引入了分布式数据处理的概念，这意味着每个业务单元或功能区域都能拥有自己的计算机进行管理和控制，从而提高了效率和灵活性。这一理念后来在个人电脑（Personal Computer, PC）的发展中得到了进一步的拓展和深化。

1976 年，苹果公司推出了第一台面向商业市场的个人电脑 Apple I。随着个人电脑的普及，第二代人力资源信息系统应运而生。这些系统可以直接放在人力资源专业人员的桌面上，使得数据管理变得前所未有的便捷。个人电脑的低成本特性使得数据处理能力从集中式的主机环境迁移到了每个人的办公桌上，人力资源记录的维护与管理不再受限于昂贵的大型设备，即便是小型组织也能轻松实现。这一时期提出的三支柱模型，标志着人力资源管理理念的跃进，即通过业务伙伴、共享服务中心和专家中心的架构优化资源配置，强化了数据分析在决策支持中的作用，显著提高了管理效能，并为后续的人才发展策略与组织效能分析奠定了坚实基础。

第三阶段：20 世纪末至 2010 年

随着互联网技术的飞速发展，计算机硬件的显著改善一直伴随着软件和用户兼容的改善。现代计算机更方便。当下，人力资源管理人员操作计算机时，无须再深谙复杂的编程技能或专业的信息技术术语。这都得益于第三代人力资源信息系统的革新。这些系统不仅超越了单纯的数据存储范畴，还集成了一系列强大工具，赋能人力资源专业人士以更高的效率执行多样化任务。在此阶段中，基于数据的决策模型日益精进，不仅加速了人力资源管理领域的数智化转型，还推动了智能化决策支持系统的广泛应用。虽然不同规模的组织关注程度略有差异，但都将运用数智化工具科学、高效地计算与编排付薪工时作为合理优化人工工时成本的主要方式（图 1-1）。这一做法不仅限于成本管控，更重要的是，它通过深度分析员工绩效数据，精准识别人才，为个性化职业发展规划和能力培养提供了数据支撑。同时，这种精细的数据分析能力也强化了对整个组织效能的全面评估，确保人力资源管理实践能够在信息化平台的支持下，更加紧密、深入地融入企业的数智化战略框架中。

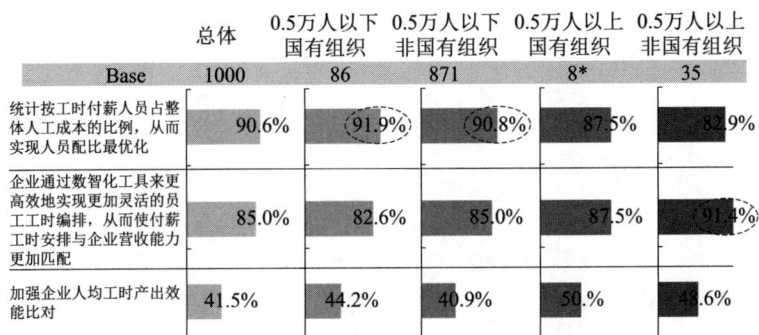

	总体	0.5万人以下国有组织	0.5万人以下非国有组织	0.5万人以上国有组织	0.5万人以上非国有组织
Base	1000	86	871	8*	35
统计按工时付薪人员占整体人工成本的比例，从而实现人员配比最优化	90.6%	91.9%	90.8%	87.5%	82.9%
企业通过数智化工具来更高效地实现更加灵活的员工工时编排，从而使付薪工时安排与企业营收能力更加匹配	85.0%	82.6%	85.0%	87.5%	91.4%
加强企业人均工时产出效能比对	41.5%	44.2%	40.9%	50.%	43.6%

图 1-1　人力工时成本的合理化优化方式（不同规模／性质的组织）

第四阶段：2010 年至今

近年来，云计算、大数据及 AI 等技术的深度融合与应用，为人力资源管理的数智化转型注入了强大的动力。

在数智时代，组织洞察和组织诊断的重点是什么？从我们的调研看（图 1-2），不同规模、不同性质的组织都对组织内部冲突状况、人力资源诊断的关注度最高，对其他方面内容的关注略有差异：0.5 万人以下国有组织和 0.5 万人以上非国有组织对组织知名度、能力、伦理、社会责任、商誉、品牌价值关注度较高；非国有组织（0.5 万人以上和 0.5 万人以下）对组织管理和作业流程的关注度较高。

Base	总体	0.5万人以下 国有组织	0.5万人以下 非国有组织	0.5万人以上 国有组织	0.5万人以上 非国有组织
	1000	86	871	8*	35
组织内部冲突状况、 人力资源诊断	46.6%	44.2%	46.7%	62.5%	45.7%
组织管理流程和 作业流程	40.9%	33.7%	41.6%	37.5%	42.9%
组织价值观和组织文化	39.5%	37.2%	39.7%	25.0%	42.9%
组织效率和效能	38.3%	39.5%	38.7%	25.0%	28.6%
组织知名度、组织能力、 组织伦理、社会责任、商 业信誉、品牌价值	37.4%	40.7%	37.0%	12.5%	45.7%
部门设置和岗位设置	29.5%	25.6%	29.5%	37.5%	37.1%
组织结构和形态	27.4%	32.6%	27.2%	25.0%	20.0%
组织战略和经营策略	22.7%	29.1%	22.0%	50.0%	17.1%
工作设计问题	15.8%	16.3%	15.8%		17.1%

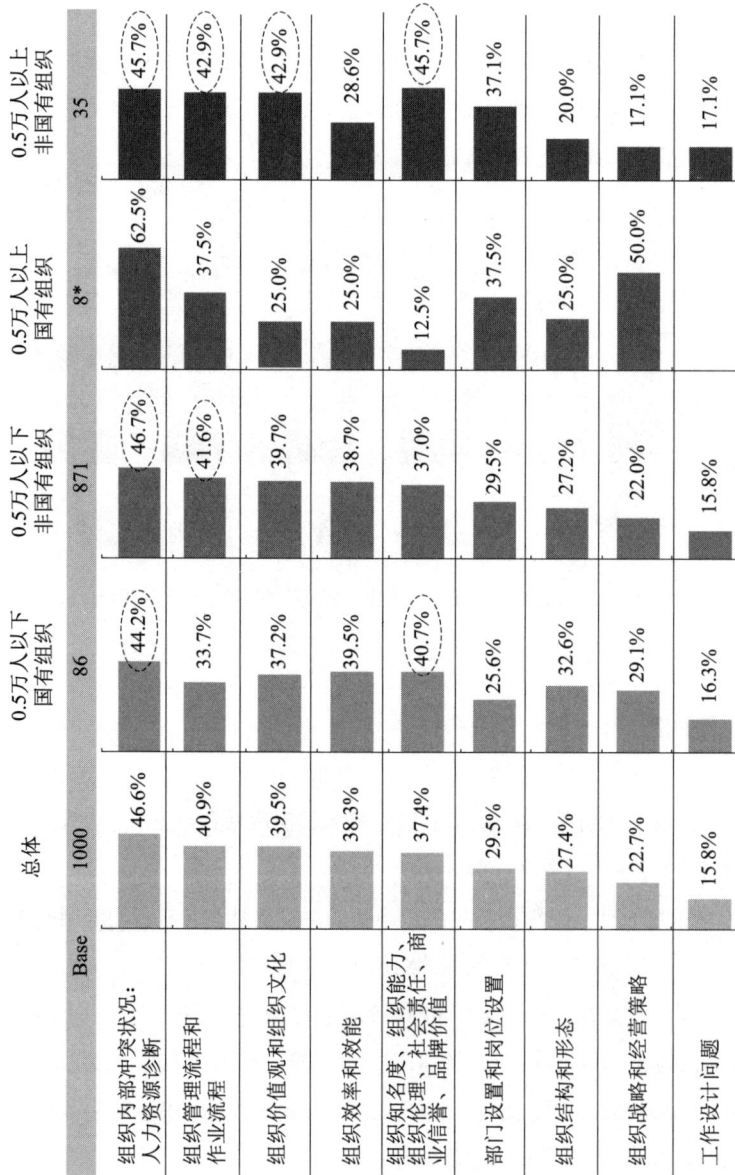

图 1-2 不同规模／性质的组织洞察和诊断的关注重点

为了迎接数智化的挑战，人力资源管理部门的员工必须比他们的前辈更加出色，被赋予更大的责任。CHO 要全身心地参与到组织的战略和政策制定活动中。幸运的是，在我们对多家公司 CHO 的深度访谈中，许多组织都出现了这种迹象，其中绝大多数人在公司政策的决策上起到了重要的作用。根据我们的访谈调研，成功的 CHO 都提出了以下建议。

建议一：员工体验是企业的核心关注点，应该实施个性化管理策略以满足员工的差异化需求，构建更加包容与高效的工作环境。

建议二：改变人力资源部门的角色。从辅助性的功能部门转变为积极的变革领导者和战略执行者，要具备敏捷的响应能力、持续的创新能力，以及对外部客户价值的不懈追求能力，以适应市场环境的快速变迁。

建议三：CHO 应该充分地了解当前和未来的走势与问题，这样才能确保自身不被即将过时的管理潮流或效率低下的技术所束缚，才能持续追踪最新的管理理念和技术动态。

1.2　数智技术渗透到人力资源管理全生命周期

在数字经济蓬勃兴起的洪流中，技术的快速迭代不断被推向创新的最前沿，市场随之掀起了一场场围绕技术突破的激烈角逐。腾讯、百度、阿里巴巴等互联网巨头凭借技术先驱优势至今仍屹立潮头；而那些曾经闪耀一时的企业，例如人人网、迅雷、暴风影音等，也正奋力追逐新兴技术热点，试图再现往日辉煌。与此同时，海尔、三一重工、美的、格力等传统行业领头羊，也纷纷宣布进军高科技领域，并视技术为其稳固以及拓展消费市场版图的关键踏板。显然，技术已经成为当前组织竞争格局中的决定性力量[5]。组织运作的关键依托变成了数据、信息及知识的数智化形式，而数智技术的发展也催生了基于大数据、预测算法、数据挖掘和可视化工具的人才分析实践[6]。其中，AI、机器人等对人的替代，致使人们必须改变对工作的认知。IMF 工作人员的调研显示（图 1-3），全球近 40% 的就业岗位将受到 AI 的影响，而在发达经济体，这一比例甚至接近 60%。一些岗位将会消失，完全被机器人替代；而另一些岗位工作的性质则将完全改变[7]，这对人的知识和技能提出了全新的要求。同时，我们的调研结果也进一步证实了这些内容。

按受AI影响程度和互补性划分的就业比例

■ 影响程度高，互补性高　■ 影响程度高，互补性低　■ 影响程度低

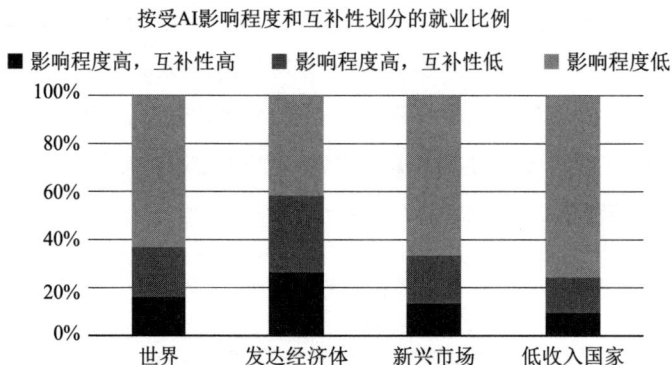

图 1-3　AI 对工作岗位的影响

来源：国际劳工组织和 IMF 工作人员的计算。

人力资源管理体系数字化现状

在我们的调研中（图 1-4），超八成企业人力资源管理体系处于准备启动数字化阶段，或部分模块已完成数字化阶段，仅有 8.8% 的企业完成全模块数字化。总体上，67.2% 的受访者对企业目前的人力资源数字化系统感到满意；在企业数字化成熟度上，61.0% 的受访者认为较高；46.3% 的受访者认为所在企业与标杆企业或期望值对比差距较小，且有 13.3% 的受

访者认为没有差距。整体来看，虽然人力资源管理体系数字化还有较大提升空间，但目前对数字化人力资源管理评价趋于积极。尽管数智技术已在提升组织效率和优化流程方面展现出显著成效，但如何更好地应用这些技术来增强员工的技能、提升员工的工作体验，以及促进员工创新与协作，仍然是一个值得深入研究和探索的重要问题。

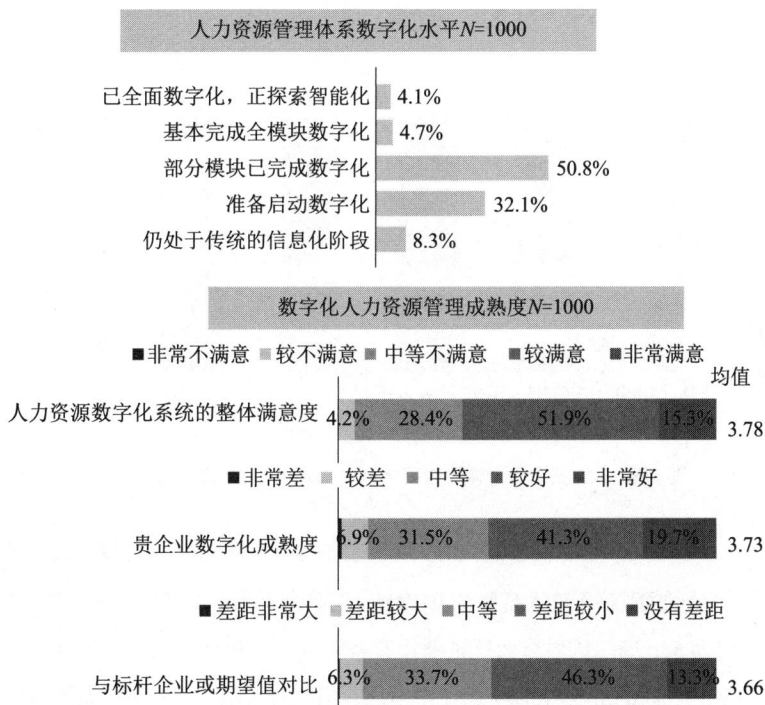

图 1-4　人力资源管理体系数字化水平和成熟度（总体）[1]

---

[1] 作者注：图中"数字化人力资源管理成熟度"部分，"人力资源数字化系统的整体满意度"的"非常不满意（0.2%）"、"贵企业数字化成熟度"的"非常差（0.6%）"、"与标杆企业或期望值对比"的"差距非常大（0.4%）"的数据比例均由于数值过小未显示。

　　同时，对于不同规模 / 性质的企业，规模更大的组织数字化水平越高，满意度和成熟度也越高。具体看，0.5 万人以上非国有组织已经超越传统信息化阶段，逐步进入数字化管理阶段，其中完成全模块数字化（"基本完成全模块数字化"+"已全面数字化，正探索智能化"）的组织占比达到42.8%；0.5 万人以下组织（国有组织和非国有组织）中仍有小部分处于传统的信息化阶段，虽然超过半数的组织已经完成部分模块数字化，但是实现全模块数字化的组织占比较低（图 1-5）。

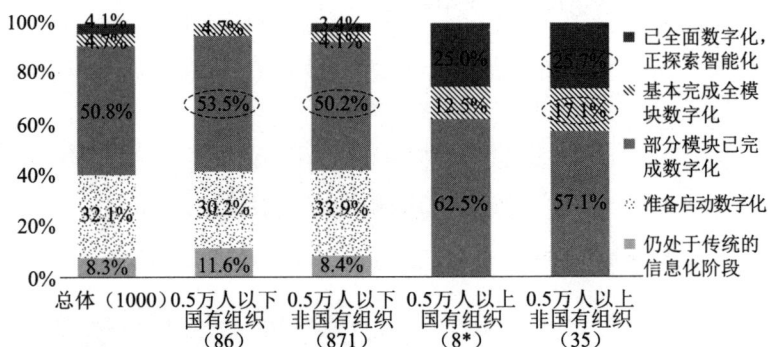

图 1-5　人力资源管理体系数字化水平（不同规模 / 性质的组织）[①]

　　0.5 万人以上非国有组织对人力资源数字化系统满意度较高，总体满意率（非常满意 + 较满意）为 94.3%，成熟度积极评价（较好 + 非常好）占比为 68.6%，认为与标杆企业没有差距或差距较小的占比也较高，为62.9%；而在 0.5 万人以下组织中，国有组织对人力资源数字化系统满意度和与标杆企业或期望值对比的评价低于非国有组织，但是对于企业数字化成熟度的评价略高于非国有组织（图 1-6）。

[①] 作者注：由于存在四舍五入，图中部分数据比例加总数值不严格等于 100%。本书其他部分图片也有类似情况，在此一并说明，请读者知悉。

人力资源数字化系统满意度（不同规模/性质）

■非常不满意　■较不满意　■中等不满意　■较满意　■非常满意

- 0.5万人以上非国有组织（35）：31.4%　62.9%　5.7%
- 0.5万人以上非国有组织（8*）：25.0%　75.0%
- 0.5万人以下非国有组织（871）：14.4%　52.0%　29.3%　4.1%
- 0.5万人以下国有组织（86）：17.4%　44.2%　33.7%　4.7%
- 总体（1000）：15.3%　51.9%　28.4%　4.7%　4.2%

企业数字化成熟度（不同规模/性质）

■非常差　■较差　■中等　■较好　■非常好

- 0.5万人以上非国有组织（35）：34.3%　34.3%　28.6%　2.9%
- 0.5万人以上非国有组织（8*）：12.5%　37.5%　37.5%　12.5%
- 0.5万人以下非国有组织（871）：20.1%　40.1%　32.0%　7.2%
- 0.5万人以下国有组织（86）：10.5%　57.0%　26.7%　4.7%
- 总体（1000）：19.7%　41.3%　31.5%　6.9%

与标杆企业或期望值对比（不同规模/性质）

■差距非常大　■差距较大　■中等　■差距较小　■没有差距

- 0.5万人以上非国有组织（35）：22.9%　40.0%　34.3%
- 0.5万人以上非国有组织（8*）：25.0%　62.5%
- 0.5万人以下非国有组织（871）：13.3%　46.7%　33.0%　6.7%
- 0.5万人以下国有组织（86）：9.3%　46.5%　38.4%　5.8%
- 总体（1000）：13.3%　46.3%　33.7%　6.3%

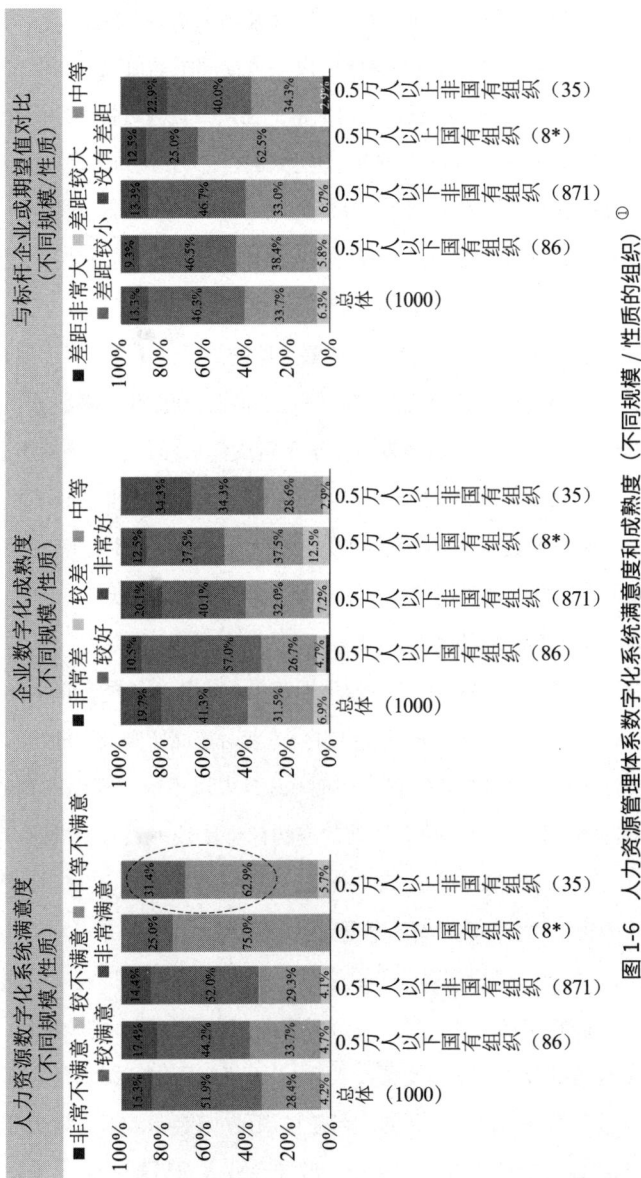

图 1-6　人力资源管理体系数字化系统满意度和成熟度（不同规模/性质的组织）①

① 作者注：图中"0.5万人以下非国有组织"对应的"非常不满意（0.2%）""非常差（0.6%）""差距非常大（0.3%）""数字化成熟度"部分"0.5万人以下国有组织"的"非常差（1.2%）""非常差（0.6%）""差距非常大（0.4%）"的数据比例，由于万人以下国有组织的"非常差（0.6%）""中等满意（0.2%）""总体"的"非常差（0.6%）""差距非常大（0.6%）"的数据比例，数值过小未显示。

核心发现 1：AI 可以精准匹配招聘人才，大幅提升管理效能。

随着技术的进步，AI 算法等的集成可以显著提高招聘流程的智能化水平，实现对人力资源的高效配置。调研显示，在人力资源数智化建设流程中，0.5 万人以下国有组织和非国有组织中数智化能力在高效人岗匹配 / 人才对比上的应用更广泛（图 1-7），分别为 83.7% 和 85.1%。这说明，不论是国有组织还是非国有组织，尤其是在规模较小的机构中，已经广泛意识到了利用 AI 技术进行人岗精准匹配的重要性，并积极采纳了相关数智化解决方案来提升其招聘效能与人力资源管理的质量，进而验证了 AI 技术在优化人才配置上的强大潜力与实际效用。早在 2002 年，调研人员就发现大学毕业生和专业人员就像发送传统手写文件那样发送电子简历。例如，硅谷图片（Silicon Graphics）——一个位于加利福尼亚的计算机工作站制造商，每月通过互联网收到 4000~12000 份简历。同时，IBM 运营的 Cyber Blue 网站，也为用户提供了可搜索的工作岗位信息、大学生招聘会详情及公司福利介绍等 [8]。

然而并不是所有的企业都能在数智化招聘中提升管理效能，调研结果显示（图 1-8），0.5 万人以上非国有组织受访者对提高招聘效率的积极评价（好 + 非常好）占比在 80% 以上；而 0.5 万人以下国有组织和 0.5 万人以下非国有组织受访者对提高招聘效率的评价比较一致，积极评价（好 + 非常好）占比都较低。因此，相对于较小规模的组织来说，规模更大的组织对人力资源数智化招聘的效率更高。

根据我们的调研，组织招聘业务数字化价值关注点主要是人才引进的投入与产出，解析市场人才布局，调整企业人才引进策略，持续呈现、监控人才贡献度指数及优化招聘资源投入。0.5 万人以下国有组织与非国有组织对招聘业务数字化的价值关注点与总体表现一致；0.5 万人以上非国有组织除关注以上价值点外，对布局、调控企业人员匹配业务未来发展的结构，构建招聘团队及从业者效能、信用体系也很关注（图 1-9）。

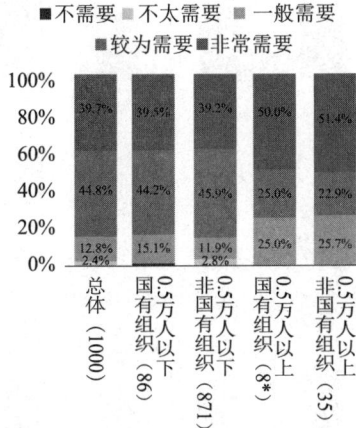

图 1-7　高效人岗匹配 / 人才对比（不同规模 / 性质）[①]

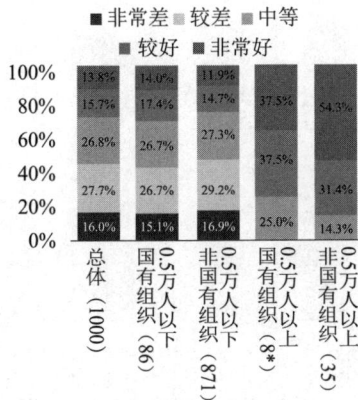

图 1-8　提高招聘效率（不同规模 / 性质）

[①]　作者注：图中"0.5 万人以下非国有组织"的"不需要（0.2%）"的数据比例，"0.5 万人以下国有组织"
　　的"不需要（1.2%）"的数据比例，"总体"的"不需要（0.3%）"的数据比例，由于数值过小未显示。

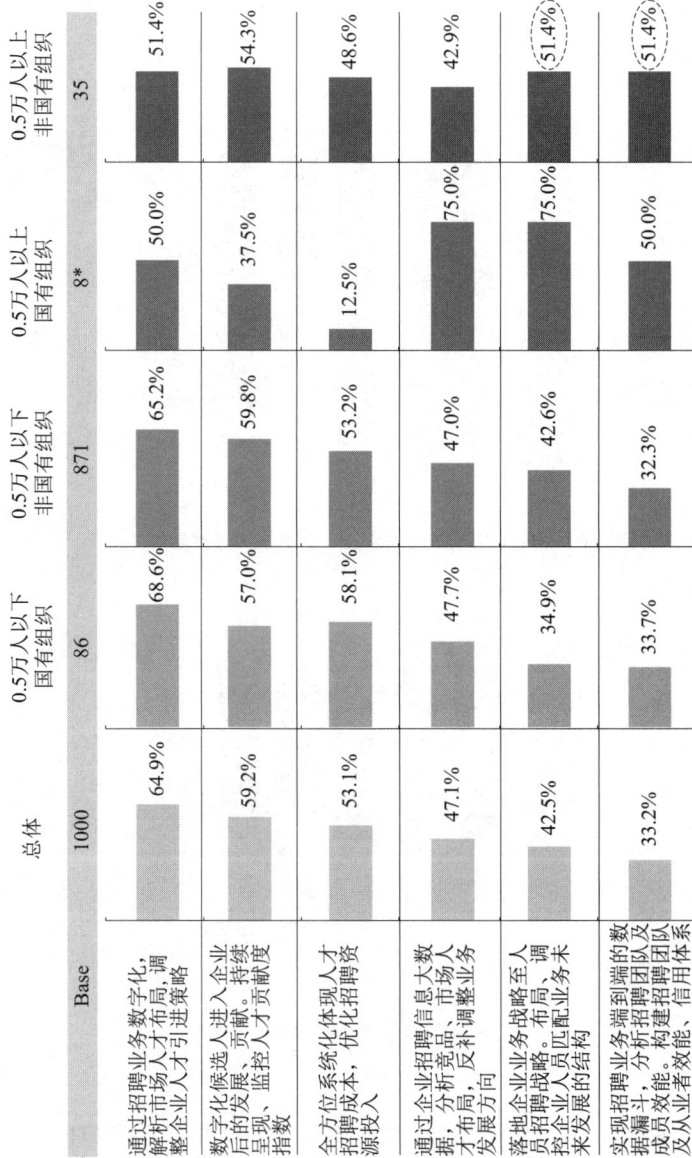

图 1-9 招聘业务数字化信息化的主要价值关注点（不同规模／性质）

Base	总体 1000	0.5万人以下国有组织 86	0.5万人以下非国有组织 871	0.5万人以上国有组织 8*	0.5万人以上非国有组织 35
通过招聘业务数字化，解析市场人才布局，调整企业人才引进策略	64.9%	68.6%	65.2%	50.0%	51.4%
数字化候选人进入企业后贡献、持续贡献、监控人才贡献度呈现、监控人才贡献度指数	59.2%	57.0%	59.8%	37.5%	54.3%
全方位系统化体现人才招聘成本，优化招聘资源投入	53.1%	58.1%	53.2%	12.5%	48.6%
通过企业招聘信息大数据，分析竞品、市场人才布局，反补招聘业务才布局，反补发展方向	47.1%	47.7%	47.0%	75.0%	42.9%
落地企业业务战略，布局企业人员匹配业务未来发展的结构	42.5%	34.9%	42.6%	75.0%	51.4%
实现招聘业务端到端的数据基础，分析招聘团队及成员业务效能，建设招聘团队及从业者效能、信用体系	33.2%	33.7%	32.3%	50.0%	51.4%

核心发现 2：数据驱动的数智化绩效管理可以增强评估透明度与效率，并基于平台分析直接洞察员工绩效与潜能，为晋升策略提供精准支持。

在当今快速演变的商业环境中，企业对于高效、公正且具有前瞻性的绩效管理体系的需求日益迫切。在我们对员工绩效管理的调研中（图 1-10），0.5 万人以上非国有组织中数智化能力在绩效目标与成果管理中的应用比在 0.5 万人以下组织中更广泛，其占比达到了 88.6%，这说明规模更大的组织对人力资源数智化绩效管理建设得更好。

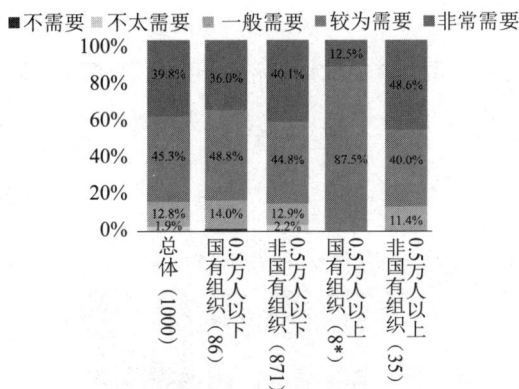

图 1-10　数字化绩效目标与成果管理（不同规模／性质）[①]

值得注意的是，虽然规模较大的企业在实施数据驱动的绩效管理体系上表现出色，但这并不意味着小型组织无法从中获益。实际上，随着云计算和 AI 技术成本的降低以及应用门槛的下降，小型企业同样有机会采用先进的数智化工具来优化其绩效管理流程。通过选择适合自身规模和发展阶段的解决方案，这些企业也能提高决策速度，精准识别高潜力人才以及

[①]　作者注：图中"0.5万人以下国有组织"的"不需要（1.2%）"的数据比例，以及"总体"的"不需要（0.2%）"的数据比例，由于数值过小未显示。

优化资源配置，进而缩小与大企业之间的差距。正如德勤与中国发展高层
论坛分享的《2024 全球人力资本趋势》报告中所调研的结果一样，通过透
明的数据实践可以建立员工的信任，为组织带来巨大的益处——当员工相
信其组织会负责任地使用数据时，他们对企业的信任度会提升 35% [9]。

　　通过数智化工具分析员工绩效行为是企业绩效管理的主要方式和特
点（图 1-11），我们访谈的 CHO 对员工进行评价的方法采用最多的就
是 360 度反馈法。数智时代，360 度反馈机制作为一种多角度、全方位
的评价方法，对于深入理解并有效应对员工关切至关重要。这种方法的
应用不仅提升了员工个人的成长体验，也促进了企业整体的优化升级，
从而创造了企业与员工共赢的发展环境。可见，数据驱动的绩效管理不
仅是提升企业内部治理水平的工具，更是实现战略目标与可持续发展的
基石。

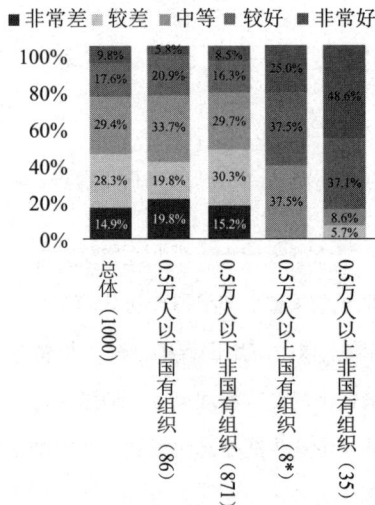

图 1-11　数字化员工绩效行为数据和画像（不同规模 / 性质）

此外，现有企业还通过建设人才资源库，为晋升策略提供精准支持。我们的调研结果显示（图 1-12），在员工人数不足 0.5 万人的组织中，国有组织和非国有组织对人才库管理建设的评价较为一致，积极评价（较好＋非常好）的占比都比较低；而在员工人数超过 0.5 万人的非国有组织中，其对人才库管理建设的积极评价（较好＋非常好）达到了 80%。

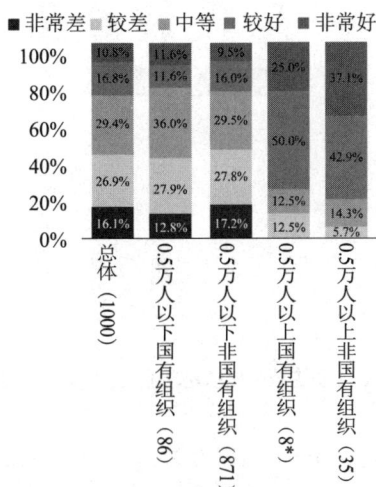

图例：■ 非常差　■ 较差　■ 中等　■ 较好　■ 非常好

	总体 (1000)	0.5 万人以下国有组织 (86)	0.5 万人以下非国有组织 (871)	0.5 万人以上国有组织 (8*)	0.5 万人以上非国有组织 (35)
非常好	10.8%	11.6%	9.5%	25.0%	37.1%
较好	16.8%	11.6%	16.0%		42.9%
中等	29.4%	36.0%	29.5%	50.0%	
较差	26.9%	27.9%	27.8%	12.5%	14.3%
非常差	16.1%	12.8%	17.2%	12.5%	5.7%

图 1-12　数字化人才资源库管理（不同规模／性质）

核心发现 3：数智技术优化了人力资源管理流程，显著改善了员工的体验。

KPMG 的 CHO 郭音在员工反馈中强调了福利的重要性，特别是考虑到当下的高压环境，人力资源管理应该审视并改进福利项目。除了基本的福利外，还应增加精神健康支持，如心理辅导等来帮助员工减压，这是 CHO 的关键职责[10]。我们的调研结果显示，0.5 万人以上非国有组织的受访者对数字化福利管理建设的正面评价（好＋非常好）占比仍然很高，达到 82.9%

（图 1-13）。因此，人力资源数智化转型的目标不仅仅是有效支撑战略及业务，实现信息交流，更包括改进福利管理以提升员工的效率与满意度。

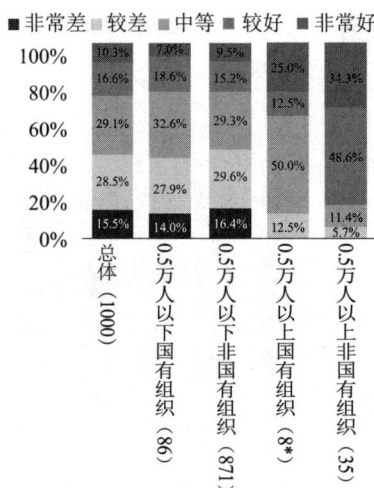

图 1-13　员工数字化福利管理（不同规模 / 性质）

　　巴纳德的组织理念强调，组织的本质是一个协调统一的系统，构建于至少两人的集体，其核心要素包括共同的目标、成员间合作的意愿以及信息沟通。从根本上说，要达成组织的既定目标，就必须充分关注并满足员工的多元化需求。当个体的需求得到满足时，整个团队的协作效率与系统效能自然会显著提升。因此，为了优化员工体验进而提升组织的效能，企业不仅需要营造包容且激励人心的文化环境，采用先进且人性化的技术平台提升工作效率与增进沟通，还应设计有利于激发创意与协作的物理空间布局。

　　核心发现 4：数据赋能战略与组织设计，通过精准人才规划与人力资本洞察，增强决策科学性，确保组织灵活性与市场适应性。

　　数智时代与工业时代的一大显著差异在于时间价值的深刻变革，这主要表现在两个层面：一是技术革新的步伐急剧加速，超越了常规预期，不断刷新变革的边界；二是这些创新技术的普及速度同样空前，迅速渗透至社会经济的每一个角落，让人目不暇接。这两股力量的交织作用，即技术迭代与普及的双重加速，彻底重塑了时间的价值观念与经济社会的运行逻辑[11]。蒂升电梯的 CHO 陈敏认为，通过数智化手段即时分析人力资源的各个维度，不仅能洞察现有的人才配置、预测未来的人才需求，并确保与企业战略紧密对接，还能直观地帮助企业进行战略的全局优化与决策制定[12]。

　　然而目前人力资源管理数智化建设总体完成比例不高（图 1-14）。调研显示，0.5 万人以上非国有组织的数字化战略人才规划与分析建设进度相对滞后，完成或待升级的占比为 25.7%；0.5 万人以下国有组织和 0.5 万人以下非国有组织的建设进度虽未达到 30%，但与规模更大的组织相比没有明显的劣势。由于目前企业整体数智化建设仍处于初步阶段，因此企业迫切需要认识到，要加大对数智化基础设施的投资，利用先进技术优化人才配置，促进生态系统构建，并着力培养数智化人力资源管理人才，以推动企业全面升级。

　　但同时，各企业比较优先关注数字化的绩效评价和薪酬管理建设，以提供精准人才规划与人力资本洞察，增强决策科学性。调研结果显示（图 1-15），0.5 万人以上非国有组织受访者对企业绩效评价和薪酬管理的正面评价（较好＋非常好）占比较高，达到 85.7%；比较而言，0.5 万人以下国有组织和 0.5 万人以下非国有组织受访者对以上三方面建设的评价比较一致，积极评价（较好＋非常好）占比都较低。非国有组织通常在绩效评价和薪酬管理上具有更高的灵活性和市场导向性，能够更及时地响应员工需求和市场变化。

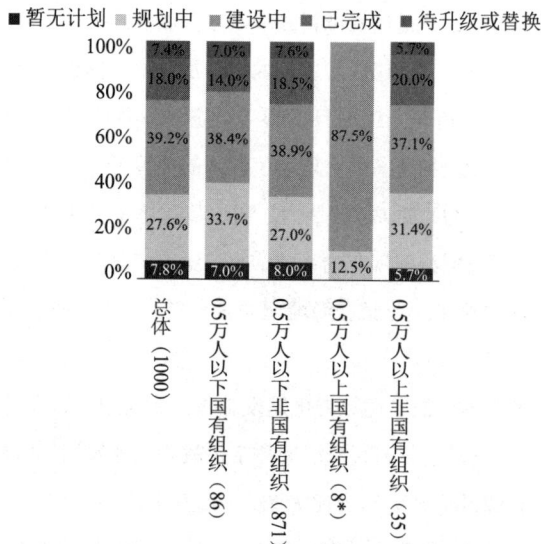

图 1-14　数字化战略人才规划与分析（不同规模 / 性质）

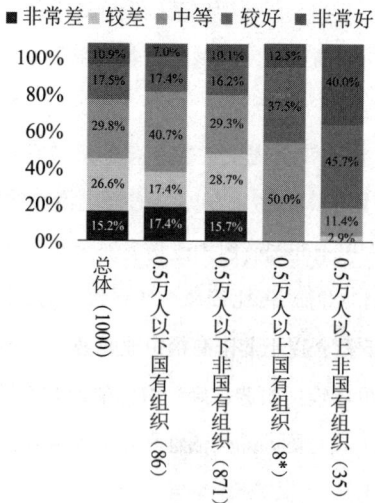

图 1-15　员工数字化绩效评价和薪酬管理（不同规模 / 性质）

1.3　数智时代对人力资源管理的新要求

以往，品牌建设是一个漫长的历程，企业往往需要长达 15 年以上的时间，通过不懈的努力与时间的沉淀，才能树立起深入人心的品牌形象。然而，互联网时代的到来彻底颠覆了这一传统模式，新兴企业得以在短时间内迅速影响并改变消费者的日常生活，例如，滴滴出行仅在三年内就累计完成了惊人的 14.3 亿次出行服务[13]。数智时代，个人生活方式与商业模式经历了根本性的转变，企业依靠数据智能与技术创新，探索出了全新的增长模式，不再局限于传统资源和线性扩张，而是通过深化客户洞察、优化运营效率以及推动跨界合作，实现敏捷迭代与指数级增长。数智化转型已经成为企业适应环境变化、挖掘新机遇、构建可持续竞争优势的必由之路。

要求 1：技术追随战略走

在这个时代，人力资源管理内容扩大了，并且超越了对雇佣、劳资关系、报偿和福利这些传统活动的事务性管理。今天，人力资源管理更加紧密地与组织的管理和战略规划过程结合到了一起[14]。伴随着科技进步与管理理念的革新，人力资源管理者正面临前所未有的挑战与机遇。信息技术不仅强化了传统的财务和薪酬处理，更通过集成化的信息系统，使存储和访问员工信息变得更加便捷高效，极大地促进了工作调度与劳动力优化。

人力资源管理的核心在于紧密贴合企业业务。为了达到公司的绩效目标，要从人才的各个环节，如选、用、育、留等方面做好全方位的服务，确保公司在不同的发展阶段能有足够的人才满足业务需求。虽然不同组织人力资源管理系统对战略的支持度均较高（图 1-16），但是在大型非国有组织里，人力资源策略与企业总体战略的协同达到了一个更为成熟的阶段。

具体来看，0.5 万人以上非国有组织中人力资源管理系统对战略的支持超越其他的组别，积极评价（较好＋非常好）占比为 85.7%。

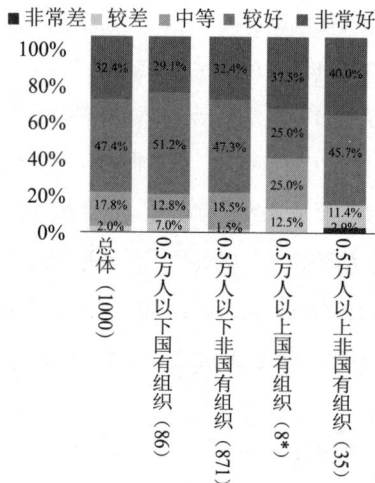

图例：■ 非常差 ■ 较差 ■ 中等 ■ 较好 ■ 非常好

	总体（1000）	0.5万人以下国有组织（86）	0.5万人以下非国有组织（871）	0.5万人以上国有组织（8*）	0.5万人以上非国有组织（35）
较好	32.4%	29.1%	32.4%	37.5%	40.0%
中等	47.4%	51.2%	47.3%	25.0%	45.7%
				25.0%	
较差	17.8%	12.8%	18.5%		11.4%
非常差	2.0%	7.0%	1.5%	12.5%	2.9%

图 1-16 人力资源管理系统对战略的支持度（不同规模／性质）[①]

以华为为例，2014 年，华为走到了行业的领先位置，其全球化布局趋于成熟。彼时，华为人力资源管理的战略目标是领先与自我升华，其竞争优势根植于前瞻性的战略导向和成长模式。随着经济的发展及市场需求的变化，华为坚持以客户需求为核心，驱动技术创新与进步，以实现客户价值最大化。华为之所以能持续走在成功之路上，得益于其清晰的战略愿景和目标，以及在成功的关键要素上的持续投入，包括提升核心技术力量、打造高绩效的人力资源体系等，使组织能力可以有效支撑战略发展的需要。

数字化建设在推动组织人力资源管理战略落地中发挥了关键作用。通过

[①] 作者注：图中"0.5 万人以下非国有组织"的"非常差（0.3%）"的数据比例，"总体"的"非常差（0.4%）"的数据比例，由于数值过小未显示。

数字化工具，企业可以在核心业务场景中实现更高效的数据驱动决策、更精准的人才规划，以及更全面的员工体验优化。数字化技术在战略人才规划、员工门户、人才发展与管理等重点场景中的应用，不仅提升了组织对关键资源的敏捷响应能力，还使得人力资源管理与整体业务战略实现深度协同。数字化建设的全面推进，是实现"技术赋能战略"、推动组织持续创新与增长的必要路径。调研结果显示（图 1-17），总体上，企业对于不同场景的人力资源管理数字化建设的意识均较强，30% 左右的企业处于规划中，且 60% 左右的企业处于建设中或已完成，有小部分企业已处于待升级或替换阶段。其中值得注意的是，现场劳动力管理的建设进度相对最快；生态门户的数字化建设进度相对缓慢，同时有更多受访企业（8.8%）暂无计划进行数字化建设。

　　按不同规模 / 性质具体看，依然是规模更大的组织在数字化建设进度上领先（图 1-18[①]）。0.5 万人以上非国有组织在人力资源管理数字化建设进度中处于相对领先的位置，其中 Core HR 建设进度的优势最为明显，完成或待升级占比为 60%，现场劳动力管理、人才发展和管理建设完成或待升级的比例分别是 45.7%、34.3%；0.5 万人以下国有组织和 0.5 万人以下非国有组织人力资源管理数字化各方面的建设进度比较接近，现场劳动力管理、Core HR、人才发展与管理建设完成或待升级的比例均超过 20%，低于 30%。

　　0.5 万人以上非国有组织的员工门户、综合 HR 服务管理的建设进度相对领先，完成或待升级占比分别是 34.3%、31.5%，战略人才规划与分析、生态门户建设进度相对滞后，完成或待升级的占比分别是 25.7%、20%。0.5 万人以下国有组织和 0.5 万人以下非国有组织以上各方面的建设进度均未达到 30%，但在战略人才规划与分析和生态门户的建设进度上与规模更大的组织相比没有明显的劣势。

[①]　关于战略人才规划的不同规模 / 性质分析，请参见图 1-14。

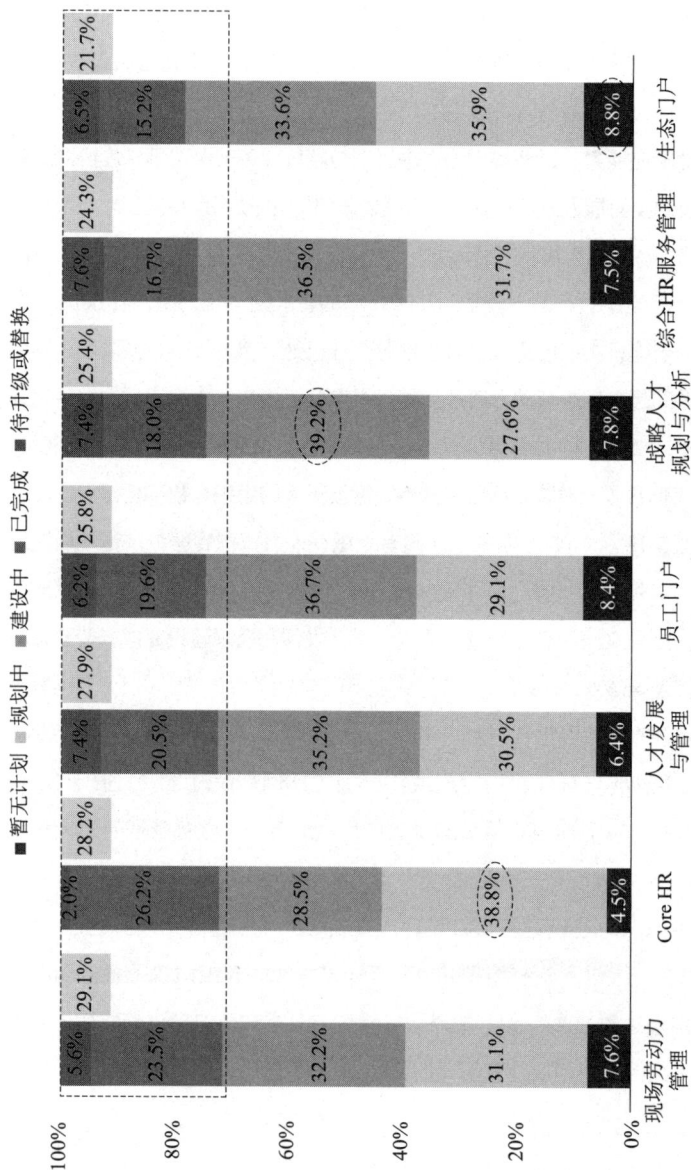

图 1-17 不同场景的数字化建设程度（整体）

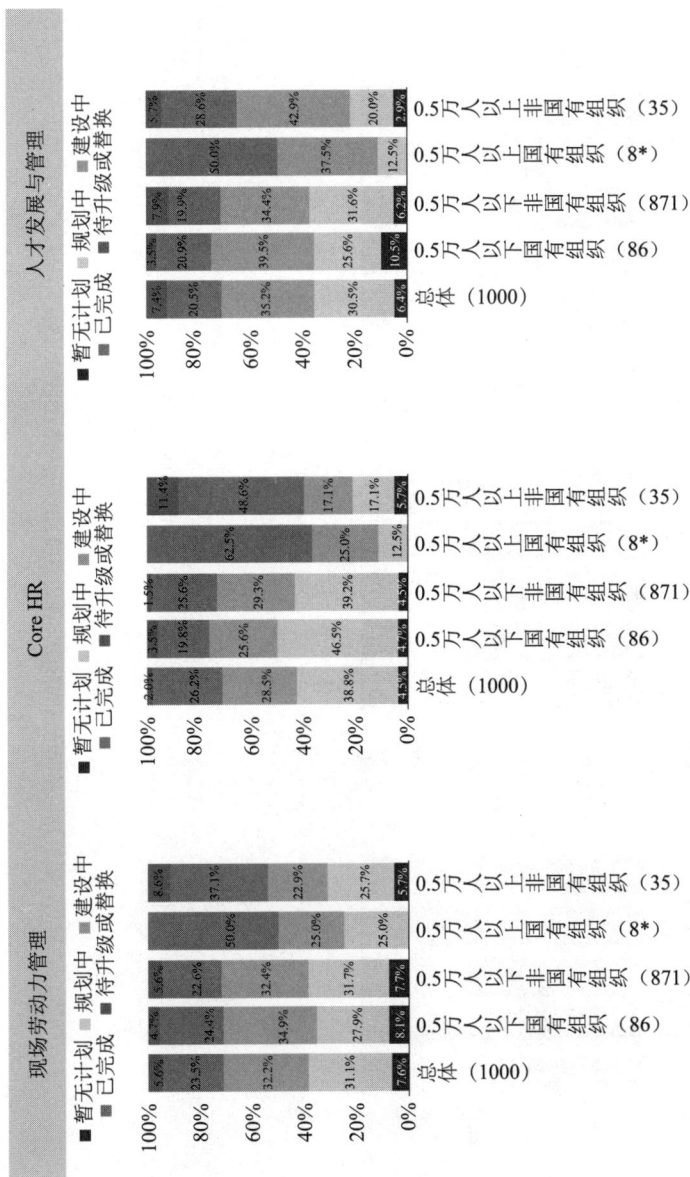

图 1-18　不同场景的数字化建设程度（不同规模 / 性质）

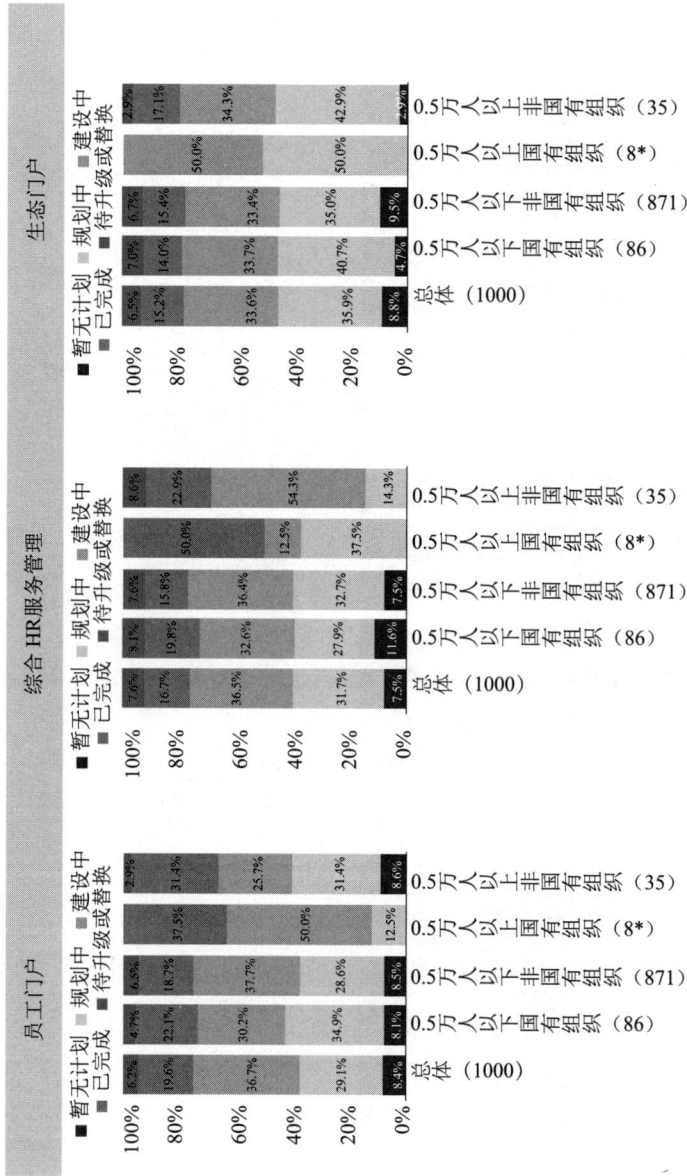

图 1-18 不同场景的数字化建设程度（不同规模／性质）（续）

要求 2：数智技术优化员工体验

优化员工心理与体验是企业可持续发展的基础，也是人力资源管理数智化的目标，这不仅可以增强短期的运营效果，更是企业文化和战略层面的长期投资。今天，大部分企业都非常在意员工体验，希望通过提升员工体验让员工感受到工作的意义。美国未来学家雅各布·摩根（Jacob Morgan）提出了一个关于员工体验的重要公式。他认为，员工在一个组织中的总体体验由其经历的文化、技术及物理空间决定[15]。在我们的调研中，受访者普遍希望数智化人力资源管理转型能推动诸多具体目标的实现，其中之一便是提升员工关怀（图 1-19）。特别值得注意的是，在规模超过0.5 万人的非国有企业中，对加强员工关怀的期待占比相对更高。这表明，此类规模较大的非国有组织更加意识到了在快速变化的商业环境中，构建一个高度关怀员工、支持性强的工作生态系统的重要性。

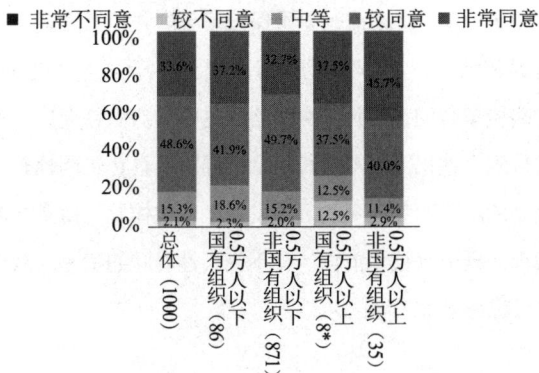

图 1-19 提升员工关怀（不同规模 / 性质）[①]

① 作者注：图中"0.5 万人以下非国有组织"的"非常不同意（0.5%）"的数据比例，"总体"的"非常不同意(0.4%)"的数据比例，由于数值过小未显示。

德勤发布的《2024 年全球人力资本趋势》报告显示，89% 的高管表示，其组织在某种程度上推动了人的可持续发展，但仅有 41% 的员工持同样看法。不足一半（43%）的员工表示组织帮助他们实现了更好的发展。员工普遍认为，日益增加的工作压力以及新兴技术对工作岗位的威胁，是组织推动人的可持续发展的最大挑战 [16]。因此，人力资源数智化的首要目的就是提升员工与管理层的体验水平。数智化平台的建立则弥补了人工难以实现全天候关怀的缺点，可以提供诸如 24 小时 ×7 不间断的自助服务站，确保员工随时获取必要的资源，有效增强了其体验感受 [17]。在此背景下，人力资源部门面临的核心问题是：在数智化快速渗透的社会环境中，如何设计出既顺应潮流又富含人文关怀的体验模式？有 CHO 将此视为关键议题，强调在数智化进程中，不仅要追求效率与创新，更要守护和发扬人性中那份独特而温暖的本质，防止技术的过度运用冲淡了人与人之间的情感纽带和根本需求 [18]。

纯粹基于技术的客观分析而脱离对员工行为动机与个人意向的理解是难以产生实际价值的 [19]，因此，要确保策略与广大员工的多元化需求及职业成长轨迹紧密结合。这意味着要设计出既符合员工个性化的成长路径，又与企业战略相契合的发展计划。最终，这样的努力将促成一种双赢的局面：在员工得到个性化支持与成长机会的同时，企业也因拥有一支充满活力、忠诚度高的团队而实现更长远的发展。优化体验，就是在数智化的浪潮中，找到那条既引领技术前沿，又不失人性温暖的道路，从而在激烈的市场竞争中稳稳占据优势地位。

要求 3：部门间协同提高组织效率

推动跨部门合作与提升组织架构灵活性可以强化领导在数智化转型中

的引领角色，确保各部门无缝对接与资源共享，协同应对环境的变化。特别是在跨国企业中，人力资源扮演着文化桥梁的角色，能够促进中西方文化的交流与融合，增强团队间的理解和合作，打造包容性的文化。通过自主开发的应用系统和管理模式的标准化输出，人力资源管理与业务运营实现了深层次协同，促进了管理模式和业务执行能力的系统性外延，增强了公司的整体运作效率。

部门间的深度协同要求组织结构的扁平化与职能整合，模糊 COE（专家中心）、BP（业务伙伴）和 SSC（共享服务中心）的传统边界，提高决策效率和灵活性，促进跨部门无缝协作。调研显示（图 1-20），0.5 万人以下国有组织中人力资源管理系统对部门间的资源 / 信息共享度的支持度超越其他组别，积极评价（较好 + 非常好）占比为 81.4%。不同组织人力资源管理系统对部门间信息共享的支持度均较高。

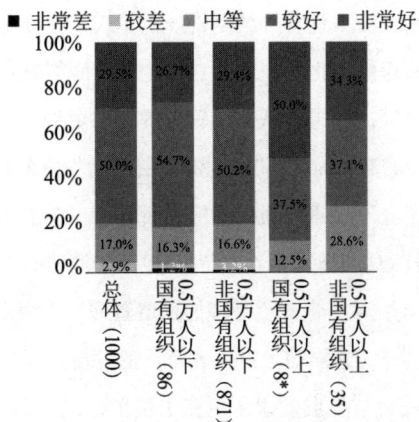

图 1-20　部门间的资源 / 信息共享度（不同规模 / 性质）[①]

[①]　作者注：图中"0.5 万人以下非国有组织"的"非常差（0.6%）"的数据比例，"0.5 万人以下国有组织"的"非常差（1.2%）"的数据比例，"总体"的"非常差（0.6%）"的数据比例，由于数值过小未显示。

这些数据明确指出，有效的人力资源管理系统对于资源共享具有显著正面影响，尤其在不同规模 / 性质的组织中展现出差异化的优势。因此，持续投资于系统升级以及职能整合这两个部分、模糊传统部门的界限将为企业的长远发展注入更强劲的动力，促进一个更加灵活、高效且包容的协作生态，确保企业在快速变化的市场环境中稳步前行，持续创造价值。

要求 4：数据资产化

数据资源资产化管理是一个复杂的系统工程[20]。它是指将企业内部和外部产生的大量数据，通过技术手段和管理创新转化为具有明确价值、可度量、可管理和可交易的资产的过程。这一过程不仅仅是数据的收集、存储和分析，更重要的是深入挖掘数据的潜在价值，将其融入企业的决策优化、产品创新、客户服务提升等核心业务活动中，从而直接或间接地为企业创造经济利益或提升竞争优势。数据资产化不仅涉及技术层面的升级，也包括策略、流程和组织文化的革新，它是企业全面提升竞争力、适应未来市场变化的重要途径，标志着从传统管理模式向更加智能、灵活、高效的模式转变。在当今的数智时代，"数据资源资产化"是企业转型升级的关键环节。这意味着企业不仅需要强化内部创新能力，自主研发贴合自身特性的数智化工具，打破数据孤岛，实现内外数据资源的智能整合，还需要利用 RPA、AI 等前沿技术，自动化处理如薪资管理等人力资源流程，提升运营效率。更重要的是，它涵盖了对人才资产的深度挖掘与前瞻性管理，通过精准诊断团队能力与发展需求，投资于员工技能升级与职业路径规划，持续迭代优化政策体系，确保人力资源管理紧跟技术与市场的最新步伐。

我们的调研数据同样显示了多数组织会重点建设大数据分析平台、核心人力资源系统以及综合学习平台（图 1-21）。除关注以上建设内容外，

Base	总体 1000	0.5万人以下国有组织 86	0.5万人以下非国有组织 871	0.5万人以上国有组织 8*	0.5万人以上非国有组织 35
建设大数据分析平台，分析对象包括绩效、薪酬等，实现管理数据化	65.8%	70.9%	65.0%	62.5%	74.3%
建设核心的人力资源系统	51.0%	50.0%	50.2%	75.0%	68.6%
建设移动、社交、视频化的新一代学习平台	50.5%	54.7%	50.1%	50.0%	51.4%
建设实时反馈系统，包括脉冲调查、绩效考核、离职面谈等	49.8%	41.9%	50.1%	62.5%	60.0%
建设健康管理与员工情绪监督等平台	41.9%	40.7%	41.9%	37.5%	45.7%
采用"超连通"的团队沟通或协同工具	40.3%	51.2%	40.3%	37.5%	14.3%
利用机器人技术、AI、AR/VR、区块链等提升组织效率	35.5%	31.4%	35.6%	37.5%	42.9%
打造人力资源新技术架构	34.5%	33.7%	33.3%	62.5%	60.0%

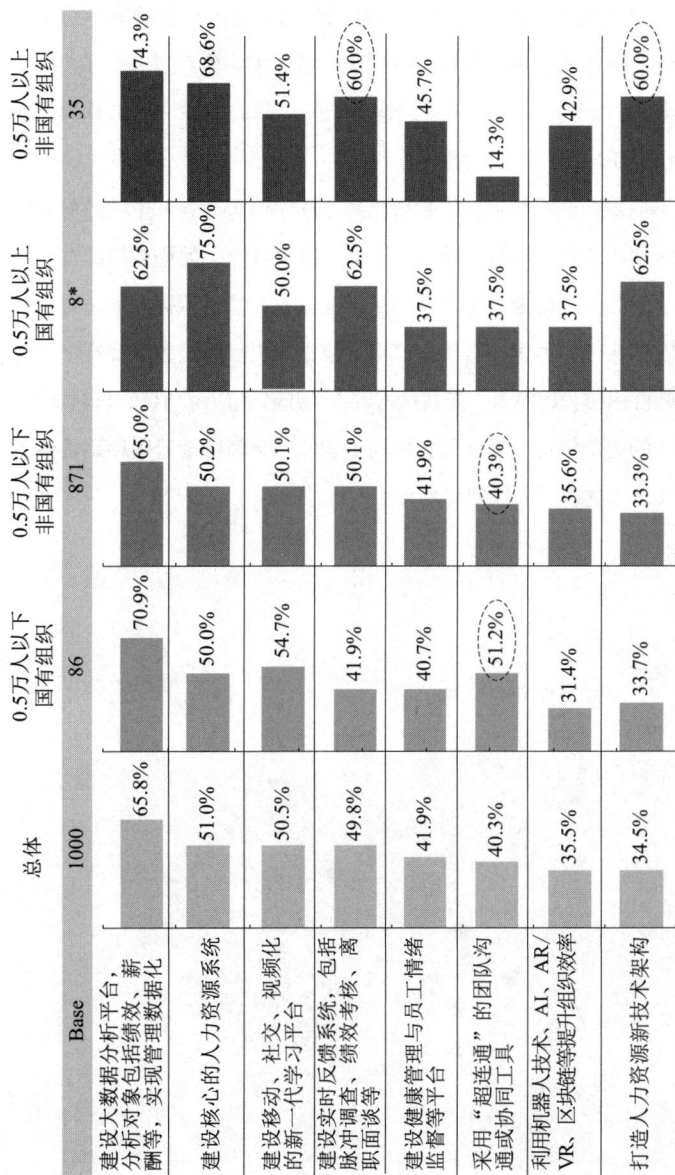

图 1-21 未来重点投入或建设内容（不同规模/性质）

不同规模组织之间的重点建设内容略有差异，0.5 万人以上非国有组织对打造人力资源新计划架构、建设实时反馈系统的关注度超过 0.5 万人以下组织；0.5 万人以下组织对采用"超连通"的团队沟通或协同工具的关注度则超过 0.5 万人以上非国有组织。

　　虽然不同规模的组织在推进数智化的过程中侧重点各有千秋，但共同点在于都深刻认识到了数智化转型对于提升组织效能、促进可持续发展的关键作用。因此，无论是大型企业还是小微企业，都在积极探索适合自身发展的数智化路径，力求在数智化浪潮中抢占先机，通过数据资产化实现企业的战略目标和长远愿景。随着技术的不断进步和应用场景的日益丰富，未来组织间的竞争将更多地体现在如何更智能、更精细地管理和运用各类资产，尤其是数据资产，以创造更大的价值方面。

我们都处在一场全球风暴之中，我们要从根本上重新构想人工智能，使其成为以人为本的实践，这个共同的目标就是下一颗北极星。

——李飞飞《我看见的世界》

第 2 章
数字个体的成长与新内涵

强个体的出现，使个体与组织的关系发生了改变，人力资源需要提供适合不同主体工作的支持系统，首先体现在构建多主体的"契约关系"上，通过数智技术构建新的契约与信任关系，给个体以更多的自主发展选择机会。

尤其未来的零工经济或更灵活，每个人其实都是自己小的 business，我可能雇用了 1/3 的奥托利夫人，1/3 外面生态圈的人，1/3 的临时工。怎么做生态里的一员，而不是自己做一家公司，心态要改变，这对数字化人力资源体系的要求更高了，来一个人、走一个人的速度频率要比我们合同工更高，对于怎么收集如此大量的数据，或许需要依靠一个外部的平台去收集这样的信息，这是一个大的趋势。

(赵亚，奥托利夫)

唐塔普斯科特在《区块链革命》一书中揭示了数智技术对就业结构的深刻影响，其中提到美国制造业的劳动力规模曾是数智技术行业的 4 倍之多，科技巨头如谷歌和脸书的员工数分别约为 6 万和 1.2 万，与历史上的工业巨头如 1962 年的 AT&T（56.4 万员工）、Exxon（15 万员工）以及通用汽车（60.5 万员工）形成了鲜明的对比 [1]。这种对比不仅突显了技术进步如何重塑企业规模和劳动需求，还预示着向更加依赖技术自动化和数智化技能的就业市场过渡。随着区块链和其他数智技术的持续演进，这一转型趋势预计将进一步加速，这就要求个人、企业乃至整个社会不断适应并掌握新的技能，以维持竞争力，抓住未来经济的增长机遇。

从 GRE 理论的角度来看，人的需求可以归纳为三个方面：生存、关系和成长发展。在数智时代，个体与组织之间的关系逐渐转变为一种更为复杂的共生模式。在这种共生模式中，个人与组织的互动更加注重相互促进与共同发展。个人不再仅仅是组织的被动接受者，而是成为主动的合作者与创造者，他们的成长与发展直接关系到组织的创新力和竞争力 [2]。

2.1 数字个体的新内涵

"数字个体"这一概念出现得并不多，其背后的含义也在被不断地讨论。这主要是因为数字个体这个概念所蕴含的丰富内容可以使人们从多个维度去界定它，但带来的结果是，大部分人对数字个体的理解是模糊和混乱的。为了使大家更易于理解，在对数字个体的内涵进行讨论时，我们在《组织的数智化转型》一书中提出数字个体的定义，并将其分为强个体和机器人来对其进行诠释 [3]。

数字个体是数智时代应运而生的一个新兴群体，他们与数智技术深度交融，并借此获得了前所未有的能力与特质。这些个体不仅适应了数智化环境，更在其中进化出了独特的存在方式与互动模式。值得注意的是，"强个体"的出现给组织结构与运作模式带来了深刻的变革。当个体的力量通过数智技术得到放大，成为数字个体时，很多人会担心员工产生"工具人"的心态，然而，这并不是一个值得担心的事情，因为强个体往往具备高度的自我价值认知，他们不会轻易让自己沦为纯粹的执行工具，更拒绝被局限于单一角色之中。并且这些个体拥有鲜明的自我意识与定位，会主动驾驭自己的职业路径，而非被动适应组织的需求框架[4]。

数字个体的强个体有三个特点[5]。第一是高水平的自我效能感。自我效能感是指个体对自己是否有能力完成某一行为所进行的推测与判断。这个概念最早由心理学家班杜拉于1977年提出，他认为自我效能感就是人们对自身能否利用所拥有的技能去完成某项工作行为的自信程度。其衡量的是个人对于自己能否有效运用所掌握的技能达成既定目标的信任度。当一个数字个体拥有高度的自我效能感时，他不仅坚信自己能够出色完成任务，还会表现出更强的主动性和创新力，驱使其在面对挑战时采取更加积极和坚定的行动策略。

第二是胜任力的拓展。这是超越了表面的知识与技能范畴，深入触及自我认知、个性特质、内在动机及深层需求等隐性但至关重要的领域。而强个体恰恰是在这些隐性维度上实现了更大的突破。数智时代的到来极大地赋能了个体的发展，从个体能力的发展到团队合作效率的提升，再到企业文化全面融入公司各业务领域，这一系列步骤对于形成全员的胜利思维极为关键。企业需要构建一种环境，以确保每位员工都能成为各自领域的持续成功者。为此，必须重视增强员工的数智化技能、优化团队合作机制，并将这种追求胜利的企业文化深层次融入组织的每一层面。相应地，人力资源的评估体系与培训方向必须紧密跟随这一中心战略，以识别和培养符合此类要求的人才，确保团队整体向着更高水平的绩效迈进[6]。

我们的调研发现，受访者普遍对自身在数字化转型中的能力有较清晰的认知（图 2-1）。他们对创造与数字化相关的想法和方法最有信心，尤其是在提出新点子方面表现出较高的自我评价。具体而言，近六成的受访者认为自己能够熟练运用数字化手段解决问题，但也有 36.7% 的受访者表示，在数字化人力资源管理的相关工作中仍面临一定挑战。这表明，尽管个体能力有所提升，但在某些领域依然存在提升空间。

从不同规模／性质来看，大多数受访者对自身的数字化转型能力表现出较强的信心（见图 2-2）。具体而言，受访者对"提出新的数字化点子"的自信程度高于"擅长解决问题的新方法"或"发展出另一套自己的想法"。此外，不同规模／性质的组织中，受访者在各方面的优势存在一定差异：0.5 万人以下非国有组织的受访者对"擅长提出新的数字化点子"更加自信；0.5 万人以上非国有组织的受访者则对"擅长发展出另一套自己的想法"表现出更高的信心；0.5 万人以下国有组织的受访者对"擅长解决问题的新方法"更有信心。

总体而言，各规模和性质组织的受访者普遍对自己解决数字化问题的能力感到自信，但差异并不显著。同时，0.5 万人以下国有组织和 0.5 万人以上非国有组织中，认为"数字化人力资源工作具有挑战性"的受访者占比较高。

第三是与他人间的期望和心理契约以个人的期望为导向。这意味着，在团队合作和日常交往中，需要确保每个人的期望得到理解和尊重，同时鼓励团队成员围绕共同目标调整个人预期，形成一种基于相互理解和信任的默契。这种默契不仅关乎任务的分配与完成，更深入工作态度、价值观和职业发展目标的共鸣上，为员工个体创造出一种"我们同在一条船"的归属感。当个人目标与团队及组织目标相协调一致时，个体就会更加自觉地投入工作，不仅会完成基本的职责，还会主动寻求改进和创新的机会。

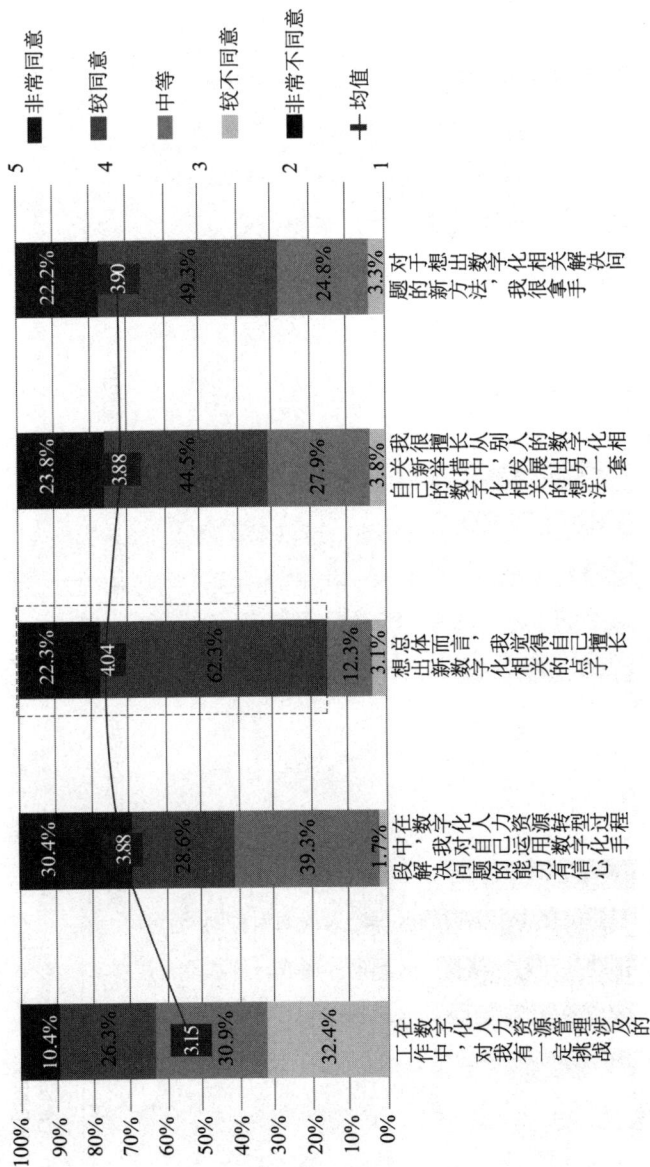

图 2-1　员工个体对自身数字化转型能力的认知（整体）①

① 作者注：图中左起第 5 条形柱的"非常不同意（0.4%）"的数据比例，由于数值过小未显示。

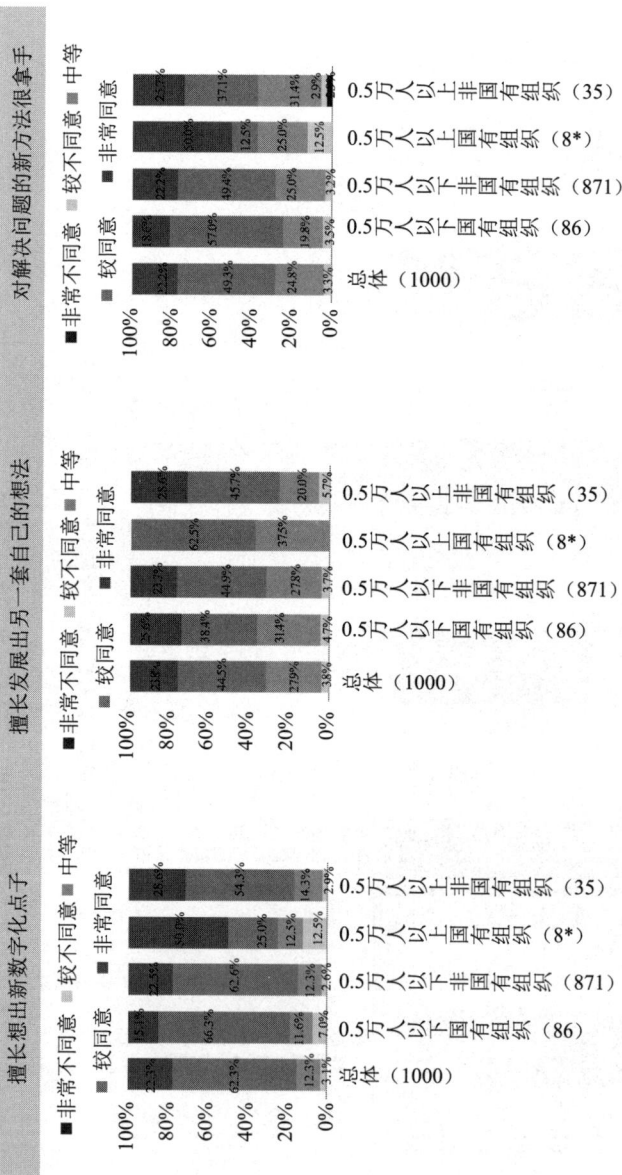

图 2-2 员工个体对自身数字化转型能力的认知（不同规模／性质）①

① 作者注：图中"对解决问题的新方法很拿手"部分，"0.5万人以下非国有组织"的"非常不同意（0.2%）"的数据比例，"0.5万人以上国有组织"的"非常不同意（1.2%）"的数据比例，"总体"的"非常不同意（0.4%）"的数据比例，由于数值过小未显示。

对解决数字化问题的能力有信心

■非常不同意　■较不同意　■中等　■较同意　■非常同意

数字化人力资源工作对我有挑战

■非常不同意　■较不同意　■中等　■较同意　■非常同意

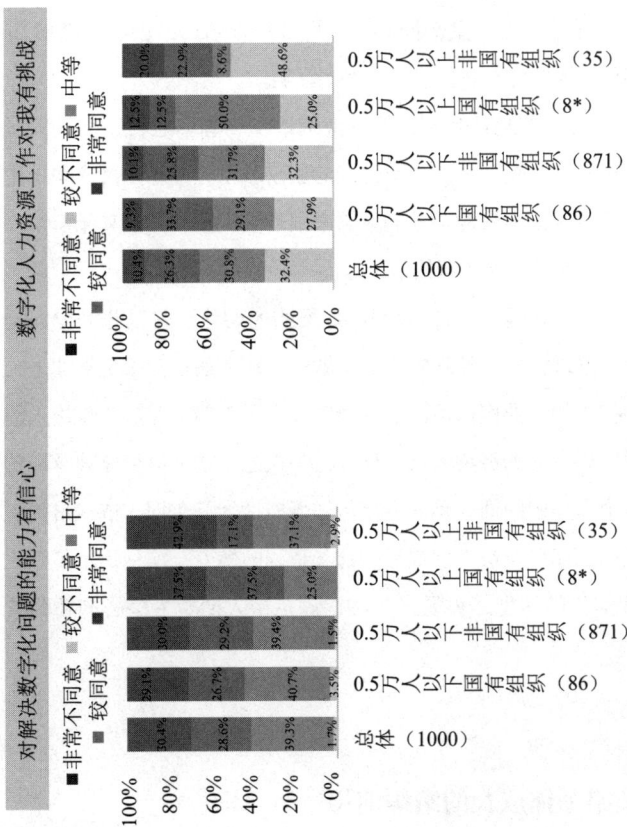

图 2-2　员工个体对自身数字化转型能力的认知（不同规模/性质）（续）

　　如今，员工敬业度已成为衡量组织健康与绩效的重要标尺，其评估往往依托于量化的调研数据——通过问卷形式收集员工的反馈并量化打分，最终汇总成敬业度指数。值得注意的是，这一指数与企业的财务健康状况，特别是净利润水平展现出了明显的相关性。例如，在零售场景中，一个高度敬业的员工相较于低敬业度的同事，平均每平方米日销售额能高出 22 美元，直观展现了敬业度对业务成果的直接影响。

　　将敬业度与组织的整体目标、实际业绩以及利润率进行正面关联分析，揭示了个体心态与企业经济效益之间的紧密联系。实际上，这些量化的敬业度指标充当了人力资源与业务成效之间的坚实纽带，以其无可辩驳的数据准确性，架起了沟通两者的桥梁[7]。

　　因此，将个人期望融入与他人间心理契约的构建，并以此为导向提升员工敬业度，是现代企业管理中不可或缺的一环。通过精细化管理个人期望，结合数据化的敬业度指标，不仅能够量化员工的工作热情与投入程度，还直接关联到企业的经济效益。现今，个人愈发重视组织兑现承诺的能力，这导致个人与组织间关系的变化可精练概括为三个词，依次是员工忠诚度、员工满意度以及员工幸福感。这一系列的转变，深刻揭示了个人与组织间心理契约的转型，彰显出一种以满足个人期望为核心的新时代特征[8]。

2.2　数字个体成长的组织期待

　　在强调个体价值的时代，员工普遍展现出强烈的自主意识和追求成就的内驱力[9]，其中，个体的成长与组织的发展是紧密相连的，组织不再仅仅是工作场所的集合，而是成为促进员工个性化发展、激发潜能的生态系统。它们期待通过智能技术的应用，如 AI、大数据分析等，实现人才管理的精细化与高效化，为每个成员量身定制成长路径。这包括提供定制化学习资源、实时反馈机制，以及基于绩效的激励措施，以打造一个学习型组织，使其中每位员工都能感受到自我价值的实现和职业路径的清晰导向。

因此，企业的数智化能力需要在精准赋能个体的基础上，通过技术、组织、文化、业务逐层传导、逐步释放，最终支持企业实现战略愿景[10]。但是数智化人才的培养不是一蹴而就的，而是一个长期的过程。我们在对 CHO 进行深度访谈调研的过程中发现，企业对数字个体成长的期待聚焦于 4 个方面：战略、体验、协同、资产。

战略维度：兼具先进数智化能力与战略眼光的复合型人才

战略导向是组织管理中的核心原则之一，强调所有部门和员工的工作应当与企业的长远目标和整体战略保持一致。例如，企业要完成 5 亿元的年度目标，那么包括人力资源管理部门在内的所有部门都要回答清楚自己要做什么、做出什么成绩，才能对 5 亿元目标的实现有所帮助。一个部门也好，一个人也罢，如果只会低头走路，不会在适当的时候抬头看路，那么就有可能走错路[11]。因此，人力资源管理部门作为企业内部的关键支持部门，不只需要确保日常的人力资源管理工作高效运行。

在数智时代，人力资源部门扮演着战略伙伴的角色，作为半个 CSO，他们不仅需要具备数智化敏锐度，还要有长远的战略眼光，通过数据分析优化管理，确保技术与战略并行发展。正如任正非在华为内部讲的，"现在我们是两个轮子在创新，一个是科学家的创新，他们关注技术，愿意怎么想就怎么想，但是他们不能左右应用。技术是否要投入使用，什么时候投入使用，我们要靠另一个轮子 Marketing（市场营销）。Marketing 不断地在听客户的声音，包括今天的需求，明天的需求，未来战略的需求，才能确定我们掌握的技术该怎么用，以及投入市场的准确时间"[12]。人力资源管理部门作为连接这两者的桥梁，其角色变得更加关键。他们不仅是人才的管理者，更是企业的战略设计师，需要具备将技术潜力转化为市场竞争力的能力。这意味着，人力资源管理部门需要利用数据分析来预测技能需求、优化人才配置，并设计出既能激发员工潜能，又能促进企业长期发展的激励机制。

调研结果显示，多家企业的 CHO 对此都持赞成的意见，其中银雁科技的 CHO 梁岚强调了人力资源管理的多元化与综合素养的重要性，指出未来组织需要更加接地气的商业策略[13]，与此同时，35.2% 的受访者也希望数智化人力资源管理转型能提高对新战略、新业务的支撑（图 2-3）。

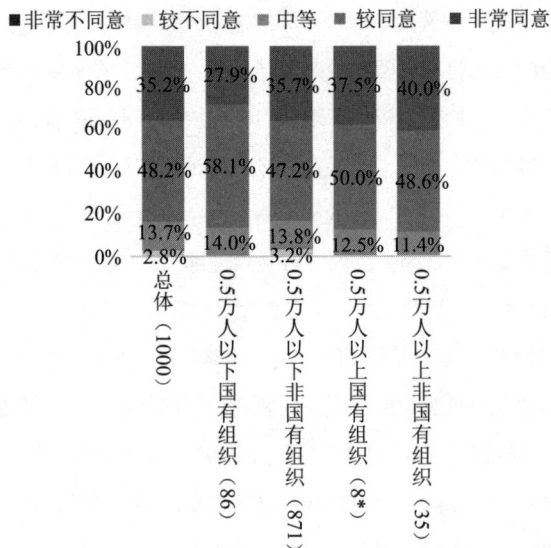

图 2-3　提高对新战略、新业务的支撑（不同规模 / 性质）

因此，企业要想在激烈的市场竞争中脱颖而出，就必须重视并投资于培养具备数智化能力与战略眼光的复合型人才，这将是深化顾客导向的市场洞察力、实现精准战略部署的核心驱动力。而人力资源管理作为人才的摇篮，在数智时代已不再局限于后台支持，它正逐步走向前台，成为推动企业创新与可持续发展的核心引擎。

体验维度：赋能员工体验，构建数智化职场的共生与成长新生态

AI 虽然可以在提升服务的有效性以及标准性方面发挥所长，但它是否可以给员工带来更好的服务体验呢？相对于人类智能而言，AI 是人类试图用计算机模拟人类智慧的一种产品。它的计算优势远远超越人脑，科学家们也在试图让 AI 在情感方面和人类靠近。正如前文所说，机器人等技术也是"数字个体"的一部分[14]，它的成长也是组织所期待的。

在探讨如何通过数智化工具优化个人体验，以促进员工成长与福祉并增强组织凝聚力，实现一个高效与幸福并存的数智化职场生态时，我们认识到，这一目标的达成涉及多个层面的整合与创新。一方面，它要求企业在技术应用上追求智能化与个性化，确保技术不仅能提升工作效率，还能深度契合员工的需求，并为其提供定制化的学习路径、职业发展规划以及健康管理方案。另一方面，数智化转型还应注重文化的培育与情感的联结，确保技术的推进不以牺牲人本关怀为代价。这意味着在设计数智化工作环境时，企业需要考虑如何利用技术促进更加开放、包容的沟通氛围，以及如何在虚拟与实体空间中均能体现对员工价值的认可与尊重。例如，通过建立数智化反馈机制，让员工的声音被听见，感到自己是企业决策过程的一部分；或是利用数字平台举办线上团队建设活动，让员工即便身处不同

地点，也能感受到团队的凝聚力和归属感。

实现高效与幸福并存的数智化职场生态，不是技术的简单堆砌，而是要在智能化与人性化之间找到恰到好处的平衡。这要求企业在推进数智化进程时，始终将人的发展与感受置于核心位置，让技术、机器人等数字个体成为助力员工成长、增进相互理解、提升集体凝聚力的强有力工具。

协同维度：通过桥接内外资源，强化协同效能，并运用数智化工具，推动实现无缝合作与高效价值创造

面向未来，人力资源管理的愿景将着重于全方位的连接与深度融合的数智化策略。这要求人力资源不仅要对内整合优化资源，还需对外拓展，与外部资源紧密相连，构建一个广泛协同的生态体系，以不断优化客户服务流程。这一愿景中强个体价值的崛起凸显了人才价值的提升，而组织间的协同能给企业带来极大的绩效提升。因此，在此视角下，人力资源被赋予新的使命，即成为吸引和激发人才潜能的磁石，同时聚焦于时间与价值的同步创造，通过精细的资源配置策略，加速团队间的默契合作与高效产出。

目前大型企业正积极采纳先进的人力资源管理理念与实践。调研结果显示，在员工人数 0.5 万人以上非国有组织中，基于"选、用、育、留"的分模块管理策略已成常态，且有 37.1% 的组织正在推进人力资源三支柱的变革（图 2-4）。美国人力资源管理协会曾预测人力资源在 2025 年新增的工作岗位是"社会以及企业目标的协同制造者"，这再次深刻反映了协同在人力资源管理未来发展中的核心地位与价值。

图例：
- 完成人力资源三支柱变革，正进一步探索符合本企业经营管理模式的新模式
- 数字化时代下，三支柱的内涵发生变化，公司组织模式包含行政组织、虚拟组织、自动化岗
- 已进行人力资源三支柱变革，并建立了人力资源共享服务系统平台
- 正进行人力资源三支柱变革，待建立人力资源共享服务系统平台
- 以选、用、育、留的模块为基础划分部门，分模块进行管理
- 综合管理部或人事行政部，综合管理行政与人事事务

总体（1000）：2.0%、16.7%、3.4%、11.7%、18.4%、47.8%
0.5万人以下 国有组织（86）：1.2%、20.9%、3.5%、11.6%、18.6%、44.2%
0.5万人以下 非国有组织（871）：1.8%、16.1%、3.4%、10.4%、17.7%、50.5%
0.5万人以上 国有组织（8*）：12.5%、37.5%、37.5%、12.5%
0.5万人以上 非国有组织（35）：5.7%、17.1%、2.9%、37.1%、37.1%

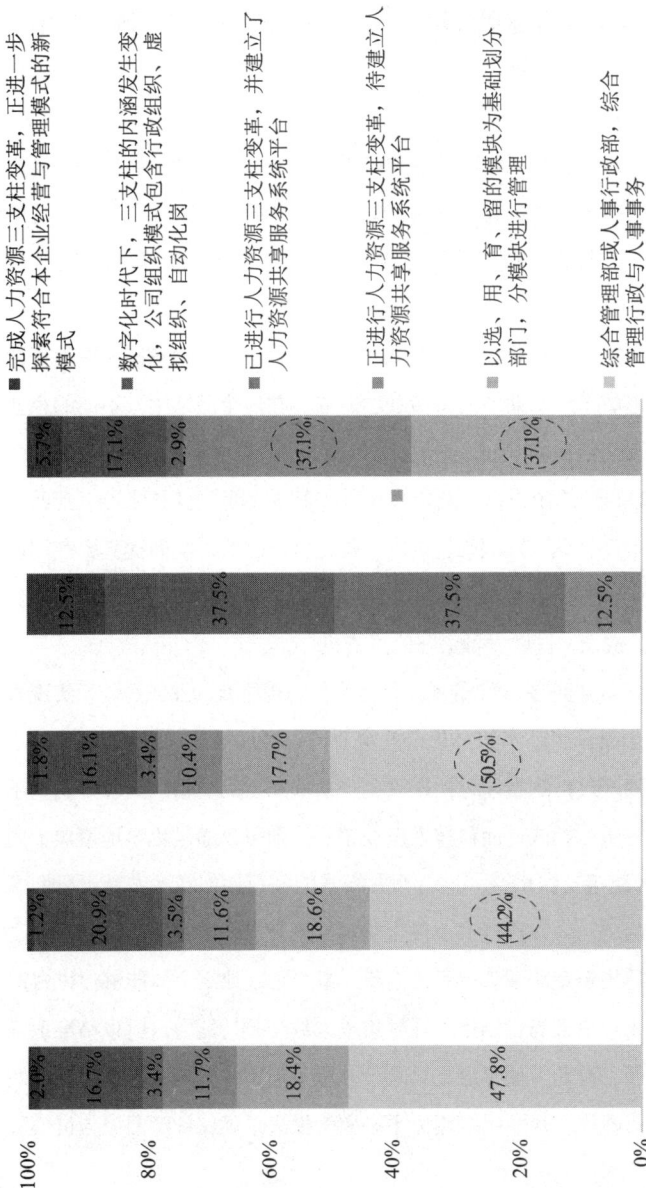

图 2-4　人力资源管理组织模式

资产维度：发挥多重作用，以实现更高效的资产管理、优化资源配置并提升资产价值

AI 将助力突破大数据技术的瓶颈。迄今为止，在海量的数据中，人类能轻松利用的结构化数据低于 20%，非结构化数据逾 80%，因此，人的能力有限，要将非结构化数据转化为结构化数据，必须依靠算法和 AI 实现突破[15]。

在此基础上，企业间的合作模式也在这些数字个体的赋能下变得更加灵活多变，形成了一个动态的价值共创网络。在这个网络中，不同的企业之间不再是孤立的岛屿，而是通过共享数据、资源和智能分析能力，共同探索新的市场机遇的统一体。例如，在资产管理领域，AI 技术能够帮助企业精准评估资产状况，预测维护需求，优化资产配置，从而提高资产的使用效率和价值回报。通过实时监测和智能分析，企业可以及时调整策略，减少不必要的支出，同时发掘潜在的投资机会。

对于传统行业而言，AI 的融入促使它们跨越原有的业务边界，实现服务和产品的创新升级。例如，制造业企业可以通过集成 AI 的物联网解决方案，实现生产过程的智能化，提高生产效率和产品质量，同时开拓基于数据分析的新服务模式。而科技型创业企业，则可以通过更多地聚焦于利用 AI 驱动的决策支持系统，进行商业模式的颠覆性创新，如利用机器学习预测市场趋势，为客户提供个性化服务，或开发智能投顾系统，为投资者提供高效的投资策略建议等[16]。因此，组织希望数字个体能够促进资产信息的透明化与决策的智能化。通过集成大数据分析能力，可以精准识别资产性能的微小波动，预警潜在风险，并基于翔实的数据分析提出前瞻性的维护与投资建议，帮助组织避免不必要的损失，确保资产健康与价值稳定增长。

2.3　数字个体的机器人内涵

在探讨数字个体的机器人内涵时，我们需要认识到这一概念超越了传统机器人的物理形态和功能限制，涵盖了更广泛的智能系统与虚拟代理。这些机器人或数字实体不仅执行具体的物理任务，还在知识工作、创造性任务乃至情感交流中发挥着日益重要的作用。它们能够通过集成先进的 AI 算法、机器学习、自然语言处理和情境感知技术，模拟人类的认知和交互方式，成为更加灵活、可适应的工作伙伴与服务提供者。因此，我们不得不高度重视数智技术对各类工作岗位带来的深刻变革，这构成了分析不可或缺的一部分。

世界经济论坛（World Economic Forum）于 2023 年 4 月底发布的《2023 年未来就业报告》（*The Future of Jobs Report 2023*）指出，约 86.2% 的企业表示会增加对新前沿技术的采纳（图 2-5），同时约 75% 的企业计划在未来 5 年内部署 AI 和其他自动化技术到其运营中。据统计，这些决策导致的显著结果并非大量体力劳动岗位的消失，而是多达 2600 万个诸如文档处理、记录保存及日常行政任务的职位逐渐被淘汰。这表明，即便是传统认知中的白领工作也面临着技术替代的挑战。

因此，数字个体时代的到来，是对科技进步成果与社会适应能力的双重考验，它不仅映射出技术边界的不断拓展，也深刻反映出社会结构、经济模式及人类工作方式的必要转型。这一时代要求企业平衡技术的飞速跃进与人文关怀的需求，确保技术发展能够促进社会整体福祉，实现人与技术的和谐共生。在此背景下，适应力成为关键。这不仅仅是对新技术的学习和应用，更是对新工作模式、教育理念及伦理规范的深刻理解和灵活采纳。

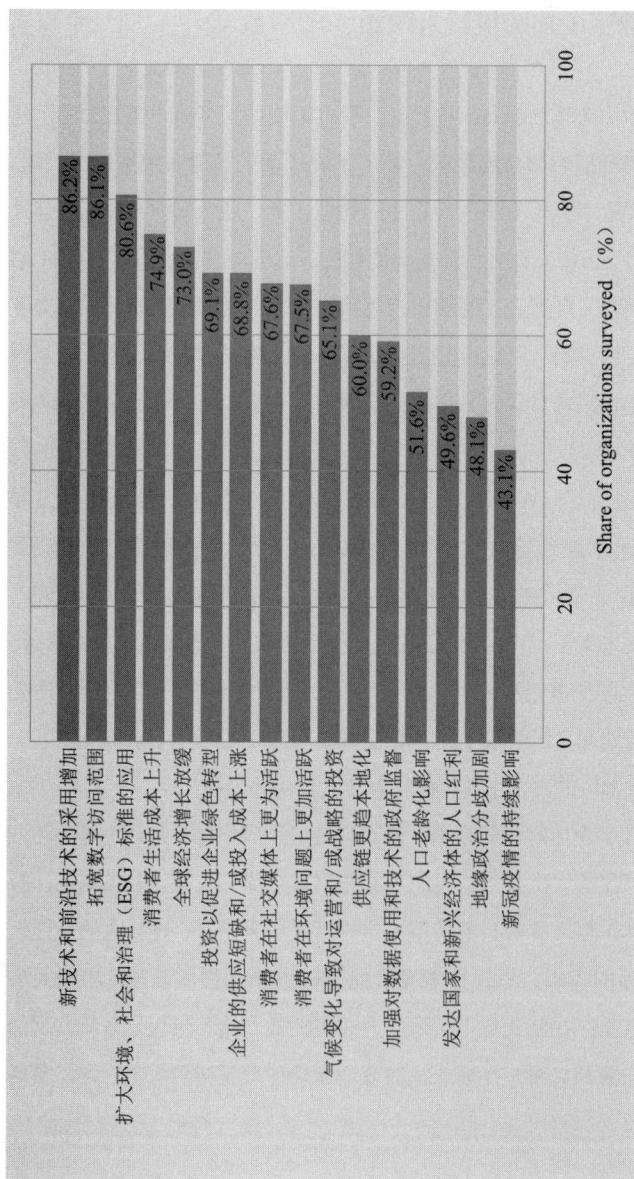

图 2-5 推动企业变革的宏观趋势

资料来源：世界经济论坛，《2023 年未来就业报告》

在数字个体时代，随着技术和社会的深度融合，数字个体的内涵被不断丰富。这不仅体现在个体与技术相互塑造上，还体现在其对工作模式、教育理念以及伦理规范的理解与实践能力上。与此同时，企业和组织的领导者在引导数字个体成长、推动组织数字化转型中扮演着至关重要的角色。如何通过有效的领导力促进个体与组织数字化的协同，进而实现技术与人文关怀的平衡，成为当代企业数字化转型的重要议题。

随着数字技术的快速普及和数字个体时代的到来，企业领导者的角色发生了显著转变。他们不仅需要管理日益复杂的技术环境，还需激发个体的潜力，引导其在数字化浪潮中保持创新和适应能力。因此，数字个体与领导力的关联变得愈发紧密。数字化领导力的核心在于为组织成员提供明确的数字化转型愿景，传递积极的转型信念，并以灵活和包容的方式促进数字化文化的形成。

我们的调研显示，企业领导者在数字化人力资源管理中的领导力主要体现在其对数字化转型愿景和信念的传递与实施上。调研数据表明（图 2-6），企业领导者通过考虑所有成员的数字化人力资源转型信念来采取行动的情况最为普遍，（非常同意 + 较同意）比例为 88.3%。此外，38.4% 的受访者认同领导者为组织提供清晰的人力资源管理数字化转型愿景并让其遵循。值得注意的是，数字化领导力在不同规模企业中的表现有所不同。在大规模组织中，领导力对推动数字化转型的作用尤为显著。这表明，领导者在数字个体的成长和数字化组织的构建中发挥着双向驱动的作用，既是技术变革的推动者，也是文化变革的践行者。这为未来数字个体领导力的研究和实践提供了重要的方向和启示。

如果区分不同规模 / 性质的受访者，总体而言，领导力对组织数字化人力资源管理的作用显著（图 2-7）。比较而言，0.5 万人以上非国有组织中，领导力的作用更加突出。0.5 万人以上非国有组织受访者积极评价图例：
- 非常同意　5
- 较同意　4
- 中等　3
- 较不同意　2
- 非常不同意　1
- 均值

	非常同意 (5)	中等 (3)	较不同意 (2)	非常不同意 (1)	均值
现转型我们的领导用组织的数字化人力资源激励所有成员的数字化实化	23.7%	57.8%	18.1%	0.4%	4.05
化转型我们的领导为组织提供一个清晰的愿景，并让他们资源数字遵循员工的人力转型	38.4%	44.5%	15.2%	1.8%	4.19
我相同的目标而共同努力我们的数字化人力资源团队转型成员为激励	29.6%	56.8%	12.9%	0.7%	4.15
源转型信念来采取行动思是我的组织中所有成员的数字化人力资源领导者通过考	36.0%	52.3%	10.6%	1.1%	4.23
思考我们数字化人力资源转型的想法激发所有成员我们的领导者	30.5%	52.1%	17.1%	0.3%	4.13

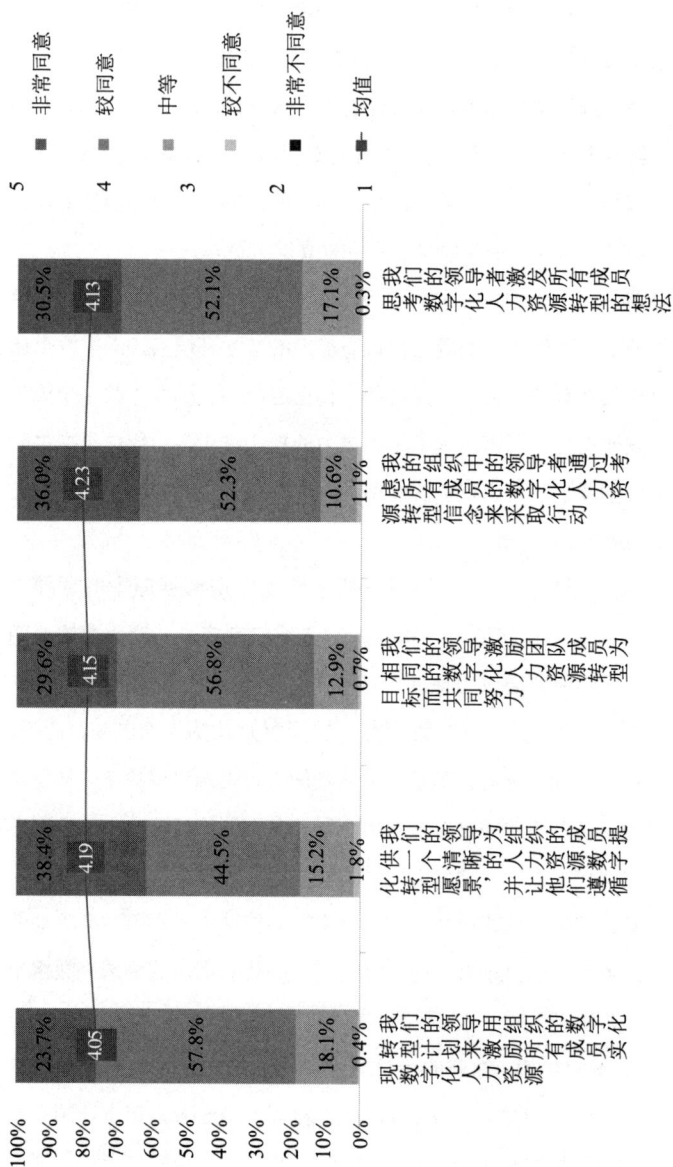

图 2-6 数字化人力资源管理领导力的实际表现（整体）

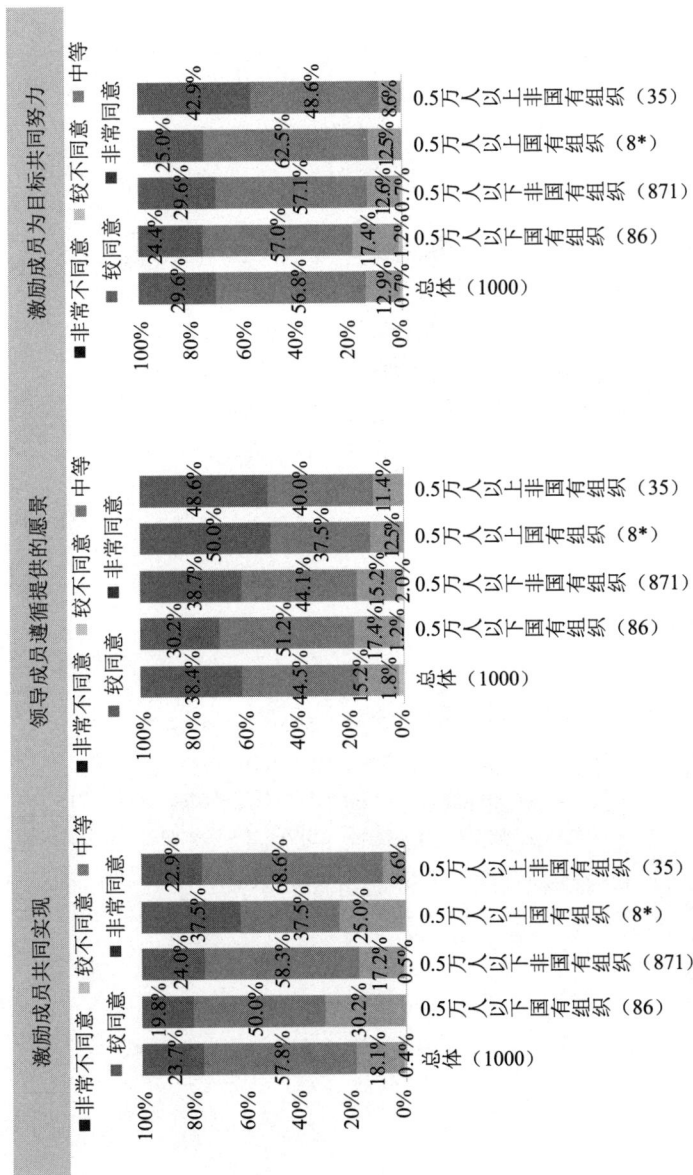

图 2-7　数字化人力资源管理领导力的实际表现（不同规模／性质）

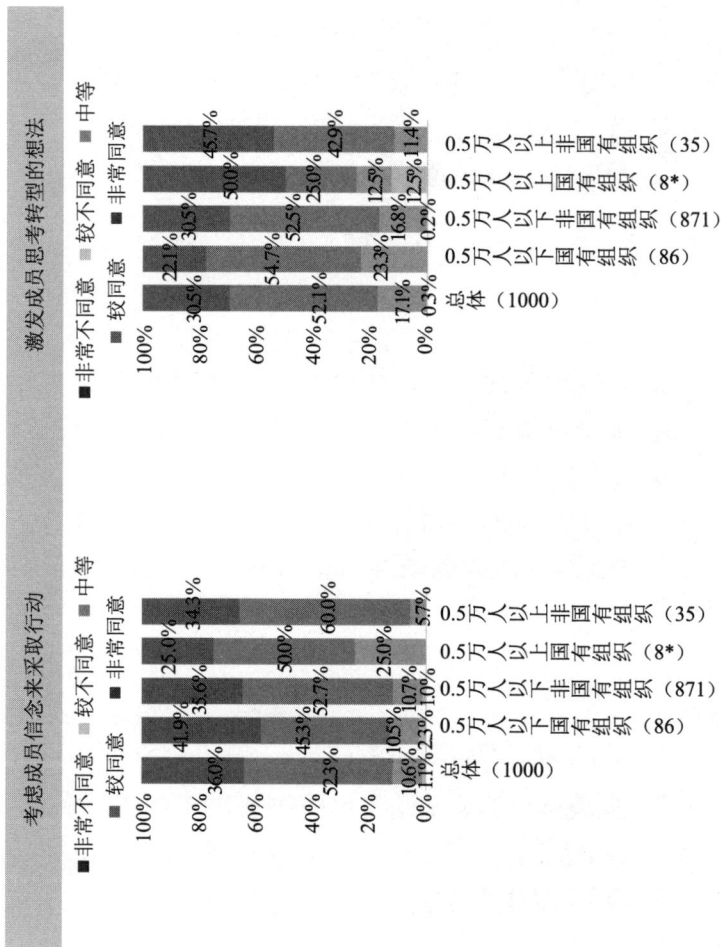

图 2-7 数字化人力资源管理领导力的实际表现（不同规模/性质）（续）

（非常同意＋较同意）领导激励成员实现、领导成员遵循提供的愿景、激励成员为目标共同努力的占比分别为 91.5%、88.6%、91.5%；0.5 万人以下非国有组织领导在数字化人力资源管理中的作用也比较明显，特别是在激励成员共同实现数字化资源管理方面，积极评价占比（非常同意＋较同意）显著高于 0.5 万人以下国有组织（82.3% vs 69.8%）。

我们的调研进一步揭示了数字化领导力的核心特质，不仅包括传递清晰的愿景和信念，还涉及领导者与员工之间的信任与共识构建。受访者普遍认可领导者在数字化人力资源转型中的动机和沟通方式，但同时也反映出一些挑战和改进空间。具体来看，所调研受访者表示，其对领导数字化的动机和意图持积极态度并期望获得公平且可预测的对待方式。超八成的受访者认为领导进行数字化人力资源转型的动机和意图是好的，且期望领导用一视同仁和可预测的方式对待员工；近八成的受访者认为领导在数字化人力资源转型过程中是开诚布公的，领导在该方面较受认可；但仍有近两成的受访者对领导制定的数字化人力资源规划或目标持怀疑态度（图 2-8）。

从不同规模／性质的角度分析，受访者整体对组织内执行数字化人力资源管理转型的领导持正面评价（图 2-9）。大多数受访者对领导制定的数字化规划或目标表示信任，尽管仍有一部分受访者表示不信任，尤其是在 0.5 万人以下的组织中，这一比例相对较高。此外，认为领导在数字化转型过程中对员工开诚布公的受访者比例较高，尤其是在 0.5 万人以上的组织中，该比例明显高于平均水平。调研结果还显示，大多数受访者认可领导推进数字化转型的初衷是积极的，并期望领导在转型过程中能够一视同仁。在 0.5 万人以上非国有组织中，受访者对上述两个指标的认同度略高于平均水平，分别达到 97.1% 和 88.5%，进一步表明领导在这些组织中获得了较高的信任和支持。

图例：非常同意　较同意　中等　较不同意　非常不同意　均值

	非常同意	较同意	中等	较不同意	非常不同意	均值
我们领导在数字化人力资源转型过程中，我期望以一视同仁的方式对待我可预测的	30.6%	56.1%	12.1%			4.16
我相信领导进行数字化人力资源转型的动机和意图是好的	34.0%	52.8%	12.0%			4.19
我们领导在数字化人力资源转型过程中，对我们开诚布公	33.7%	45.9%	19.0%			4.12
我不确定是否完全信任我的领导或目标制订的数字化人力资源规划	5.1%	14.7%	33.0%	42.8%	4.4%	2.73

图 2-8　员工对数字化领导力的看法（整体）①

① 作者注：图中左起第 2 条形柱的"较不同意（1.4%）""非常不同意（0%）"的数据比例，第 3 条形柱的"较不同意（1.0%）""非常不同意（0.2%）"的数据比例，第 4 条形柱的"较不同意（1.0%）""非常不同意（0.2%）"的数据比例，均由于数值过小未显示。

对领导制订的数字化规划不能完全信任　　领导在数字化转型中对员工开诚布公

■非常不同意　■较不同意　■中等　■非常同意　较同意

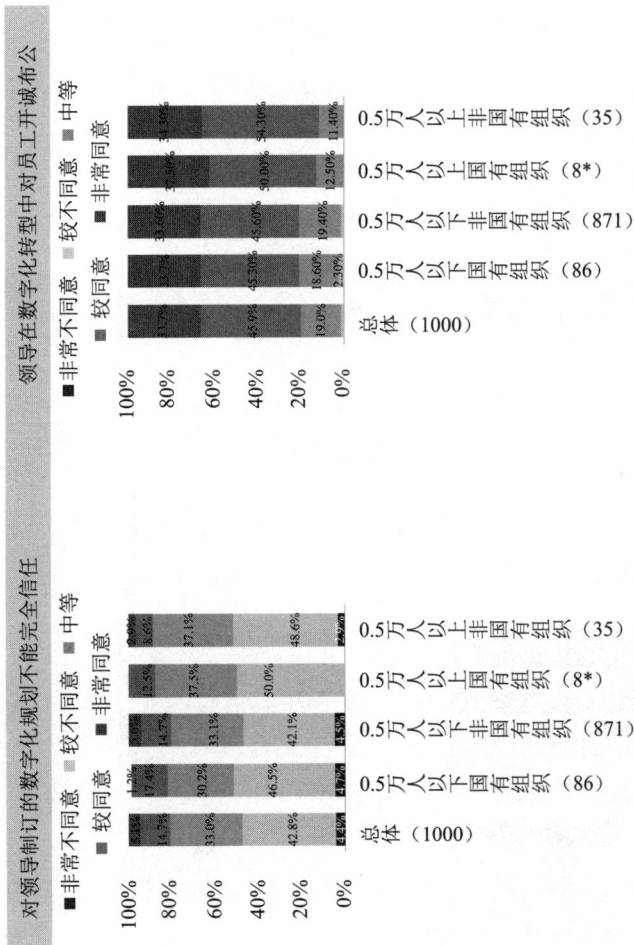

图2-9　员工对数字化领导力的看法（不同规模/性质）①

① 作者注：图中"领导在数字化转型中对员工开诚布公"部分，"0.5万人以下非国有组织"的"非常不同意（1.4%）"的数据比例，"总体"的"非常不同意（1.4%）"的数据比例，由于数值过小未显示。

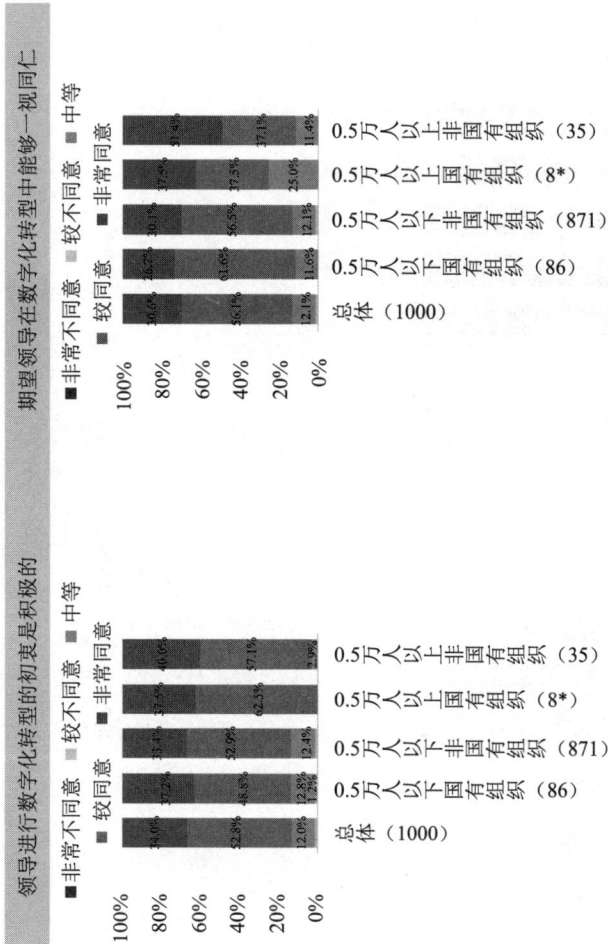

图 2-9　员工对数字化领导力的看法（不同规模／性质）（续）①

　　数字个体中的"强个体"具有三个突出的特点：高水平的自我效能感、胜任力的持续拓展，以及以个人期望为导向的他人期望与心理契约。这些特点不仅构成了数字个体的核心竞争力，也对数字领导力提出了新要求。数字领导力通过双向沟通与协同合作充分激发数字个体的潜力，促进其成长。它增强个体对组织目标与个人目标共生的理解与认同，将个体自我效能感转化为实际行动力，帮助个体持续拓展胜任力，并构建支持个体发展的工作环境。数字领导力不仅推动了数字个体成长为技术驱动的价值创造者，还促进了组织与社会在技术与人文维度上的协调发展。这种互动不仅为实现数字经济的可持续发展和数字个体的新内涵提供了重要路径，也为探索人力资源管理数智化架构奠定了基础。

第二部分

人力资源管理数智化架构设计

运用人力资源数据分析，进行与人才相关的决策。数智化的人才决策，其作用是弥补主管和人力资源管理主观判断的不足，利用人力资源管理及时调整人才模型，对人才实现动态的评价与管理，使其更好地支撑企业战略，由此实现良性循环。基于人力资源数据分析所做出的人才决策，也有利于管理层更好地理解员工的需求、能力状态以及价值贡献。

如薪酬改革的政策……我不是靠人来做，人汇报是一个方面，但是我觉得通过数据挖掘、数据分析这些建模的能力可以实现这一部分的人才、人力资源体系与数字化真正的内涵……员工业绩和薪酬怎么匹配的数据分析。

（梁岚，银雁科技）

> 新的全球性商业规则是：要么协作，要么灭亡。
>
> ——《维基经济学》

第3章
价值空间的拓展与变化

商业模式从单边的个体价值创造，向多边的协同共生价值重构时，企业外部所带来的价值是显而易见的。业绩出众的企业，都在为寻求创新而扩展合作伙伴网络，也同步要求人力资源管理赋能合作伙伴。

我觉得现在人力资源到了第四阶段了，第四阶段很难，第四阶段必须是 outside in，就是要有外部视角，也就是花老师说的协同共生的理念。因为现在我们都知道业绩越来越取决于外部，取决于外部客户，取决于你的供应商，取决于很多外面不确定性的因素，包括政府的政策，……寄望新一代的人力资源，可能更多的是以外部视角来看内部的组织。

(许芳，TCL)

在信息技术的推动下，员工的角色已经超越了单一职能和组织边界的局限，演变成能够在多个团队乃至不同组织间自如流动的知识、技能与服务提供者。正如《维基经济学》所洞见的一样[1]，"新的全球性商业规则是：要么协作，要么灭亡"。随着这一趋势的深化，越来越多的个人在寻求工作环境中更高程度的自由与灵活度，倾向于非传统雇佣模式，渴望在更为开放和灵活的框架内实现自我价值。对此，组织管理者要认识到，组织所要承担的责任就是拓展个体的能力。正是这种个体与组织间的灵活互动与动态组合，使得组织和个体都创造出了属于自己的价值。这种动态的组合模式产生了非常多的可能性，如果一家企业能让强个体来到自己的组织系统中，那么，强个体与这家企业之间所产生的收益就会超出人们的想象[2]。

数智时代下，企业的战略空间无论是在增长速度、价值创造还是价值获取方面，都发生了根本性转变。与工业化时期相比，这些表象之下的战略迁移，实则揭示了商业本质逻辑的根本性重塑[3]。在这一场商业逻辑的重塑中，企业不再局限于物理界限与地域分隔，而是依托于数智化平台与先进的信息技术，构建起无边界的合作网络与价值共创体系。信息的即时流通与资源的优化配置促使企业战略向更加敏捷、迭代和用户中心化的方向发展。企业必须学会在不确定性中寻找机会，利用大数据分析洞察市场趋势，运用 AI、云计算等工具优化运营效率，以及通过数智化转型不断探索新的商业模式和服务形式。这种从"规模经济"向"范围经济"和"平台经济"的转变，要求企业不仅要关注产品与服务的创新，更要重视构建开放生态，促进合作伙伴间的协同与共生，实现价值网络的扩展与深化。

3.1　价值空间拓展的新方向

企业价值活动的重塑始终贯穿于组织转型的过程中，这一进程不仅仅是技术层面的迭代更新，更是一场深层次的企业战略与商业模式的革命。价值空间的扩展，具体体现为在顾客体验、组织运营及产业生态三个维度上的全面深化与重构，这三个部分形成了企业数智化转型的核心战略框架（图 3-1）。通过这三大价值空间——即业务—顾客维度价值空间、运营—

组织维度价值空间、产业—伙伴维度价值空间[4]——的持续拓展与优化，企业得以突破传统限制，解锁新的增长潜能，实现从线性增长到指数级飞跃的转型。

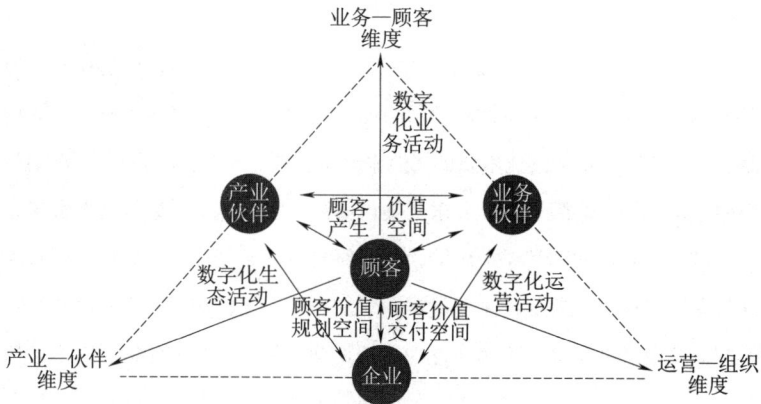

图 3-1 组织数智化转型的三维空间

资料来源：陈春花. 组织的数智化转型 [M]. 北京：机械工业出版社，2023.

在我们的调研中，目前构建人力资源管理体系的主要障碍在于战略与人力资源管理体系的关系与相关机制不明确。这一问题成为制约人力资源管理体系有效性发挥的首要因素。总体而言，企业构建人力资源管理体系受阻的主要原因在于未能充分发挥该体系在战略、业务及经营模式中的核心作用。

此外，不同规模 / 性质的组织面临的具体障碍也有所不同（图 3-2）：在 0.5 万人以上非国有组织中，数字化技术在人力资源管理体系中的应用不足是重要阻碍；而在 0.5 万人以下国有组织中，首要障碍则是未能明确人力资源管理体系对业务的具体价值。这一现象表明，人力资源管理体系的改进需要紧密围绕组织战略，尤其是在数字化转型的背景下，

Base	总体 1000	0.5万人以下国有组织 86	0.5万人以下非国有组织 871	0.5万人以上国有组织 8*	0.5万人以上非国有组织 35
未明确战略与人力资源管理体系的关系与相关机制	53.4%	53.5%	53.0%	75.0%	57.1%
未与业务活动适配人力资源管理活动与流程	47.3%	53.5%	46.3%	62.5%	54.3%
未根据经营模式改进固化的人力资源体系	46.5%	50.0%	46.2%	50.0%	45.7%
未明确人力资源管理体系对业务的价值	45.9%	61.6%	44.3%	50.0%	45.7%
数字化技术未在人力资源管理体系中的应用不足	41.1%	41.9%	40.1%	75.0%	57.1%
不适应外部环境带来的不确定性及其挑战	27.5%	26.7%	26.8%	37.5%	45.7%
人力资源人员的认知与技能不足	23.8%	20.9%	23.4%	37.5%	37.1%

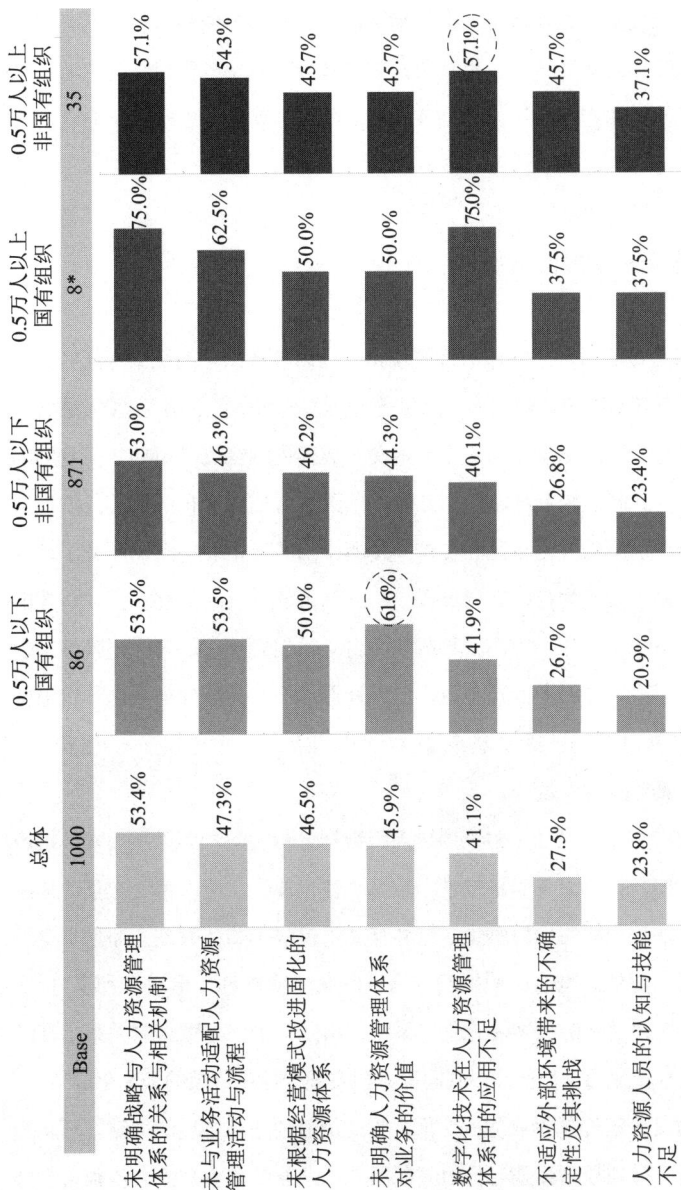

图 3-2　人力资源管理体系构建的主要障碍（不同规模／性质）

需进一步挖掘其在顾客体验、组织运营以及产业生态中的价值空间。通过优化机制设计与数智技术应用，可以在提升运营效率的同时，为企业、顾客、业务伙伴和产业伙伴创造更多价值，从而推动企业在数字化时代的全面升级。

1. 业务—顾客维度价值空间

当前，在面对客户群体的世界观和产品体验认识上的深刻变迁时，我们必须重新开展客户认知工作，这是适应新态势的必经之路[5]。步入数智时代，顾客与企业的互动界面被重新定义，数智化顾客成了驱动业务发展的核心动力。此时，企业战略的焦点转向了顾客价值最大化的实现，扮演着价值创造与引领的关键角色。在这一转型中，数智化业务活动超越了单纯的商品交易，转变为与顾客深度联结、共创价值的互动旅程。企业构建的交互体验系统，作为一个高度集成的平台，不仅囊括了顾客，还吸纳了供应链伙伴、第三方服务商乃至更广泛的社群成员，共同参与到这一价值共创的过程中。这一系列努力构成了价值空间拓展的一个方向——"业务—顾客维度价值空间"。

在此维度下，企业致力于通过高级数据分析理解顾客深层需求，运用AI、大数据、云计算等先进技术，定制个性化体验，确保每一次互动都能为顾客带来超预期的价值感受。这种互动不仅限于购买时刻，而是贯穿于顾客发现、评估、购买、使用乃至售后的全生命周期，形成一种全方位、多触点、持续优化的顾客体验生态系统。由此，企业与顾客的关系由传统的买卖双方转变为合作伙伴，共同探索和实现个性化价值的最大化。

人力资源管理是企业适应变化、驱动价值创造与拓展的关键杠杆。为了支撑这一系列战略调整与价值共创活动，企业必须重塑人力资源管理体系，注重培养具备数字素养、创新思维和高度顾客导向的复合型人才。这包括投资于员工的数字技能提升、鼓励跨部门协作与知识共享、构建灵活高效的组织架构，以及建立以顾客价值为核心的企业文化等，以驱动内部价值的创造与外部价值空间的不断拓展。我们的调研发现（图3-3），受访者普遍认同数智化人力资源管理是企业创造和拓展价值空间、应对变化的必然选择；除此之外，0.5万人以下组织的受访者更认可数智化人力资源管理能增强员工和企业的契约链接；0.5万人以上非国有组织受访者认为数智化人力资源管理是个体成长和需求的必然选择。因此，数智化人力资源管理能够对企业价值进行创造与拓展。无论是作为应对挑战的必然策略，还是作为强化员工纽带和促进个人发展的关键途径，数智化人力资源管理都获得了广泛的认可。不同规模的企业从中受益的方式虽各有侧重，但共通之处在于皆视其为提升竞争力、激发潜力和维持长期成功的战略基石。

2. 运营—组织维度价值空间

在工业时代的背景下，企业的运营管理集中在对内部流程的严格控制和优化，追求生产的效率与标准化，员工在既定的框架内执行分配的任务，扮演着较为被动的角色。企业通过构建严密的任务管理系统，确保每个环节精确运行，以实现既定的生产目标。这种模式强调的是流程的稳定性和效率，而非个体的能动性和创新。

然而，进入数智时代，数智技术无形中拉大了组织与员工之间的数字距离[6]，企业运营活动的面貌发生了根本性变化。数智化个体，无论是企业内部员工还是生态系统中的合作伙伴，都成为推动运营活动创新与效率提升的核心力量。数智化运营的焦点转向了如何最大化协同效应，通过

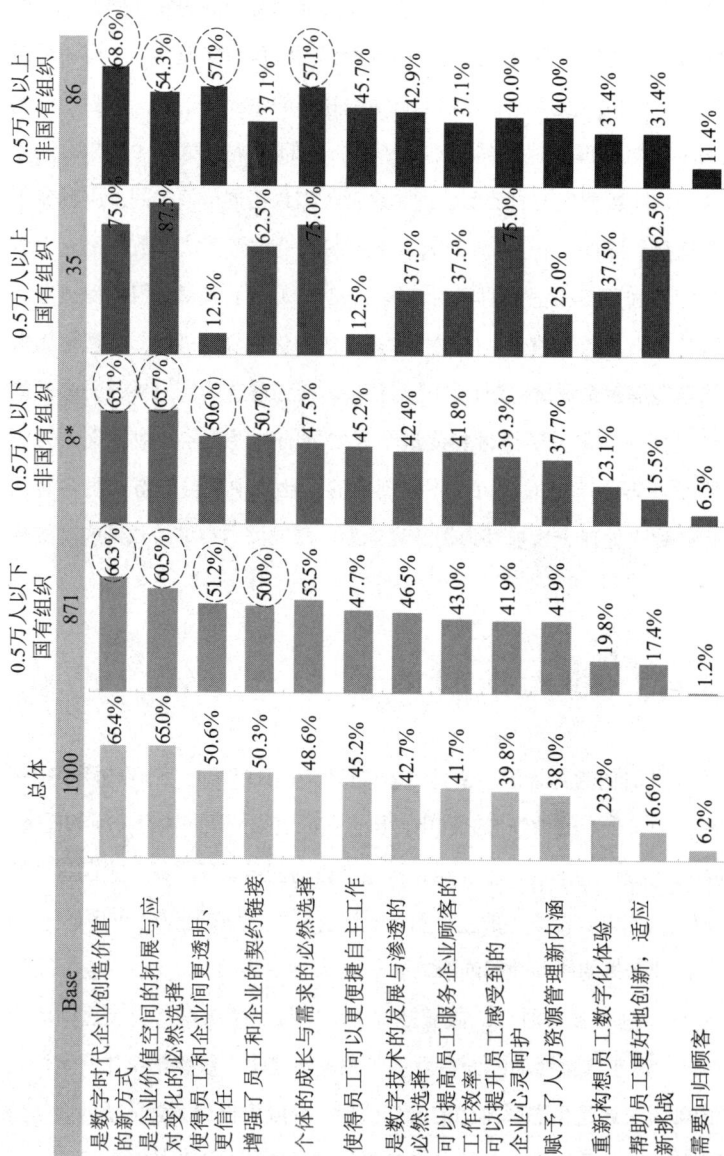

图 3-3 对数智化人力资源管理的看法（不同规模/性质）

Base	总体 1000	0.5万人以下国有组织 871	0.5万人以下非国有组织 8*	0.5万人以上国有组织 35	0.5万人以上非国有组织 86
是数字时代企业创造价值的新方式	65.4%	66.3%	65.1%	75.0%	68.6%
是企业价值空间拓展与应对变化的必然选择	65.0%	60.5%	65.7%	87.5%	54.3%
使得员工和企业间更透明、更信任	50.6%	51.2%	50.6%	12.5%	57.1%
增强了员工和企业的契约链接	50.3%	50.0%	50.7%	62.5%	37.1%
个体的成长与需求的必然选择	48.6%	53.5%	47.5%	75.0%	57.1%
使得员工可以更便捷自主工作	45.2%	47.7%	45.2%	12.5%	45.7%
是数字技术的发展与渗透的必然选择	42.7%	46.5%	42.4%	37.5%	42.9%
可以提高员工服务企业顾客的工作效率	41.7%	43.0%	41.8%	37.5%	37.1%
可以提升员工心灵呵护	39.8%	41.9%	39.3%	75.0%	40.0%
企业人力资源管理新内涵	38.0%	41.9%	37.7%	25.0%	40.0%
重新构想员工数字化体验	23.2%	19.8%	23.1%	37.5%	31.4%
帮助员工更好地创新，适应新挑战	16.6%	17.4%	15.5%	62.5%	31.4%
需要回归顾客	6.2%	1.2%	6.5%		11.4%

技术手段打破组织边界，将来自不同背景的智慧和资源汇集一处，如通过深度数据分析，识别培训需求并精准匹配个人能力与岗位需求[7]。在这个过程中，个体不再只是任务的执行者，而是转变为积极的价值创造者和合作参与者，共同为提升顾客体验和创造更大价值而努力。

"运营—组织维度"作为组织数智化转型新三维空间的重要组成部分，强调的是构建一个智能协同系统，该系统不仅整合了企业内部的运营流程，还将合作伙伴的资源和能力纳入其中，形成一个动态的、响应迅速的网络。值得注意的是，员工技能的迭代升级在人机协同的生态系统构建中显得尤为关键，占企业需要重点思考问题的 60.5%（图 3-4），这深刻体现了个人能力的成长对推动组织演进和增强竞争力的决定性作用，进而突显出人力资源转型和战略性投资的紧迫性与重要性。泰康集团的 CHO 苗力认为，人力资源起到了一半的 CSO 的角色，负责根据公司未来发展需求调整治理结构、组织体系、运营以及人才的招聘，因此，在这个维度中，人力资源首先要对公司未来的战略有一个非常深入的感知[8]。

在数智化转型的浪潮中，构建"运营—组织维度价值空间"，实质上是将人力资源的潜能转化为组织的核心竞争力，通过智能协同系统和前瞻性的战略部署，促进个体与组织的共同成长，实现价值共创。

3. 产业—伙伴维度价值空间

在工业时代背景下，企业活动往往聚焦于单一行业价值链的优化与控制，目的是通过孤立或竞争合作的方式强化自身的市场地位，在这一时期，企业更多扮演着独立竞争者的角色，关注于个体竞争优势的积累。产业活动的策略围绕着如何通过内部优化或对外界资源的控制来提升自身性能与效率。

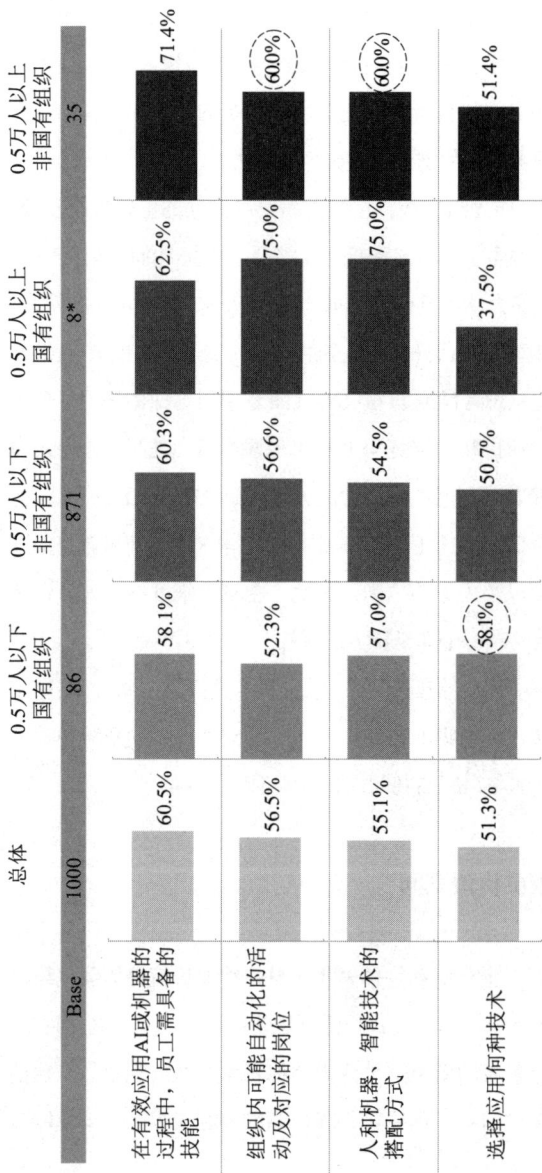

图 3-4 企业需重点思考问题（不同规模 / 性质）

　　然而，随着数智时代的到来，顾客需求的多样化和市场的快速变化促使企业必须跨越传统的行业界限，参与到由数智技术驱动的多元产业生态系统中。这时，企业的角色转变为生态系统的共建者与合作伙伴，致力于整个商业生态的繁荣与增长。数智化产业活动的目标不再是单个企业的独善其身，而是通过跨领域的协同创新，构建一个相互赋能的复合价值网络，以实现整个生态系统的协同进化与整体优势的提升。

　　"产业—伙伴维度"强调的是在数智技术的催化下，企业与产业伙伴通过开放合作、资源共享、能力互补，共同构建起一个动态、灵活且富有弹性的价值共创体系。美国管理学大师汤姆·彼得斯（Tom Peters）在其经典著作《追求卓越》中强调[9]，缺乏坚实的价值观与哲学基石，即便是最为精妙的战略设计也难以实现真正的成功。因此，在这个价值空间里，企业与伙伴应该利用云计算、大数据、AI 等数智化工具，实现跨界协同，不仅可以优化供应链管理，还能催生新的服务模式和产品创新，从而更好地满足顾客需求，实现生态内的共赢。

3.2　价值贡献变化的新内涵

　　爱因斯坦曾表示："如果一直保持当初产生问题时的意识水平不变，那么是解决不了问题的。"当工业时代的钟声渐行渐远，其遗留的流水线作业与严格分工模式，虽曾为大规模生产与效率提升奠定基石，却也在数智化的洪流前显露了局限性。

　　人力资源所承担的新贡献是，他们是公司内新的东西的创造者，并且所有新技术的应用、新观念的引入都是人力资源领先的[10]。

　　步入数智时代，"价值贡献"的内涵与实现路径正经历着前所未有的变革。这不仅仅是技术迭代的故事，更是关于人类如何重新定义价值、创造价值和衡量价值的根本性转变。因此，为了适应这一时代变迁，我们需要培养新的认知维度，构筑基于协作、创新与灵活性的新世界观，以此为导向彻底重构我们的组织架构与运作逻辑。

1. 重塑价值观

我们如今栖息的世界，已然演化为数字领域与实体现实交织的共生体。正如韦恩·戴尔（Wayne Dyer）深刻洞察的那样："当你转换了观察世界的视角，世界本身便在你眼前呈现出不同的样貌。"员工的行为和价值观对处于动态的、复杂的和多变的环境中的组织尤为重要[11]，尤其是在资源有限的当下，企业应该更加注重以价值观指引员工的行动，确保每一步决策与行动都能体现出对社会责任、可持续发展、诚信经营的承诺。它们在提高效率的同时，也在寻求对环境影响最小化，对社会贡献最大化的平衡点。

"重塑价值观"不仅仅是对传统业务衡量标准的更新，更是企业文化与战略导向的深刻变革。从企业常用的价值实现评估点中可以看出（表 3-1），随着企业战略的逐步推进和业务情景的演变，"价值"的概念本身也在经历着动态的调整与深化，这反映了企业对如何创造与衡量价值的持续探索与理解的拓宽。而这意味着数智化转型不仅是技术层面的革新，更是一次企业价值观的重塑，是在建立一种以数据驱动、敏捷响应市场变化的新价值观体系。因此，数智化转型治理的一个核心焦点便是建立一套动态的、阶段性的业务价值交付评估机制，该机制不仅要能跟踪转型项目的进展，确保每一项努力都能朝着既定的数智化转型蓝图稳步前进；还要能够及时反馈价值实现的效果，指导企业在不断变化的市场环境中持续优

化其价值观和战略方向。这样，企业便能在数智化的浪潮中，持续发现新
价值，创造新优势，实现可持续发展。

表 3-1　企业部分常用的价值实现评估点

创　新	人力资源管理	品牌建设	生　产	产　品
● 带来市场洞察意念 ● 加快上市时间 ● 提高创新投资回报率 ● 降低对环境的影响并开创创新设计解决方案	● 增加花费在工程上的时间，并减少在花费较少的任务上的时间 ● 在个人和团队之间无缝协作地分享想法	● 提高品牌认知度 ● 提高市场渗透率 ● 留住客户，减少客户流失 ● 提高客户满意度和忠诚度	● 提高员工生产力 ● 加速创新 ● 整合符合环保要求的设计	● 期望的业务成果 ● 加快推向市场 / 创新的速度 ● 减少现场或服务中心的修复 ● 降低原型设计、物理建模和测试的成本

资料来源：冯国华，尹靖，伍斌 . 数智化：引领人工智能时代的商业革命 [M]. 北京：清华
大学出版社，2019.

2. 价值贡献变化

从独创到共创。在独创模式下，价值主要源自个体或单一团队的智慧
与努力，强调的是独立创新与知识产权的私有化。共创则是一种更加开放
和包容的创新方式，它汇聚了多元背景下的集体智慧，通过跨领域合作、
资源共享与协同创造，不仅加速了创意的孵化与实现过程，还促进了知识
与技术的广泛传播与应用。这种变化不仅提升了创新效率与灵活性，还使
得价值贡献更加广泛且深远，能够更好地服务于社会各个层面的需求，推
动社会整体的进步与繁荣。在共创模式下，每个人不仅是价值的创造者，
也是价值的受益者。

在互联网时代的大背景下，组织面临着前所未有的挑战与机遇，尤其
是如何高效触达并深度满足顾客日益个性化的需求方面。共生型组织模式

的兴起，是对传统组织架构的一次深刻变革，它摒弃了层级繁复、决策缓慢的弊病，转而采用小微单元作为基本运作单位[12]。这种结构上的精简化和权力的分散化，极大地提升了组织的灵活性和反应速度，确保组织能够敏捷应对瞬息万变的市场环境。

稻盛和夫的"阿米巴经营"理念恰如其分地体现了这一变革精神。通过模拟自然界中阿米巴变形虫的高度适应性，该模式将企业细分为若干个小型自主经营体，每个"阿米巴"都具备独立的经营意识和核算机制。这种做法不仅促使每个单元追求经营效率的最大化，即追求销售增长与成本控制的最优平衡，同时也激活了全员参与的经营文化，让每一个员工都能像经营者一样思考和行动，从而整体提升企业的应变能力和创新能力。小米的共生空间则进一步诠释了这种理念，小米庞大的用户社群，品牌影响力、供应链管理、资金实力以及信誉基础，都是在此用户基础上生长出来的，形成了小米独特的"竹林共生"生态体系。小米通过构建用户社区，让用户参与到产品设计、反馈及推广的全链条中，实现了与用户的共创共生，不仅增强了用户黏性，也推动了产品和服务的持续优化与创新。

从利润导向到顾客价值的深化。 以往，企业常常将利润最大化视为核心目标，战略制定和业务运作均围绕此中心展开。然而，随着市场环境的演变与消费者意识的觉醒，越来越多的企业开始意识到，长期的成功与可持续发展，实际上植根于对顾客需求的深刻理解与满足。这种转变意味着企业价值贡献的新内涵在于创造卓越的顾客体验，建立品牌忠诚度，以及通过解决顾客痛点来开拓市场，而非仅仅关注短期财务回报。通过深度挖掘顾客价值，企业不仅能赢得市场份额，还能激发创新，推动产品与服务的持续迭代优化，最终实现利润与顾客满意度的双赢局面。这种以顾客为中心的策略，促使企业在竞争激烈的市场中脱颖而出，建立起难以复制的竞争优势。

海尔是数智时代的代表性企业，张瑞敏所倡导的"产品向场景过渡，行业为生态所涵盖"的理念，不仅是对市场趋势的敏锐洞察，更是海尔深入把握顾客价值变迁脉络的直接体现。海尔构建的生态链群模式是通过一群围绕顾客核心价值快速响应的小微企业，共同织就了一张以顾客需求为导向的生态网络，这种模式超越了传统的产品销售逻辑，转而致力于营造全方位、沉浸式的场景体验，为顾客提供量身定制的生态价值服务。

海尔的这一系列变革举措，不仅重新定义了企业与顾客之间的互动界面，还展示了如何在数智时代下，通过深度整合资源、技术与创意，实现顾客价值的最大化。海尔的生态系统不仅强化了顾客的参与感与满意度，还促进了内外部资源的高效协同，激发了前所未有的创新潜能，持续推动产品与服务的迭代升级，构建起难以被模仿的竞争壁垒。最终，海尔通过这一系列以顾客为中心的策略，不仅在激烈的市场竞争中稳固了领先地位，还成功实现了企业价值与顾客价值的和谐共生。

在共创模式下，价值来源于广泛的社会协同与集体智慧的碰撞，强调开放合作、资源共享与多元融合，不仅推动了创新的加速和社会福祉的提升，还构建了一个共赢共荣的生态体系。同时，顾客价值的深化体现了企业战略重心的根本转变，将顾客置于企业发展的核心位置，通过提供卓越体验、解决实际需求和建立情感联结，实现顾客与企业的共同成长。海尔、小米等企业的实践证明，通过构建以顾客为中心的生态系统，促进价值共创共享，不仅能够提升企业的市场竞争力和创新能力，还能在快速变化的商业环境中建立持续的竞争优势，实现经济、社会与环境的和谐共生。

3.3 协同驱动新价值空间创建

在万物互联的当下，协同研发逐渐成为企业实现创新的重要方式[13]，协同不仅是提升系统效率的驱动力，更是重塑竞争格局的新范式。我们正从单一的竞争思维向协同共生的模式转变，这种转变不仅仅是对过往习惯的超越，更是对未来可持续发展路径的探索。在这一过程中，技术、资源与财富不再仅仅是强者独享的果实，而是通过协同机制被更广泛、更公平地分布和利用，从而缩小差距而非扩大裂痕。

协同不仅仅造就了传统意义上的强者，更强调了集体智慧和资源共享，使得每个参与方都能在合作中找到增值点，即便是所谓的"弱者"也能通过协同网络获得成长和逆袭的机会。这种模式下，竞争不再是零和游戏，而是转变为多方共赢的正和博弈，推动整个生态系统的繁荣与进步。技术进步，特别是 AI、大数据等领域的突破，为协同提供了前所未有的可能性。它们帮助企业更精准地匹配资源、优化决策、提升效率，同时在一定程度上缓解了因信息不对称导致的不平等现象。通过智能化协同平台，资源可以更高效地流向真正需要的地方，促进创新和社会福祉的普遍增长。

当然，这并不意味着竞争完全退出历史舞台。健康的竞争依然激励着创新与进步，但其形式和目的正在发生变化。在协同框架内，竞争更多体现为对更高效率、更优解决方案的追求，而非简单的对市场份额的争夺。纵观华为的生态发展历程，初期的合作侧重于产品供应以应对短期需求。随着客户需求转向综合解决方案，华为与伙伴的合作升级为基于自身平台能力的全方位协同，贯穿规划至运营的全过程，超越了最初的交易关系。

组织外协同价值场景

供应链管理是组织外协同的一个典型场景，宝洁借助供应链数智化协同，疫情防控期间仍实现了 6% 的销售增长 [14]，同时也优化了合作伙伴的库存与上架率，展现了高效协同的力量。通过透明、智能的供应链平台，宝洁促进了内外部紧密合作，实现了"千场千链"，并且根据不同需求定制供应链方案，大大提升了响应速度和服务精准度，再次证明了协同管理在复杂环境中的关键作用。

未来，成功的衡量标准将不再局限于个体企业的规模与利润，而更多体现在对整个生态系统健康度和繁荣度的贡献上。这要求企业在追求卓越的同时，也要注重培养共生共赢的心态，不断拓宽合作边界，深化协同深度，以应对日益复杂多变的全球挑战。这最终将成为一个既竞争又协作，既分化又整合，充满活力与可能的新商业世界。

> 今天的挑战不再是如何打造"移动优先"或"数字优先"的组织。"AI优先"是更好的选择。
>
> ——克劳迪·朱尔斯

第4章
人力资源管理数智化架构

数智化对人力资源管理从业人员提出了新要求，即对数智技术能力的要求，如果从业人员自身不具备这些能力，这一切就都是空话。应该说，在人力资源管理领域的专业能力方面，从业人员都具有良好的素质和基础，但是在数智技术领域的能力方面，对很多从业人员都是新挑战，需要人力资源管理者加快自身对数智技术及知识的学习，提升数智技术能力。

我们准备运用的是类似于 AI 的陪练系统，这个可以扩展到所有的训练，有陪练的功能，不再是一个单独的技术，而是我们实现所要的功能的手段。

(陈敏，蒂升电梯)

目前，人力资源管理部门的"战略属性"和"业务属性"逐渐凸显，慢慢成为业务部门的战略伙伴，并围绕组织、人才、文化来支撑公司的企业战略，实现业绩增长。

4.1　人力资源管理的架构和实践模式

人力资源管理能通过技术手段扩展工作边界，在技术发展和应用中，人力资源管理的架构和实践模式也发展为几种类型（图 4-1）：第 1 类，非数智化人力资源管理。这一人力资源管理的实践和战略没有应用任何数智技术。第 2 类，数智化人力资源管理 I（运营应用）。这一人力资源管理模式开始应用数智技术进行运营管理。其实人力资源管理很早就开始实现信息化，一开始的应用就是线上化，简化人事工作、减少行政负担。随着技术发展，人力资源管理可以在人力资源规划、培训、薪酬及绩效管理等方面利用信息化技术，实现人力资源管理的信息化甚至是自动化，提高人力资源管理效率、降低成本和提升质量。企业人力资源管理的数智化就是从这一阶段开始的。第 3 类，数智化人力资源管理 II（战略跟随 / 战略一致）。这一阶段人力资源管理的数智化开始主动支持人力资源战略，保持与战略的一致性，帮助执行战略。当然，这一阶段企业也没有利用数智技术影响战略的形成和制定过程，而是在人力资源战略制定后保持数智技术应用与人力资源战略对齐。具体数智技术应用取决于人力资源战略，包括在招聘、薪酬、绩效和员工发展方面的领先数智技术。如企业利用数智技术开发和构建"内部劳动力市场"以响应企业的未来战略。这一阶段也是人力资源数智化转型开始的阶段。第 4 类，数智化人力资源管理 III（战略整合）。该类模式主要特征就是充分利用数智技术进行人力资源战略整合。人力资源的数智化不仅是战略对齐，更重要的是开发数智化优势，利用相关数智技术帮助形成战略和新商业模式，呈现和落实人力资源管理基于数字战略的价值主张。典型的相应未来数智技术包括员工分享（HR analytics）、员工关系管理（Employee Relationship Management），前者可以通过数字分析提升人力资源决策效率并为组织创造价值，后者可以通过数智技术与现在和有潜力的员工构建和维持有价值的关系而为组织创造价值。这些数智技术应用的特点是直接为组织增加了新的价值创造。甚至有学者提出我们已进入"算法人力资源管理"阶段[1]，这个阶段我们有了更多数智技术（如决策制定自动化、预测性招聘技术、智能控制人力资源管理信息看板等）去赋能，也可以让雇主基于算法管理管控和推荐指导员工，通过记录和评级来评估员工，并通过替换和奖励来激励工人[2]。

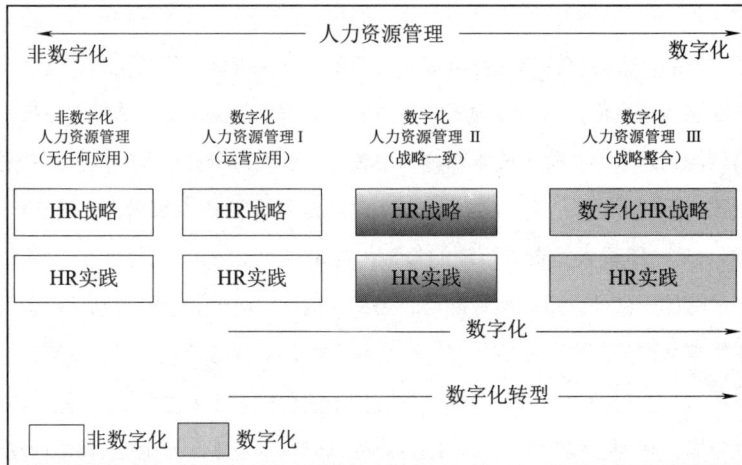

图 4-1 数字化人力资源管理的类型

资料来源：Strohmeier S. Digital human resource management: A conceptual clarification[J]. German Journal of Human Resource Management，2020，34（3）：345–365.

在我们的调研中，规模更大的组织已经制定人力资源数字化愿景（图 4-2）。这些愿景将组织数字化转型与业务运营和战略发展联系起来。不同规模组织在制定清晰的人力资源数字化愿景、蓝图与路径方面的表现截然不同：0.5 万人以上非国有组织的制定率高达 94.3%；而 0.5 万人以下国有组织和 0.5 万人以下非国有组织的这一比例仅为 20.9% 和 22.3%。

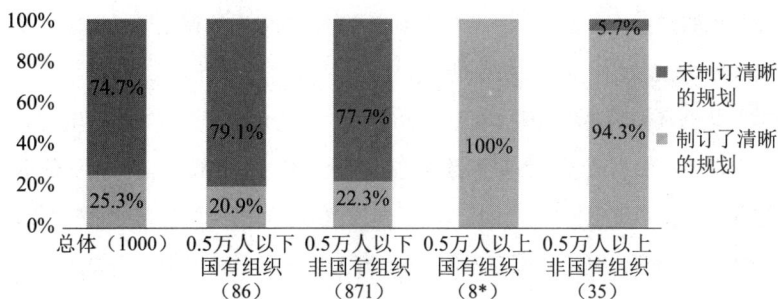

图 4-2　数字化发展规划制订情况（不同规模 / 性质）

4.2　数智化人力资源管理架构的支撑逻辑

实践上号召需要"HR 系统架构师"这样的角色来对组织模式、技术、能力进行整体的架构设计，推动场景需求满足和价值创造。一些组织尝试去探索实现人力资源管理新模型的具体的架构、流程和组织。以海尔为例，其在数据系统整合与人岗匹配模型上的探索凸显了数智化人力资源管理的前沿实践。通过这一创新模式，海尔不仅清晰定义了理想人力资源总监的职位特性，而且能够对比评估现任总监的能力匹配度，精确识别存在的能力差异。同时，海尔大学系统已经与包括岗位管理、绩效评估、薪酬福利管理及服务共享中心在内的多个内部子系统实现了无缝对接，可以根据个人职业发展规划的精准需求，智能化推送个性化学习课程。这一举措生动展现了海尔在利用数智化手段促进人才个性化发展方面的实际应用成效[3]。工银科技的管理者徐艺宸进一步强调了对场景管理全面整合的必要性[4]，特别是在推进中后台的数智化转型过程中，主张在确保资源有效管控的同时，加速人力资源部门的数智化变革步伐。这一策略致力于打破线上线下场景及数据的壁垒，建立起一个无缝衔接的人力资源管理数智化场景模型，以实现更高效的工作流程和价值创造。

根据我们的调研（图 4-3），受访者所在企业人力资源数智化转型的前三个期待目标为通过人力资源数智化支撑企业数字化战略，支撑企业数字化业务以及实现信息交流。此外，不同规模组织对人力资源数智化转型的期待基本一致，侧重点略有不同：0.5 万人以上非国有组织更加关注人力资源数字化支撑企业数字化业务；而 0.5 万人以下组织（国有组织与非国有组织）则更关心人力资源数字化支撑企业数字化战略。

人力资源管理新模型的架构以场景管理为载体，上接战略决策，下合业务需求，全方位服务企业的数智化运营活动、业务活动和产业活动，致力于打造以 AI 为中心的技术架构（图 4-4）。人力资源管理新模型的架构应包括数据分析、（数智）人才管理、敏捷组织发展等主要维度，可利用云计算、大数据、AI 等技术进行支持。在数据分析方面，要求能构建一个全链路、全场景的数智平台，让大数据和 AI 对数据进行快速的处理并辅助决策。在人才管理方面，强调利用数智技术对员工进行全周期管理和多维度考核，包括人员招聘、培训开发、绩效评估、福利保障等环节。在组织方面，往往倡导设计基于数智技术的扁平化、灵活性和团队协作的组织方案，构建一个具有敏捷性的组织，以提高组织效率并适应灵活的业务需求。在实现新模型的过程中，还需要加强人力资源与战略部门、业务部门等部门之间的合作，形成一体化的人力资源管理体系。

技术影响的最大作用对象还是人。数智化和虚拟技术的发展，以及元宇宙的兴起正在重新定义工作场所，使其不再限定于某一特定物理空间的概念。员工的工作方式、技能和体验发生了极大重塑。新技术的使能，对员工的素质要求更高，对其体验及诉求的满足也会更高。这些新时代的

Base	总体 1000	0.5万人以下国有组织 86	0.5万人以下非国有组织 871	0.5万人以上国有组织 8*	0.5万人以上非国有组织 35
我们期待的目标是通过企业数字化支撑企业数字化战略	48.1%	41.9%	49.6%	37.5%	28.6%
我们期待的目标是通过人力资源数字化支撑企业数字化业务	41.8%	41.9%	41.3%	50.0%	51.4%
我们期待的目标是通过人力资源数字化实现信息交流	41.0%	37.2%	41.4%	37.5%	40.0%
我们期待的目标是通过人力资源数字化提升人力工作效率	39.2%	44.2%	38.8%	25.0%	40.0%
我们期待的目标是通过人力资源数字化提升人力工作满意度	37.2%	40.7%	36.9%	25.0%	40.0%
我们期待的目标是通过人力资源数字化提高整体管理效率	28.5%	33.7%	27.6%	62.5%	31.4%
我们期待的目标是通过人力资源数字化来提高客户界面的效率	23.0%	23.3%	22.6%	25.0%	31.4%
我们期待的目标是通过人力资源数字化优化员工工作体验	11.6%	15.1%	11.3%	12.5%	11.4%
我们期待的目标是通过人力资源数字化改善整体人力费率	6.5%	4.7%	6.5%		11.4%

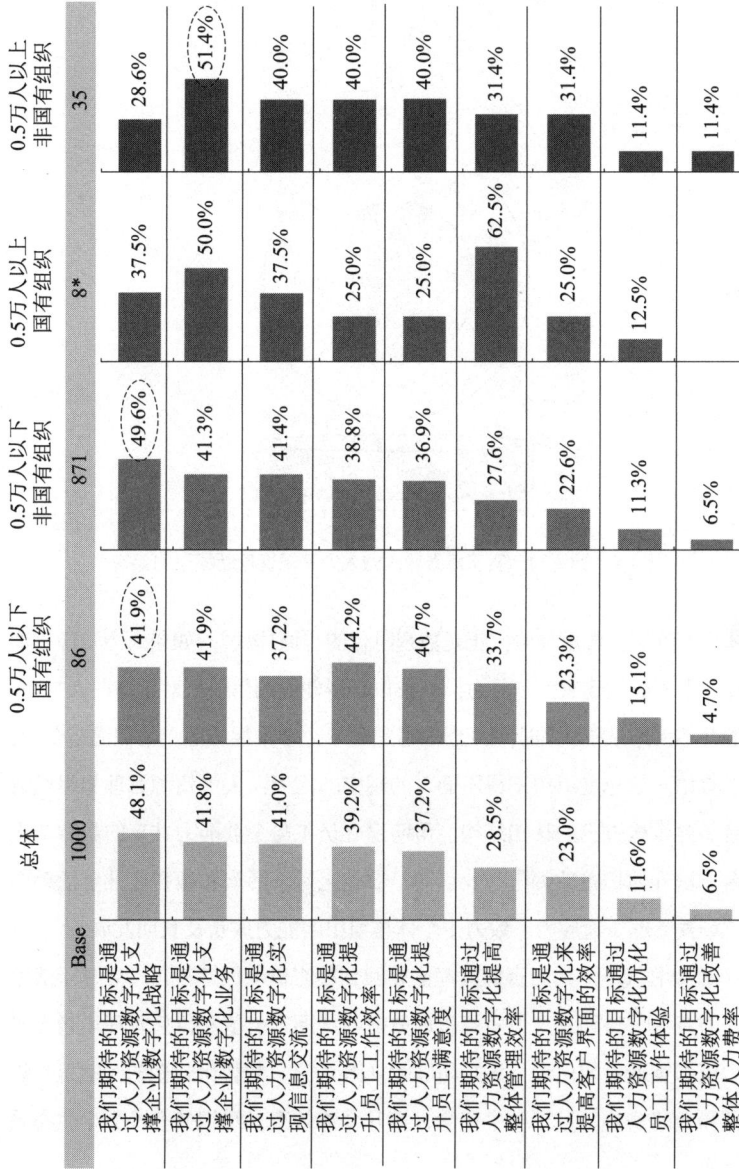

图 4-3　人力资源数智化转型的期待目标（不同规模/性质）

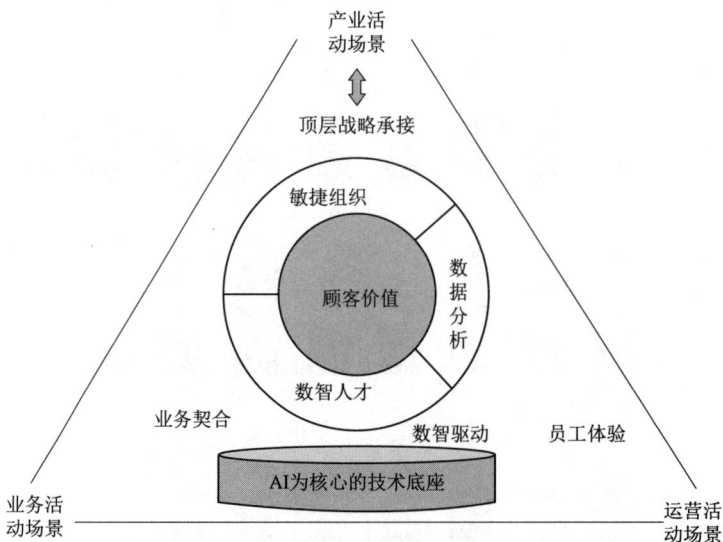

图 4-4 数智时代基于场景管理的人力资源管理新模型的架构

个体个性鲜明、注重体验，也是数智时代的"原住民"，如果人力资源管理及领导者不能构建有效领导力，就难以获得他们的信任。对于这些人来讲，他们并不太遵从传统的职场观念如尊重领导、尊重权威等。他们渴望个性，追求自由，这也是组织不得不面对的现实。因而，人力资源管理和组织管理者需要重构自己的认知结构，帮助建立员工与企业能力共享的数智技术平台，提升他们在数智化产业活动、数智化运营活动和数智化业务活动中的"场景管理"适应力，致力于个体与组织的能力成长及长期发展。

数智时代下，人力资源管理需要回到顾客价值创造视角，要基于战略看人力资源。特别是人力资源管理要回归到顾客价值和价值管理场景上对人力资源管理数智化进行认知和理解（图 4-5）。数智化转型的关键是战略谋划和战略实施，基于共生理念去提升个体效率、组织效率及整个生态系统效率。

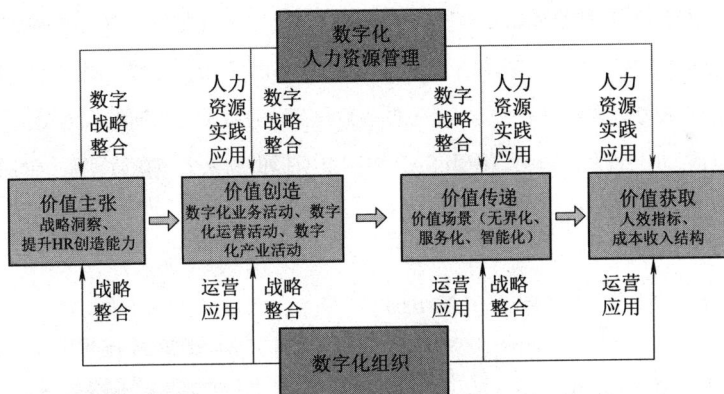

图 4-5　数字化人力资源管理技术架构支撑组织数智化的核心逻辑

根据相关调研和实践发展，我们认为搭建人力资源管理新技术架构的核心应关注以下内容。

1. 顶层设计

首先需要做好数智系统的顶层架构设计，确认人力资源在组织中的价值定位，明确其在战略和业务赋能中的价值与作用。思科（Cisco）董事长兼 CEO 罗卓克（Chuck Robbins）认为，CHRO（首席人力资源官）可以充分利用人力资源战略、数据分析洞察和技术力量，增强企业的竞争优势，推动企业的业务扩张。因此，企业应当授权 CHRO 采取这种战略行动，以加速员工的成长进程，进而推动企业盈利的快速增长[5]。此外，在技术架构设置上，既要保持全终端的连通，支持手机、电脑、平板等终端设备接入；还要保持开放性，支持系统平台对接，包括对接企业微信、钉钉、各种内部系统等。

目前在数字系统架构应用层面，人力资源管理数字化系统以外部采购为主，金蝶、用友市场占有率较高（图 4-6）。90.7% 的受访者所在企业配备有人力资源管理系统，其中以外部采购系统为主；在配备人力资源管理数字化系统的企业中，平均每个企业配备 2.2 个品牌系统，金蝶、用友和浪潮是企业人力资源管理系统排名前三的提供厂商。企业使用自研的人力资源管理系统的比例为 27.7%；使用 SAP 和摩卡所提供的人力资源管理系统的企业也有 20% 以上。

人力资源数字化系统建设方式 *N*=1000

人力资源管理系统厂商分布 *N*=907

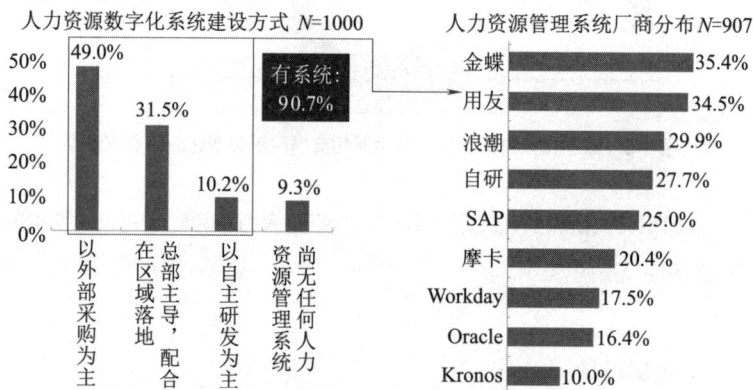

图 4-6　人力资源管理数字化系统的建设方式和相关厂商（整体）

大规模组织人力资源管理数字化建设多为总部主导，小规模组织则依赖外部采购（图 4-7）。0.5 万人以上非国有组织人力资源管理数字化系统建设以总部主导，配合在区域落地为主，占比达到 62.9%；其次是自主研发，占比达到 25.7%。0.5 万人以下国有组织和非国有组织人力资源管理数字化系统建设以外部采购为主的占比均略超过 50%；此外，总部主导，配合区域落地也占据一定比例，分别达到 25.6%、30.4%。金蝶是人力资源管理系统的主要提供商，不同组织对其他品牌的使用略有差异. 尽管不同组织采用的人力资源管理系统品牌比较分散，但是金蝶的竞争力领先于其他品牌，用友紧随其后，其次是浪潮（图 4-7）。

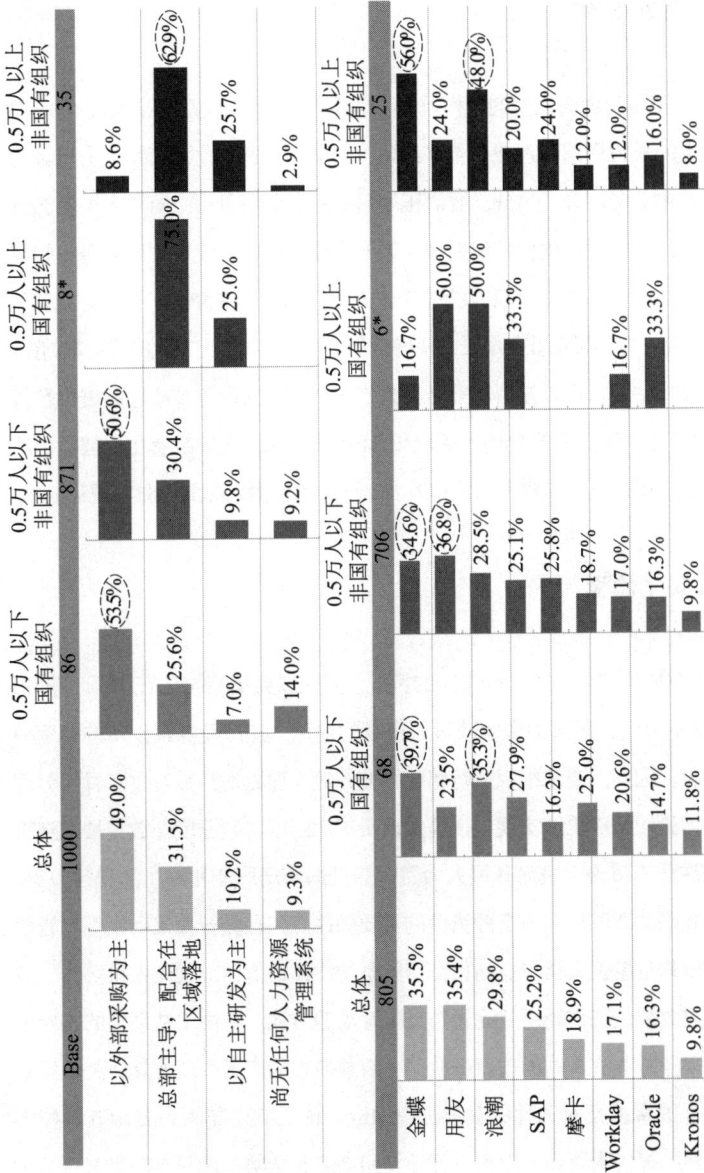

图 4-7 人力资源管理数字化系统建设方式和相关厂商（不同规模／性质）

2. 贴近业务

人力资源管理新模型的架构首先要确保人力资源管理业务的数智化。与员工相关的人力资源管理业务要在线化、自动化和智能化，打造人力资源管理的数智化业务场景。另外，要真正地落实到业务场景中，对于人力资源管理团队来说，在数智化转型和新技术架构搭建过程中一定要理解业务，如果不懂业务，就没有办法应用和发挥信息化与数智化工具的价值。"数智化给业务带来的好处一定是贯穿业务场景，使得整个数据的效能是无穷化的。"（李剑锋，科大讯飞）企业可以以核心的业务场景作为试点，先推进核心议题进行数智化 IT 的搭建，逐步完成全场景赋能和 AI 场景应用，搭建数智化、智能化的知识系统，提升员工的业务知识和能力，这样也会大大降低企业的试错成本。

3. 员工体验

CHO 们认识到员工体验带来的挑战，正如联通集团的 CHO 所强调的那样[6]，这不仅仅关乎人力资源政策与机制的优化，还涉及探索创新的管理模式和手段。因而，要求组织进行组织模型升级，建立适当数智化工具实时洞察员工体验和客户价值实现。以前强调员工满意度、敬业度，数智技术到来后更关注员工体验，进而开展人力资源管理的市场职能和雇主品牌建设等。员工体验是数智时代人力资源管理的重要关注点。在数智技术引领下，管理者需要做的是挖掘人类与自动化、智能系统协作的价值，优化人机协作的效率，建立数智化工作场所并完善与员工互动的方式，将员工从烦琐的工作中解放出来，并关注人的创造力释放。在数智技术的应用中，尤其要关注技术对人工作的解放及对人性的关怀。Gartner 的"2021 年人力资源 5 大技术战略趋势"报告中提到的隐私增强计算和网络安全网，这两点都要求从员工视角保障数据的隐私和正确使用，帮助员工以合法身份从技术中获取价值。

4. 数智驱动

　　埃森哲 2023 年发布的针对全球 CHO 的调研结果显示，"利用数据、技术、AI 提高绩效和生产力"和"为组织引进、培养一流人才"是未来三年能够推动增长的首要领域。数智驱动成为新技术架构中的内核，尤其要建设以 AI 为导向的技术架构。我们需要综合审视数据、技术、人才的力量，洞悉潜藏的增长机遇。在数智驱动方面，不同的企业有不同的探索。一个代表性的案例是协同数字平台飞书，它设计了战略分解与 OKR 系统，通过可视化的数据看板，复盘企业 OKR 执行情况，让个人与组织目标始终一致。根据我们对 CHO 的访谈，受访者谈道："飞书解决的不是员工体验，它一定程度上解决的是运营效率，它的文档系统，包括文档和 OKR 的链接，把战略分解的一致性做得非常好，10 万人的组织不会跑偏。我们也正在开发类似的系统，把文档和 OKR 做链接，OKR 跟绩效做链接，保持整套战略分解的一致性。当你的战略分解保持了一致，在这个基础之上组织协同性和敏捷性就自然显现了，不需要特意为之。因为大家对战略保有高度的战略一致性认知，在文档系统里面信息又高度共享，因而协同化就变强了，当协同化变强后，敏捷性也变强了。"

　　目前企业的数智驱动情况如何？在我们的调研中，0.5 万人以下国有组织构建数字化人力资源管理体系后，在远程移动办公（81.4% vs 77.9%）和知识管理（77.9% vs 75.6%）上略超过员工预期（图 4-8）。在算法管理、提升员工职场体验、干部管理上，企业实际表现与员工预期差距相对较小；在薪酬管理、人机共生系统、量化人力资源管理、敏捷决策上的实际表现与员工预期有较大差距，均在 20% 以上。

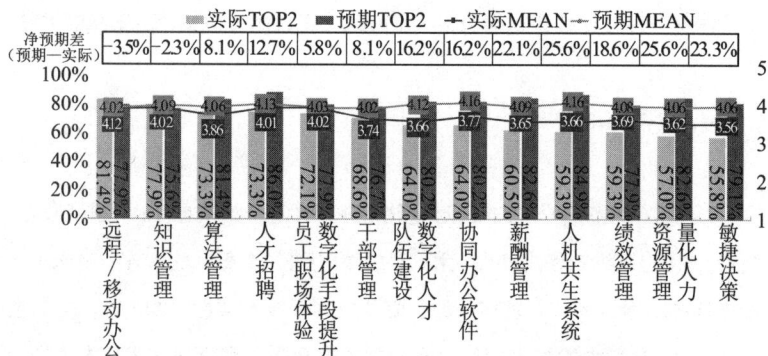

图 4-8　数字化人力资源管理体系的实际情况与预期对比
（0.5 万人以下国有组织，*N*=86，TOP2= 非常好 %+ 较好 %）

0.5 万人以下非国有组织人力资源管理体系建设各方面未达预期要求（图 4-9）：在算法管理、远程 / 移动办公上，企业实际表现与员工预期差距相对较小；在人机共生系统、数字化人才队伍建设、协同办公软件、绩效管理、薪酬管理、敏捷决策、量化人力资源管理上的实际表现与员工预期差距均超过 20%。

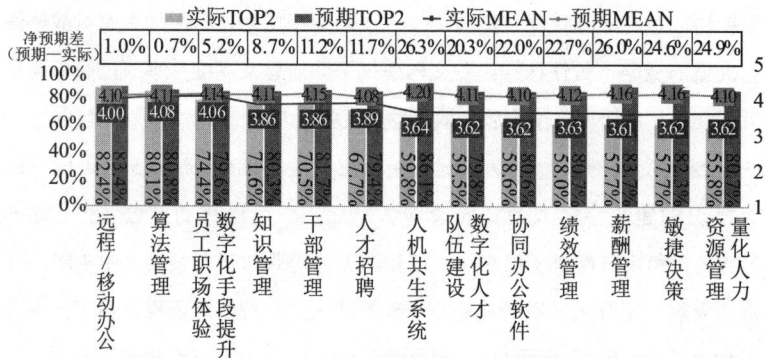

图 4-9　数字化人力资源管理体系的实际情况与预期对比
（0.5 万人以下非国有组织，*N*=871，TOP2= 非常好 %+ 较好 %）

0.5 万人以上国有组织构建数字化人力资源管理体系后，仅在数字化人才队伍建设上超过了员工预期。在远程 / 移动办公、人机共生系统、薪酬管理上表现与员工预期一致；敏捷决策、人才招聘上的实际表现与员工预期差距最大，达到 50%；绩效管理、协同办公软件的实际表现与员工预期差距均达到 37.5%。算法管理、量化人力资源管理、数字化手段提升员工职场体验的实际表现与员工预期差距均为 25%（图 4-10）。

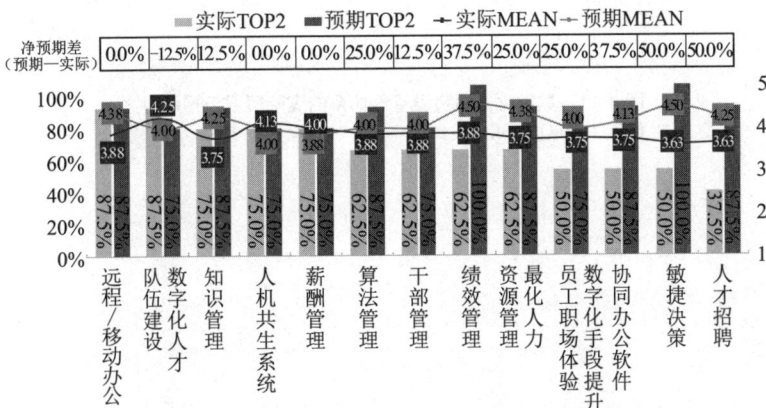

图 4-10 数字化人力资源管理体系的实际情况与预期对比
（0.5 万人以上国有组织，N=8，TOP2= 非常好 %+ 较好 %）

0.5 万人以上非国有组织构建数字化人力资源管理体系后，数字化人才队伍建设和干部管理两项超过员工预期。在远程 / 移动办公、敏捷决策、知识管理上，企业实际表现与员工预期差距相对较小；在人机共生系统、绩效管理、薪酬管理、量化人力资源管理、数字化手段提升员工职场体验上的实际表现与员工预期有较大差距，均在 20% 或以上（图 4-11）。

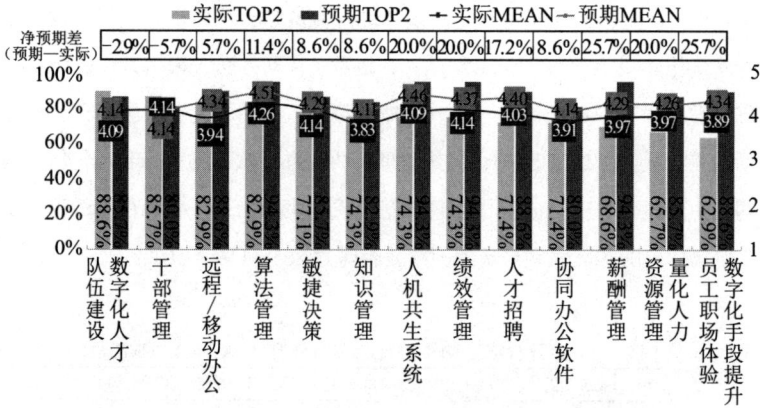

图 4-11 数字化人力资源管理体系的实际情况与预期对比
（0.5 万人以上非国有组织，*N*=35，TOP2= 非常好 %+ 较好 %）

第三部分

人力资源管理数智化转型的五大行动

持续保持和辅助组织成员的知识与技能更新，在今天显得尤为重要，一方面是因为技术创新与应用快速推进，另一方面是因为新的设备和平台也不断改进与提升，任何一个人和一个组织，都无法用已有的知识和技术来面对今天的变化。组织成员普遍的知识与技能更新，已经不再是一个基础保障，而是组织核心能力的构成部分。

我们先设立一个 digital office（数字办公室），在外面招了很多人过来，但 digital office 的一个很重要的目标是把自己干掉，我们给到 digital office 很大的任务是要在企业里面做赋能的工作，不单单是做数字化相关或业务相关的工作，所以我们给他们的时间是三年内要把自己干掉。三年内干掉的意思是三年我们评估 digital office 成功不是看它能推出多少业务，更重要的评估是它能不能赋能，最后赋能给各个业务。

（袁耀宗，百胜中国）

> 尽早注意细小的变化，这将有助于你适应即将来临的更大的变化。无数人事的变化孕育在时间的胚胎里。
>
> ——莎士比亚

第 5 章
高效契合企业战略

　　几乎所有的受访 CHO 都认为他们所在的企业面临的主要挑战来自数智技术带来的企业价值空间的变化。数智技术重新定义了整个行业，改变了价值的创造方式，企业战略转向利益相关者的共生战略，这些利益相关群体包括客户、员工、股东和生态合作伙伴。

　　迫在眉睫的是，企业越来越多地面临着来自行业外部的挑战。

　　我们一般认为人力资源是一个相对辅助或支撑的部门，因为传统上都是这样，但其实还有很多机会，我们不光是跟着战略往前走，在走的过程中，具备了组织能力之后，这些能力可能会发生迁移。我们这些能力可能会再结合一些市场机会把产品线，甚至把市场做一些延伸，争取能够创造出优势来，这就是能力一体化可以扩散。

（万俊学，巨一科技）

　　数智技术环境下，顾客价值观念从关注产品与服务的功能转向关注产品和服务的体验。为了适应顾客价值的变化，几乎所有企业都在经历数智化加速度的过程，即基于战略进行企业价值活动及价值结构（价值活动的组合方式）重塑。企业对人力资源管理部门提出了基于战略进行业务协同的新要求，人力资源管理工作呈现出超越被动职能服务，拓展自身价值边界，主动战略协同的趋势。

课题组对 69 家领军企业的人力资源管理第一负责人的深度访谈显示，高层管理者将人力资源视作战略资源，并对人力资源管理部门有着结合企业战略推动业务发展的价值期望。然而，大多数人力资源管理部门仍在被动地提供职能服务，无法突破原有的价值边界，达成企业对其战略协同的期望。

通过对领军企业人力资源第一负责人进行访谈，我们发现跟不上企业的发展速度、不理解业务职能、无法提供可明确感知的业务价值是企业管理层认为的人力资源管理部门存在的三大问题。三大问题的实质是人力资源管理部门作为职能支持部门，其价值的关键边界来自企业战略部门完成规划、业务部门消化战略后提出人力资源管理相关需求之间的时间差，即战略下达、业务执行、人力需求确认的过程中，不同部门协同所需要的时间。

工业时代，这种时间差被企业所处的相对稳定环境所掩盖。具体而言，人力资源管理部门作为被动的价值提供方，只要理解业务，并能在企业战略规划调整之前，有效地满足业务部门相对稳定且明确的业务需求，便无须考虑时间差问题。随着技术、经济与社会的发展，环境的不确定性变得越来越大，时间差变得越来越小。

在数智时代，企业必须以更敏捷的业务模式来应对复杂的环境。这种"数智化加速度"直接对人力资源管理部门提出了不断变革以跟上企业发展的新要求。为了满足企业发展的新要求，人力资源管理部门应紧跟业务需求，不断提升自身价值。从综合行政部门改革为人事部明确独立责任，到划分为六大模块部门明确组织专业分工，再到构建三支柱模式明确运营方式的人力资源管理体系变革，不难看出人力资源管理部门已经完成了独立化、专业化、体系化的三次进化。但是面对"数智化加速度",传统人力资源管理部门依然难以跟上业务发展,为管理层与企业发展提供可明确感知的价值。

问题的根源是人力资源管理部门一直在被动跟进,而非主动协同。因此,无论如何进化,传统人力资源管理的价值边界依然受制于企业在工业时代构建的价值活动与价值结构,即企业仅将人力资源视为业务资源,仅要求人力资源管理部门服务业务部门。这种被动体现为人力资源管理部门习惯于听取业务需求,仅提供专业职能服务的价值瓶颈。要想突破瓶颈,企业应强调人力资源管理的战略价值。

5.1　战略是能力模型

数智技术让我们所熟悉的世界变得不再熟悉,今天的环境对企业构成的最大的挑战是各种影响因素叠加、复杂性非常高,企业越来越多地面临来自行业外部的挑战以及生存的挑战。在这样一个变化速度超越竞争优势的战略环境下,没有哪一家企业能够以固有的竞争优势建立持久壁垒。无论是企业战略还是企业竞争本身,都在加速重组和加速变化,行业边界以及产业领域正处于加速重构之中。

定义新的生态空间和共生价值成为企业实现持续增长的关键,这需要组织与数智技术的支撑,并真正实现与战略的高效匹配。今天,战略不再是一个资源模型,更是一个能力模型。拥有增长能力的企业,才会获得持续成长的空间[1]。

在工业时代,企业战略主要基于资源模型,强调对有形资源的获取和配置能力,如土地、资本和劳动力等。企业通过对这些资源的优化配置来实现竞争优势。然而,在数智时代,核心要素发生了变化:数据、信息、知识和技术变成了个人、社会与经济的主要资源。这些资源是无形的、可共享的，并且可以通过技术手段快速扩展和应用。企业的竞争优势不再仅仅来自对有形资源的掌控，而更加取决于如何利用这些无形资源来构建自身的能力，包括技术创新能力、市场响应能力和组织学习能力等。

在工业时代，企业能够明确自己的核心竞争优势，与此相适应的是组织分工明确，人力资源管理承担专业职能并发挥效用。然而，在数智时代，企业难以再拥有明确而稳定的竞争优势。随着数智技术的深入发展和变化速度的加快，制定适应变化的战略并高效实现战略显得尤为重要，这意味着人力资源管理必须与战略高度契合，也就是说，人力资源管理部门不能只是一个独立的职能部门，它本身也是战略构成的一部分[2]。基于战略的要求，人力资源管理需要从关注自身系统规划转向关注企业战略规划，充分理解战略并围绕战略规划预测人力资源需求、知识系统、成员活力与动态流动等，根据人员及能力的实际差距，制订有效的人力资源规划。

动态环境决定了战略本身要有能力对变化做出响应。如果战略是能力模型，那么对人力资源管理很重要的要求就是能不能把公司的战略用能力解码。数字化技术重新定义了企业战略，也重新定义了行业边界，价值创新驱动战略成长是基本选择。相对于工业时代的战略而言，企业战略从资源模型转向了能力模型，企业战略规划本质上是创新能力的规划。如从史密斯的CHO介绍的做法中，可以看出企业非常注重人才能力开发与结构。[3]

正如尤里奇所言，"一个好的 HR 就像一个好的 CEO"。企业应将人力资源管理部门视作一个企业来运营。CEO 和各直线业务经理都要对 HR 的角色负责并产生贡献。人力资源管理要切实参与战略的制定及落地，成为战略的合作伙伴。企业人力资源管理需要具有相应的前瞻性思考力、更好的组织设计力、影响力及执行力。数智化运营与设计是效率的保障，也是人力资源管理需要承担的重点工作。它能够帮助组织实现更高效率的流程协同及组织内外协同，降低企业运营成本，优化服务流程，提升组织效率。这项工作需要组织人力资源管理部门具备较好的信息技术认知能力、资源整合能力和流程管理能力等。

5.2 以顾客为中心的价值创造活动

在数智时代，市场环境和技术条件的深刻变化迫使企业重新思考其价值创造的方式。以顾客为中心进行价值创造已成为企业在不确定性中寻求稳定增长的关键策略。

在充满不确定性的市场环境中，顾客成为企业能够"抓得住"的一个相对稳定的群体。与传统的资源逻辑和产业逻辑相比，顾客逻辑提供了一种更为可靠的增长路径。一方面我们可以通过满足顾客需求获得增长，另一方面我们可以通过探索和创新顾客需求获得增长。概括而言，依靠顾客逻辑，企业可以持续获得增长的可能性[4]。

传统的工业时代逻辑强调企业对资源的掌控以及在成本和规模上的竞争优势。然而，随着数智技术的发展，资源的流动性增加，产业边界被打破，产业正在被重新定义，传统逻辑的可靠性下降。相较之下，顾客逻辑因其强调与顾客的互动和体验，成为更加可靠的选择。

数智技术带来的最根本改变是，企业价值活动从关注产品或服务转向以顾客为中心[5]。数智技术的应用改变了价值创造的主体结构，企业不再是创造顾客价值的唯一主体，而是与员工、顾客和产业伙伴共同参与价值创造。数智技术，一方面赋能员工和组织，使其能够直接为顾客创造价值；另一方面也帮助企业赋能生态伙伴，共同为顾客创造新价值。组织活动从组织内部员工延伸到组织外部的顾客和共生伙伴。企业需要从以自身为中心转向以顾客为中心，重新定义员工、组织和顾客之间的关系，彼此之间形成协同共生关系。

1. 战略导向的场景化三支柱架构

数智时代，顾客参与价值活动并创造数智化顾客价值，要求人力资源管理部门不仅要关注职能服务，更要关注价值创造场景的重塑。这使得人力资源三支柱架构需要关注三个方面的变化，即战略导向的价值场景应用、人力资源管理的专业职能及转化、数智化顾客价值创造的场景化交付。

企业的人力资源不仅仅是业务资源，更是战略资源。在人力资源场景化三支柱架构中，企业战略将基于顾客价值共识，由战略部门、业务部门与人力资源管理部门共同承接，并分为两个方面、三条路径影响作为战略资源管理部门的人力资源管理部门工作。具体而言，企业战略一方面可以解码为人力资源战略，另一方面可以转化为关键价值场景，并通过承载关键传统职能的人力资源战略流、承载关键价值场景的场景流，以及平衡二者的协同流完成战略落地。

首先，人力资源战略来自战略部门、业务部门以及人力资源管理部门对于企业战略的解码，人力资源管理部门需要将其转化为企业的人力规划。人力资源管理部门还需要将人力规划落实为人才供应与配置、人才管理与发展、人才评价与激励等一系列的人力资源专业职能服务。在此基础上，人力资源管理部门将人才作为业务资源进行价值评价后，对应至组织端进行绩效管理与诊断，并最终完成人力资源作为业务资源的全闭环管理。

其次，人力资源管理部门需要根据企业战略整合顾客价值、业务需求与人力资源"开发"战略导向的价值场景应用。战略导向的价值场景应用基于企业战略需要，围绕顾客价值创造的价值场景整合方案。方案包含明

确的关键角色与关键行为，还有以此为基础所构建的价值目标体系、价值
管理模式与价值活动方式。

再次，人力资源管理部门"开发"的战略导向价值场景应用，是交付
业务端使用的业务级解决方案。这种战略导向的整合方案，需要在业务部
门使用过程中不断调试，最终完成场景化价值交付。

最后，人力资源管理专业职能模块负责传统关键人力资源职能活动，
确保人力资源战略流在各模块中有序流动；战略导向的价值场景应用模块
负责导出人力资源场景流至业务端，完成价值交付，并在此过程中通过与
人力资源管理专业职能模块的协同，完成各模块之间的平衡（图 5-1）。

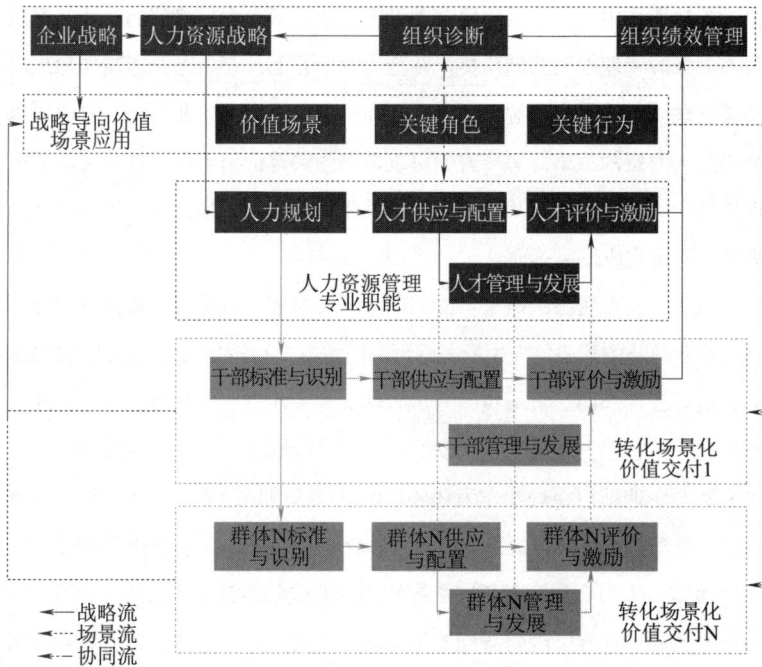

图 5-1　战略人力资源视角的场景化价值创新

　　企业战略被人力资源战略流与人力资源场景流带到业务端，在此过程中，人力资源管理部门突破了传统的价值边界，从被动职能服务转为主动战略协同。伴随企业数智化战略的落地，企业人力资源三支柱架构遭遇挑战。A 企业作为行业领军企业，以数智化战略引领业务变革，由为单一 to C 类客户提供运营服务，升级到为多类（to B 类、to G 类）客户提供基于地理范围的多种服务。由于基于地理范围提供服务，同类型的人力资源便可以被重复高效地利用。这样的战略与业务变化，要求人力资源管理部门不仅要基于传统的组织结构对人力资源进行管理，还要围绕业务场景，突破组织边界，对不同工作特征的同一工作角色与工作者群体进行精细化管理。

　　人力资源管理部门以战略视角由上往下进行价值场景再设计。A 企业以此为出发点，成立了由总部人力资源专家构成的虚拟组织——战略协同小组，主要工作包括：第一，将战略目标解码为具体场景目标。第二，在具体业务场景中，基于数智技术将场景目标落实为关键角色的关键行为并完成闭环。战略协同小组通过战略导向的价值场景设计及与业务部门的协同，推动价值场景的落地，实现人力资源战略视角下的业务价值。

　　我们的调研显示，不同规模的组织在战略导向的人力资源管理数字化建设上各有优劣势。与其他群体相比，0.5 万人以上非国有组织在促成相关利益方战略一致、建立共同愿景、技术应用于商业战略上的表现较好，积极评价（较同意 + 非常同意）占比分别为 85.7%、88.6%、91.4%（图 5-2）。0.5 万人以下国有组织和非国有组织在决策前与公司其他部门进行商议、决策前听取人力资源部门意见的表现较接近，积极评价占比均略高于 0.5 万人以上非国有组织在这两个指标上的表现。

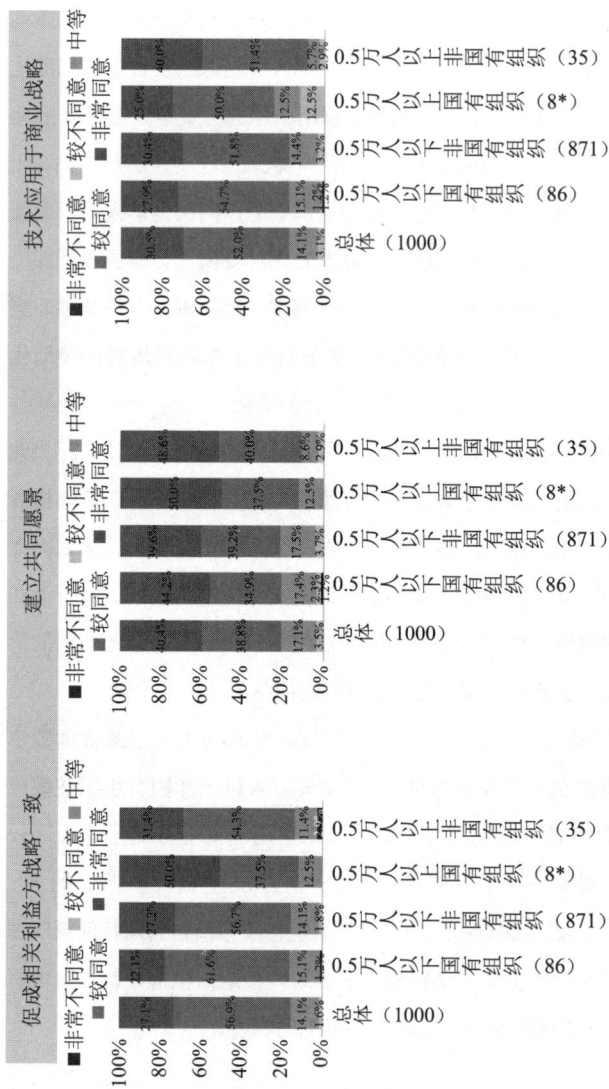

图 5-2 战略导向的人力资源管理数字化建设实际情况（不同规模／性质）①

① 作者注：图中"促成相关利益方战略一致"部分，"0.5 万人以上非国有组织"的"非常不同意（0.1%）"的数据比例，"总体"的"非常不同意（0.3%）"的数据比例；"建立共同愿景"部分，"总体"的"非常不同意（0.2%）"的数据比例，"0.5 万人以下非国有组织"部分，"技术应用于商业战略"部分，"0.5 万人以下非国有组织"的"非常不同意（0.2%）"的数据比例，"技术应用于商业战略"部分，"总体"的"非常不同意（0.3%）"的数据比例，均由于数值过小未显示。

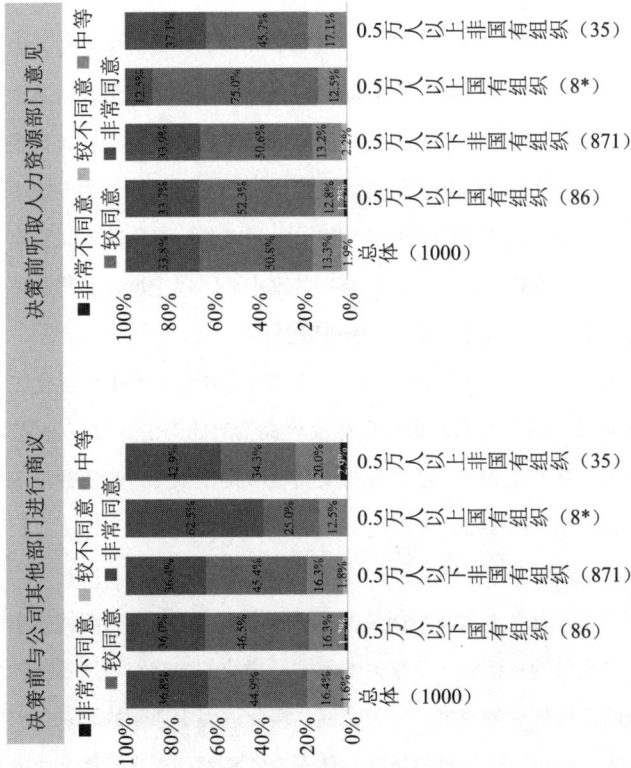

图 5-2 战略导向的人力资源管理数字化建设实际情况（不同规模／性质）（续）①

① 作者注：图中"决策前与公司其他部门进行商议"部分，"总体"的"非常不同意（0.2%）"的数据比例；"决策前听取人力资源部门意见"部分，"总体"的"非常不同意（0.3%）"的数据比例，均由于数值过小未显示。

2. 场景化三支柱四大关键场景

基于对战略导向的场景化三支柱架构的理解，人力资源可以被看作一种战略资源，并通过四大关键场景影响企业的价值活动，发挥其战略牵引与职能服务的作用。

在战略场景中，作为专家中心板块的战略导向价值场景应用组与人力资源管理各专业职能组协作配合，一方面完成战略解码与场景塑造，基于价值场景交付组的具体业务实践，以战略流与场景流的方式导入并调整企业价值活动；另一方面，战略导向价值场景应用组还承接同样作为专家中心板块的价值场景交付组所集中的业务需求，并以工作标准化的形式将需求初步集中并进行标准化，转移至非标准化共享中心。以上过程是将具体人力资源管理工作转移至运营场景，完成战略引导。

在运营场景中，非标准化共享中心承接来自专家中心板块的标准化工作，并以其战略流及场景流的逻辑根据标准化程度对此类工作进行分类。低度标准工作由非标准化共享中心为业务支持板块提供服务，高度标准工作转移至标准化共享交付中心，由其为业务支持板块提供服务。以上过程是将具体人力资源管理工作交付至服务场景，完成效率提升。

在服务场景中，作为业务支持板块的工作体验官组团，一方面接受来自共享中心模块交付的具体服务及来自专家中心模块的战略流与场景流的辅助，支持战略落地与业务发展；另一方面，将此过程中遇到的需求与问题反馈至专家中心板块。以上过程是将具体人力资源管理工作转移至业务场景，实现对业务的支撑。

在业务场景中，作为业务支持板块的效能提升官组团，一方面，以专家中心板块提供的战略要求与场景应用检视业务相关效能，并通过与工作体验官组团的配合完成业务支撑的效能提升；另一方面，与工作体验官组团为价值场景交付组整合业务需求及提供有价值的解决方案建议。以上过程是将具体人力资源管理工作交付至战略场景，完成战略反哺（图 5-3）。

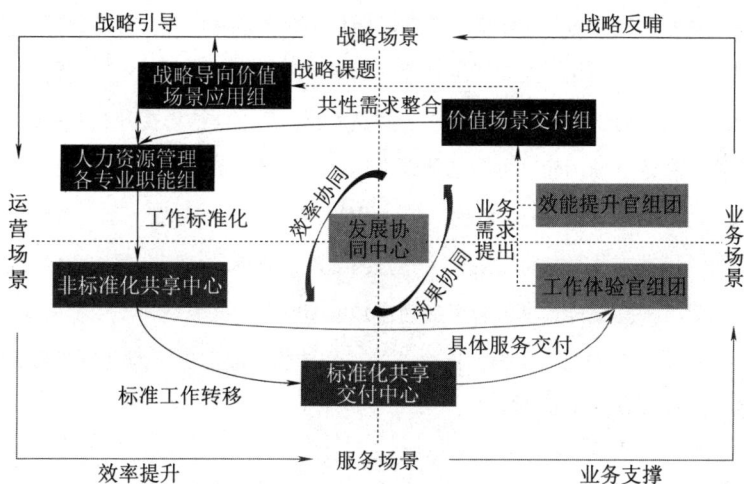

图 5-3 战略资源视角下人力资源管理组织与场景变革

在专家中心板块、共享中心板块与业务支持板块的配合下，人力资源管理部门在不同场景完成角色的动态变化。在此基础上，发展协同中心作为人力资源管理工作的效率协同与效果协同责任人，负责推动人力资源管理部门围绕战略迁移、效率提升、业务支撑三个方面开展具体工作。

场景化人力资源管理组织与场景

业务部门需要以符合企业战略导向的方式创造顾客价值，这对人力资源管理部门的三支柱架构提出了变革要求。B 企业中不同业务团队所需的成员特征各不相同，如产品销售团队多为懂产品的销售人员，运营服务销售团队多为有运营经验的销售人员，解决方案销售团队多为整合产品与服务的专家。B 企业希望最大程度协同与复用人力资源，因此需要人力资源管理部门在战略、运营、服务与业务各个场景中都发挥作用。

B 企业通过明确各个场景中人力资源管理部门成员的不同角色，实现统一管理逻辑下的业务赋能。在战略场景中，B 企业认为所有销售仅对创造收入负责，因此，人力资源管理部门专家团队认为即便有不同特征，销售也应归类为创造收入人群。对于此类人群，B 企业认为提升其效能的关键在于有效激励，而这种激励体现在运营、服务场景中。一方面，B 企业的人力资源管理部门把可集约的专业职能（如日常人事运营、员工关系等）交付给标准化共享交付中心；另一方面，B 企业要求共享交付中心保证执行质量，提高交付效率。有了对销售是创造收入的战略认知，以及标准化共享交付中心的高效支撑，B 企业的工作体验官能够更好地为员工服务，并引导员工完成业务目标。

HR 价值——管理战略资源

数智技术的发展与普及所引发的"数智化加速度"是人力资源管理部门价值突破的机会。

要想把握这个机会，人力资源管理部门需要关注顾客价值的变化趋势，企业战略的发展方向，企业业务的具体需求，以及作为战略资源的人力资源应用，并将这些方面在具体场景中进行整合。首先，企业必须认识到人力资源是战略资源；其次，人力资源管理部门通过构建解码企业战略，转化关键价值场景的人力资源场景化三支柱架构，完成企业战略、职能服务、价值场景整合；最后，人力资源管理部门在战略、运营、服务、业务四大场景中，以不同的角色为企业战略和业务提供更高的价值。

数智时代，企业人力资源管理已经开始了价值活动及其组合方式变革，新时代的人力资源管理部门作为战略资源管理部门将以全新的定位、视角、体系与方式助力企业创造顾客价值、达成战略与业务目标。

5.3　企业为寻求创新而不断扩展合作伙伴网络

　　面对瞬息万变的商业环境，单一企业已很难独立应对复杂多变的市场挑战。无论是竞争对手，还是行业边界，都已经变得越来越模糊。企业需要具备连接上下游和跨产业合作伙伴的能力，并与其他产业、资本、顾客形成一个共同发展的网络。通过建立多元化、跨界的合作网络，企业能够集聚更多的智慧和技术，满足数智时代下日益个性化的顾客需求，实现持续的价值创新。

　　企业应积极拓展合作伙伴的维度和范围，打造以顾客价值为中心的协同生态。例如，家居企业居然之家在面临互联网冲击时，通过数智化转型整合线上线下资源，构建起覆盖供应链、销售渠道、服务商等各环节的开放式合作网络"洞窝"。该平台不仅连接了本企业的分店和经销商，也吸纳了其他家居建材商家共享流量和服务。居然之家成功地从单一的家居建材零售商转型为跨界融合的产业服务平台，从只运营"场"一个价值空间转向运营"人"和"货"两个新增价值空间。

　　伊丽莎白·拉威尔（Elisabeth Laville）在其"利用群体智慧"（*Harnessing the Wisdom of the Crowd*）一文中说："无论公司是否喜欢这一点，它们都是一个生态系统的一部分。而且，除非公司承认自己与其他'物种'，如顾客、供应商、合作伙伴、NGO（非政府组织）、创业公司、大学以及学术机构是互相依存的，否则将越来越难以存活。"[6]企业需要获取整体的力量，集合更多人的智慧。为此，企业需要一个开放、整合创新的组织管理系统，使其更加灵活，并可与环境协同，形成新的成本结构和价值创造体系。人力资源管理部门需要通过数智技术平台推动组织的持续开放、协同和共生，形成新的组织系统，并获得组织内外的协同共生效率，为顾客创造更多新价值。

在数智时代，企业绩效的影响因素已从内部转向外部。组织外部的合作伙伴、跨界对手以及新兴技术等成为决定企业竞争力的关键。人力资源管理者需要从单纯的"内部管理"转向"外部管理"，与企业战略和业务紧密结合，参与、选择和执行跨界合作、生态建设等。现代企业的人力资源管理不再局限于组织内部，而是需要从全局角度出发，通过连接内外部资源，推动企业与生态系统的协同发展。人力资源管理部门应发挥"战略伙伴"的作用，像 CEO 一样去思考如何建立广泛的合作网络，推动企业实现可持续创新。以腾讯为例，其人力资源管理部门不仅为内部员工提供人才培养、绩效管理等服务，还主动拓展至生态合作伙伴。通过赋能生态伙伴的人才发展，以及促进伙伴之间的人才流动与知识共享，腾讯有效增强了整个生态圈的创新活力和竞争力。

在广泛的合作伙伴网络中，确保各方利益相关者的积极参与和共同成长是关键。科学合理的契约体系设计往往是成功企业所致力追求的。例如，京东在构建合作伙伴生态时，实施"无界管理"，提出"无界人才""无界组织""无界工作"等概念，通过各种契约制度安排，力求搭建"竹林共生"的人才生态平台和组织价值网络。这样，每个伙伴都既能清晰明确自己的定位，又能获得及时的人力支持，通过展示自己的独特性在组织生态中获得无可替代的地位。同时，这也增加了各主体之间的信任度，促进了价值分享与协同。

> 一人难挑千斤担，众人能移万座山。
>
> ——海伦·凯勒

第6章
主动协同业务运行

几乎所有的企业都面临着数字化转型的挑战，而越来越多的企业意识到实现数字化转型首先必须从支持业务端数智化转型开始，真正与客户在一起，这很可能是一次由客户牵引并注定要带着企业自我颠覆的变革，挑战自己的现状是组织中的一项优先任务，需要组织整体转变，从资源、流程到人，以客户和业务驱动，为此，人力资源管理部门也需要转型，要能与业务部门"并肩作战"，而非"紧随其后"。

迫在眉睫的是，企业越来越多地面临着价值活动重构的挑战。

人力资源首先是为企业的业务服务，我们为了达到公司的绩效目标，要从人才招、用、预、留等环节做好全方位的服务，确保公司在不同的发展阶段能够有足够的达到要求的人才去满足公司的业务需求；需要进行充分的市场调研，看看市场上都有哪些前瞻的数字化工具，然后看看我们的顾客需求是什么，我们在这些工具里优先选择能满足这些顾客需求的内容和方向，提供给他们数字化的服务，并且在这个服务中收集更多有价值的大数据。

（曾新，奥特莱斯）

从人事行政管理、人力资源职能管理、战略性人力资源管理等人力资源管理的理念与模式变革来看，人力资源管理变革的底层逻辑仍是围绕客户价值实现展开的，而这一根本任务的达成必然要求人力资源管理能主动协同业务运行。在数智时代，实践领域中人力资源三支柱及 OKR 绩效管理等逐渐被企业广泛采用，而且很多企业在人力资源管理部门员工的工作设计和绩效考核中都涉及了对业务的支持和赋能。自戴维·尤里奇提出"人力资源三支柱"[1] 以来，业务导向就成为人力资源管理工作的一个重要方向。尤里奇指出，未来的人才管理趋势应该是由外而内、业务优先，而不是由内而外、以人为本。人力资源管理的工作重心逐渐以业务为中心展开，业务导向成为人力资源管理部门员工必须具备的能力属性。

在 Gartner 2021 年关于人力资源技术趋势的报告中，随处运营、超级自动化就是通过技术对业务模式和组织效率进行提升，为员工赋能。随处运营思想是指员工不受空间限制地为客户提供服务，这要求组织进行模型升级，搭建适当的数智化工具，实时洞察员工体验和实现客户价值。超级自动化思想则是一种技术合集，它能帮助组织提升运营效率和节省时间，人力资源管理者可以通过数智化建设实现"可以自动化的业务都应该自动化"。在数智时代，人力资源管理部门如何与业务部门"并肩作战"而非"紧随其后"？我们发现，数智时代下人力资源管理需要以顾客价值创造为中心，通过数智化工具和方法激活个体、团队和组织，并充分进行业务支撑与创新。

6.1　职能伙伴转型业务伙伴

在数智时代，企业需要更加灵活和敏捷地应对市场变化，仅仅依靠传统的人力资源管理是无法实现的。人力资源管理要以业务为导向，紧密配合企业战略，为企业提供精准的人力资源支持。实践显示，业务人力一体化，是人力资源管理数智化演变的重要方向。在这个背景下，以前的人力资源管理主要是一个专业的职能，现在它必须是业务伙伴，不仅要熟悉自己的职能，还要熟悉业务，如此才能实现业务人力一体化。而且，人力资源管理可以通过领导力开发、员工培训和工作场所文化建设等方式，培养全员协同共生的文化，从而有效地实现对业务的全方位协同。

人力资源价值活动的重构

人力资源价值活动再也不能仅为实现自己的专业职能，而更需要以实现业务协同和战略引领为中心。波士顿咨询提出的"数智化战略路线图"指出，企业数智化转型要以数智化驱动的业务战略为指引，制定与业务战略对齐的数智化战略，从优先级关键举措入手，并以组织变革、数字资产、生态体系和业务管控为支撑。这里尤其强调对产品、运营和业务模式的调整和改进，并且人力资源管理能在其中发挥重要作用，帮助组织员工赋能业务、支撑战略。根据相关调研和对 CHO 的访谈，我们有以下核心发现。

核心发现 1：数智时代企业人力资源管理面临价值活动重构的挑战，人力资源管理人员的核心价值包括业务支撑、组织与人才战略引领、流程补位者及人力资源职能专家。

数智时代，企业人力资源管理面临价值活动重构的挑战，主要表现在对以下几个方面的适应性重塑。一是人力资源管理本身业务及对业务部门与相关流程的支持。数智时代，人力资源管理部门需要将业务流程数智化，采用新的技术手段提高效率，例如人才招聘中的 AI、大数据等技术手段实现自动化；基于协同共生管理和数智化工具，实现员工薪酬和绩效管理的数智化；在一些特定情境下，人力资源管理甚至应该成为业务的一部分。二是战略的引领及数智化和智能工具的运用。三是数字协同及数字文化构建。建立与数智化相匹配的文化和价值观。在数智技术的冲击下，员工的工作激情、动力和成效来自组织文化以及技术和物理环境互动的结合。

我们的调研显示（图 6-1），34.7% 的被调研对象认为人力资源管理人员应作为流程补位者，拉通各项断点工作流程。相对来看，国有组织中人力资源管理人员作为流程补位者，拉通各项断点工作流程的占比更高；非国有组织中人力资源管理人员作为业务支持者，提供专业服务的占比更高。超过 10% 的被调研者认为，人力资源管理人员是组织和战略人才的引领者。如果按照行业来看（图 6-2），我们发现，制造业的人力资源管理人员更多作为业务支持者和组织与人才战略的引领者，交通运输业的人力资源管理人员更多作为业务支持者和流程补位者。搜狐 CHO 张雪梅表示[2]，随着企业的成长和外部环境的变化，人力资源管理面临的挑战也在不断变化。为了更好地适应这一变化，人力资源管理团队应当采取更加多维的视角并深入不同的业务部门中审视自身，进而反馈并优化人力资源管理的体系结构、规章制度以及工作流程，确保其与实际业务需求紧密契合。在这个数智时代，人力资源管理对业务的支持能力被众多 CHO 视为关键的职能之一。

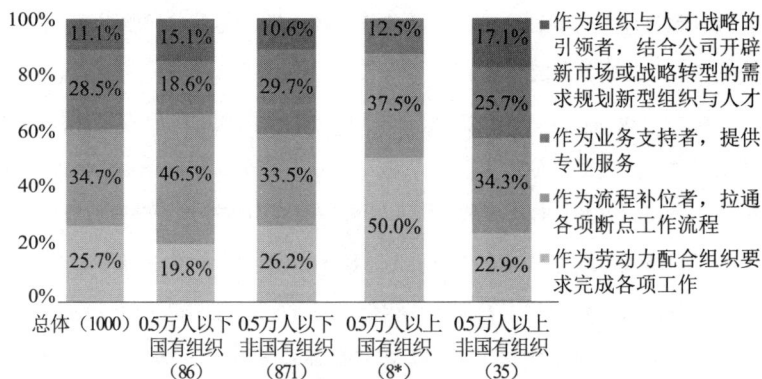

图 6-1　人力资源管理人员的主要价值体现（不同规模 / 性质）

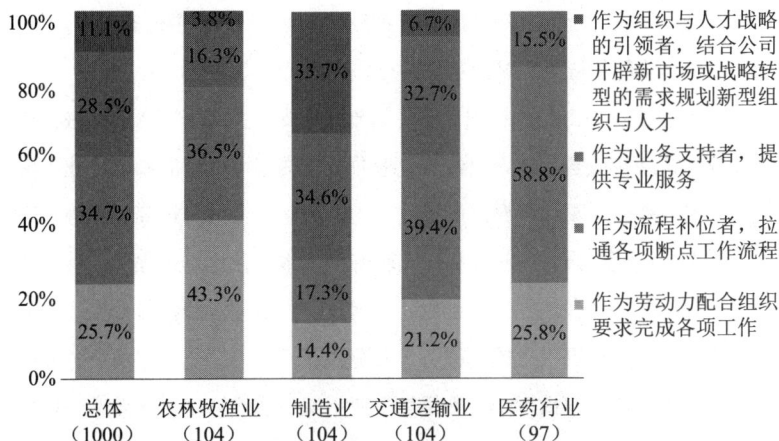

图 6-2　人力资源管理人员的主要价值体现（不同产业组织）

核心发现 2：企业人力资源管理系统对移动办公、客户响应、干部管理及战略支撑等业务或流程的支持度较高，其中移动办公是人力资源管理系统最为关注的方向。

核心发现 3：数据和智能分析是人力资源管理协同业务与战略的重要抓手。

在数智时代，对业务的全方位协同尤其表现在人力资源管理系统的建立及数智技术的应用上。一方面，人力资源管理需要构建"横向纵向"贯通的系统，与其他部门（尤其是业务部门）建立基于数智化技术的协同沟通方式，及时了解各部门的需求和挑战，对业务进行全方位协同。人力资源管理部门可以使用项目管理软件、协同工具等数智技术，与其他业务部门进行全方位协同，以提高工作效率和协同精度。企业人力资源管理系统的核心价值是帮助提升员工体验，激发员工的价值创造。根据 Gartner 的报告，员工体验被认为是数智化工作场所的八大基石之一。如果数智技术（如沟通设计、自动化服务程序、AI、人机协同等）组合帮助塑造和设计了员工工作环境与行为策略，其会带来工作简化及高效数智化的工作体验，而高员工体验能使得员工对企业发展的贡献最大化。

另一方面，人力资源管理需要优化流程、支持人才干部管理、进行战略支撑和快速响应客户。人力资源管理数智化转型可以拓展和优化业务流程。采用数智化工具和平台，可以对招聘、培训、绩效考核等流程进行智能化处理，从而提升效率、节约时间和降低成本。在这个过程中，人力资源管理部门可对业务流程进行优化，开展行业内最佳实践，帮助其他业务部门实现更高效和更优化的流程。人力资源管理部门还能与其他业务部门协同开发和监控绩效指标，以确保每个业务部门都能够使用最合适的指标来评估业务绩效。

我们的调研结果显示（图 6-3），超过八成的受访者认为人力资源管理系统对干部管理的支持度、更好地响应客户和对移动办公的支持度较好。其中，人力资源管理系统对移动办公的支持度得分高达 4.11（满分为 5），明显高于对其他业务流程支持方面的得分。按照规模 / 性质来看，0.5 万人以上非国有组织中人力资源管理系统对业务部门的支持度超越其他组别，积极评价（较好 + 非常好）占比在 80% 上下。0.5 万人以上非国有组织中人力资源管理系统对响应客户、移动办公、干部管理的支持度均略高于0.5 万人以下的组织，积极评价（较好 + 非常好）的占比分别为 85.7%、85.7%、82.9%；0.5 万人以下国有组织和非国有组织中人力资源管理系统对响应客户、移动办公、干部管理的支持度接近，积极评价占比均接近或者略超过 80%。不同规模 / 性质组织的人力资源管理系统对业务效率效益、人力资源管理职能支持度接近：0.5 万人以下非国有组织对业务效率、效益的预警与支持，人力资源管理职能支持度均略高于其他组别，积极评价（较好 + 非常好）占比均超过 79%（图 6-4）。

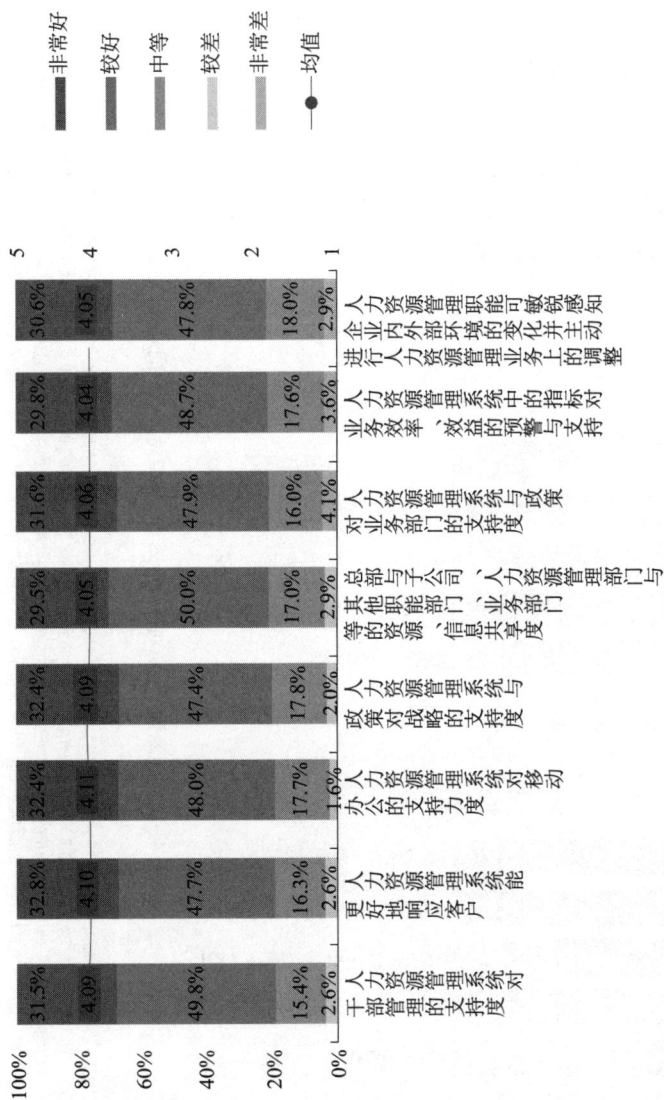

图 6-3　人力资源管理系统对各业务或流程的支持度 ①

图例：非常好　较好　中等　较差　非常差　均值

人力资源管理系统对干部管理的支持度
人力资源管理系统能更好地响应客户
人力资源管理系统对移动办公的支持力度
人力资源管理系统与政策对战略的支持度
总部与子公司、业务部门等的资源共享信息（总部与业务部门、人力资源管理部门）
人力资源管理系统对业务部门的支持度与政策
人力资源管理系统中的指标对业务效率（效益）的预警与支持
进行人力资源管理业务上的调整人力资源管理职能可敏锐感知企业内外部环境的变化并主动

31.5%　4.09　49.8%　15.4%　2.6%

32.8%　4.10　47.7%　16.3%　2.6%

32.4%　4.11　48.0%　17.7%　1.6%

32.4%　4.09　47.4%　17.8%　2.0%

29.5%　4.05　50.0%　17.0%　2.9%

31.6%　4.06　47.9%　16.0%　4.1%

29.8%　4.04　48.7%　17.6%　3.6%

30.6%　4.05　47.8%　18.0%　2.9%

100%　80%　60%　40%　20%　0%

5　4　3　2　1

① 作者注：图中从左至右各条形柱的"非常差"的数据比例，分别为 0.7%、0.6%、0.3%、0.4%、0.6%、0.4%、0.3%、0.7%，均由于数值过小未显示。

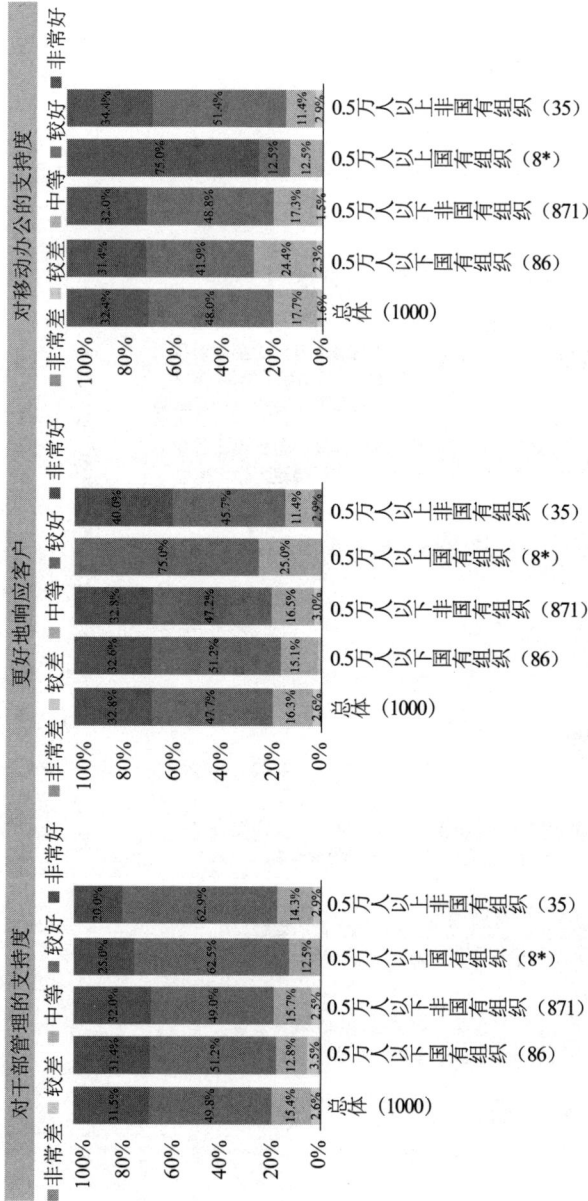

图 6-4 人力资源管理系统对各业务或流程的支持度（不同规模/性质）①

① 作者注："对战略的支持度"部门间的资源/信息共享度"的详细分析请分别参见图 1-16 和图 1-20。图中"对干部管理的支持度"部分，"0.5 万人以下非国有组织"的"非常差（0.7%）"，"0.5 万人以下国有组织"的"非常差（1.2%）"，"总体"的"非常差（0.7%）"的数据比例；"更好地响应客户"部分，"0.5 万人以下非国有组织"的"非常差（0.5%）"，"0.5 万人以下国有组织"的"非常差（1.2%）"，"总体"的"非常差（1.2%）"的数据比例；"对移动办公的支持度"部分，"0.5 万人以下非国有组织"的"非常差（0.3%）"，"总体"的"非常差（0.3%）"的数据比例，均由于其数值过小未显示。

对业务效率、效益的预警与支持

HR职能支持度

对业务部门的支持度

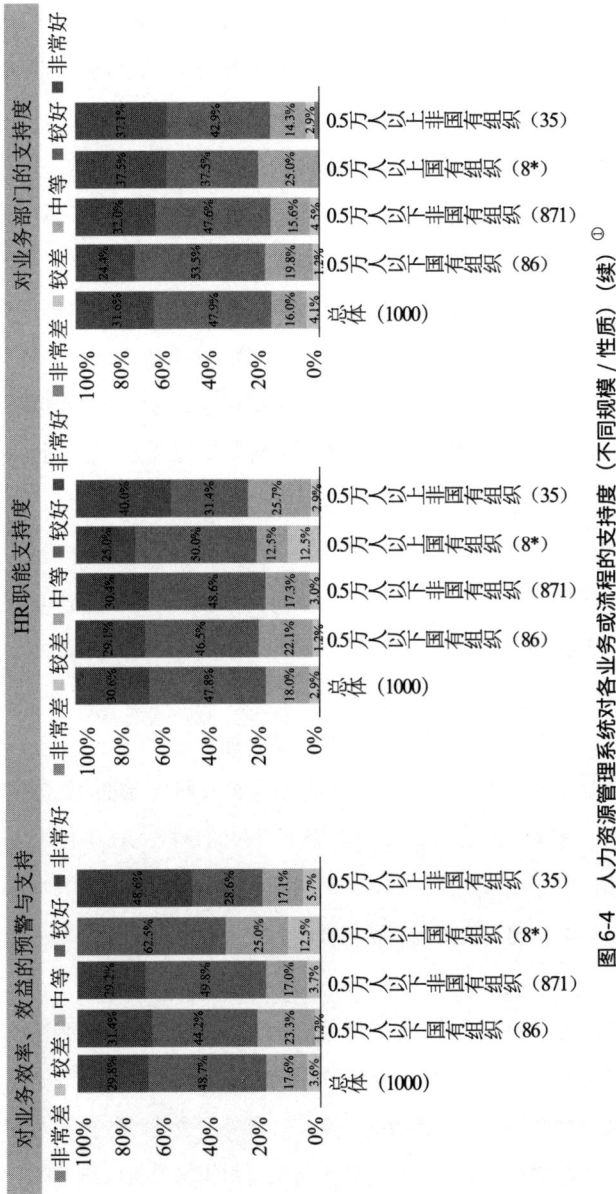

图 6-4　人力资源管理系统对各业务或流程的支持度（不同规模／性质）（续）①

① 作者注：图中"对业务效率、效益的预警与支持"部分，"0.5万人以下非国有组织"的"非常差（0.3%）"、"总体"的"非常差（0.3%）"的数据比例；"HR职能支持度"部分，"0.5万人以下非国有组织"的"非常差（0.7%）"、"0.5万人以下国有组织"的"非常差（0.7%）"的数据比例；"对业务部门的支持度"部分，"0.5万人以下非国有组织"的"非常差（0.2%）"、"0.5万人以下国有组织"的"非常差（1.2%）"、"0.5万人以上国有组织"的"非常差（1.2%）"、"0.5万人以上非国有组织"的"非常差（0.4%）"的数据比例，"总体"的"非常差（2.9%）"，均由于数值过小未显示。

在实践中，作为中国铜工业"领头羊"，江西铜业集团有限公司基于数智化管理模式让人力资源管理为业务赋能，它构建的人力资源管理系统对流程优化和人才干部管理的支持度较好。所有的人力资源管理业务，都可以在数据系统上通过流程化的方式完成。如在招聘中，围绕"选、用、育、留"全流程打造数智化闭环管理。在"选"方面，及时筛选、回复投递的简历，有效提升了候选人投递简历及面试的体验。在"育"方面，集团则为人才量身打造了"162 培养计划"，1 个月集中培训，6 个月整个产业链轮训，再加上 2 名导师带徒，助力他们尽快融入企业之中。在"用"方面，集团对优秀生进行单独考核，并提供相应的待遇。这些业务在数据系统上有很好的留存，为"数字江铜"战略目标提供了较好支持。与此同时，在一项针对 CHO 的调研中，GFK 的管理者李婕[3] 表示，数智化、科技进步和自动化的能力，使得人力资源管理得以从日常的烦琐工作中解脱出来，更多地聚焦于战略支持层面。这不仅提升了人力资源管理工作的整体效率，还使得其在减少体力劳动的同时，为组织贡献更高层次的价值，从而实现了向战略伙伴角色的转变。

此外，在人力资源管理的数智化转型中，数据和智能分析是人力资源管理协同业务与战略的重要抓手。人力资源管理要建立科学合理的数据采集和分析系统。在此基础上，人力资源管理采用数据分析、AI 等技术应用，可以从海量的数据和智能算法中获得更加深入、全面、准确的洞察和预测，从而减少风险、提高决策效率和精准度，为业务发展提供更加可靠的支持和保障。

调研发现（图 6-5 和图 6-6），被调研企业的人力资源数智技术能够较好地与战略进行有效融合，在企业商业战略中扮演重要角色，超过 75% 的被调研者比较认可数智技术对组织战略的支持。另外，企业对数智化人力资源转型的具体目标期待较高，特别是提升员工对组织的价值创造，对新

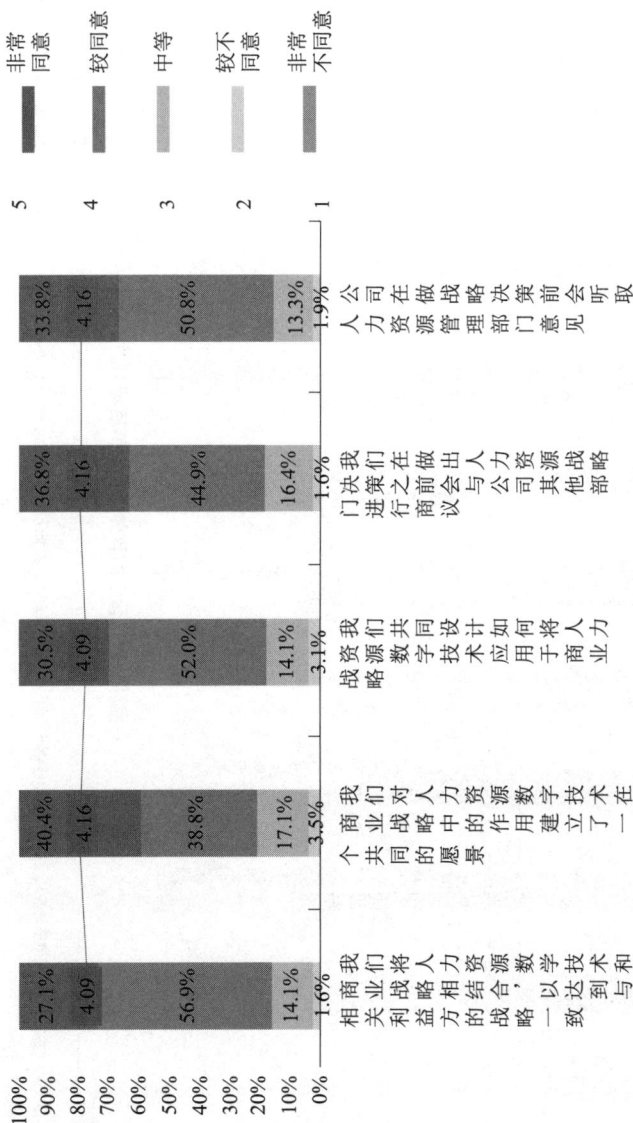

图 6-5　数智化转型战略的实际情况（*N*=1000）①

① 作者注：图中从左至右各条形柱的"非常不同意"的数据比例，分别为 0.3%、0.2%、0.3%、0.3% 及 0.2%，均由于数值过小未显示。

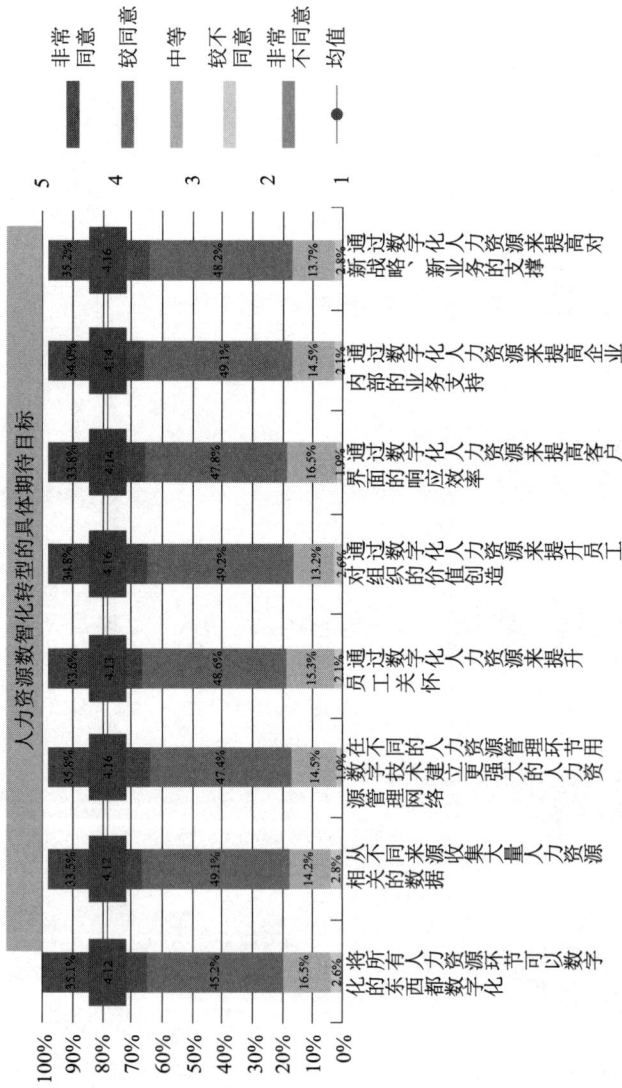

图 6-6 人力资源数智化转型的具体场景期待目标（总体）①

① 作者注：图中从左至右每个条形柱（第 6 个条形柱除外）的"非常不同意"的数据比例，分别为 0.6%、0.4%、0.4%、0.4%、0.2%、0.3%、0.1%，均由于数值过小未显示。

战略、新业务的支撑和建立更强大的人力资源管理网络，均达到了 4.16（满分为 5）。

受访者普遍希望人力资源管理数字化转型能够推动实现多个具体目标。总体而言，不同规模 / 性质的组织都对数字化转型抱有较高期望，虽然各组织的侧重点有所不同（图 6-7）。具体来看，0.5 万人以上非国有组织更倾向于通过数字化转型建立更加完善的人力资源管理网络；而不同规模的组织对人力资源环节数字化和收集大量人力资源数据的需求相对接近。此外，0.5 万人以上非国有组织对提高客户界面的响应效率和提升员工关怀的期望略高；而 0.5 万人以下非国有组织对提升员工对组织的价值创造的期望略高一些。值得注意的是，不同规模 / 性质的组织在提高企业内部业务支持及对新战略、新业务的支撑需求方面表现出较为一致的期望，表明这些是所有组织在数字化转型中普遍关注的重点。

访谈中，赫基集团 CHO 宋春涛的看法具有普遍性[4]，数智化转型要求人力资源管理更新人力资源系统的建设，承接业务需求和客户需求，使人力资源体系从职能型向业务伙伴型转变。人力资源管理要立足于支撑业务战略，理解并熟悉公司的业务逻辑及体系，不能只是人力资源职能的专家，也必须是公司业务策略的专家，了解人才能力与业务需求之间的匹配程度，完成人员能力建设与业务技术的对接。人力资源管理需要真正理解顾客的需求和公司的业务需求，在承接这些需求的基础上建立有效的支撑体系，并实施解决方案。

6.2　提升组织效率的数智化解决方案

基于顾客和业务的需要，关注如何构建跨部门、跨团队以及企业与

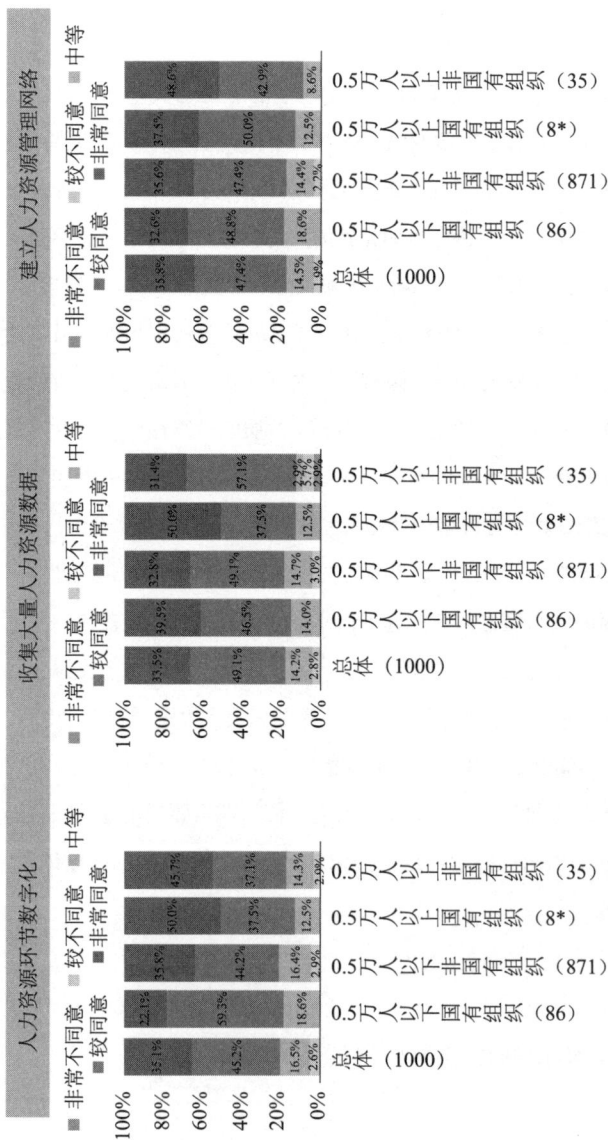

图 6-7　人力资源数智化转型的具体场景期待目标（不同规模 / 性质）①

① 作者注：图中"人力资源环节数字化"部分，"0.5 万人以下非国有组织"的"非常不同意 (0.7%)"、"总体"的"非常不同意 (0.6%)"的数据比例；"收集大量人力资源数据"部分，"0.5 万人以下非国有组织"的"非常不同意 (0.3 %)"、"总体"的"非常不同意 (0.4%)"的数据比例；"建立人力资源管理网络"部分，"0.5 万人以下非国有组织"的"非常不同意 (0.5%)"、"总体"的"非常不同意 (0.4%)"的数值过小未显示。

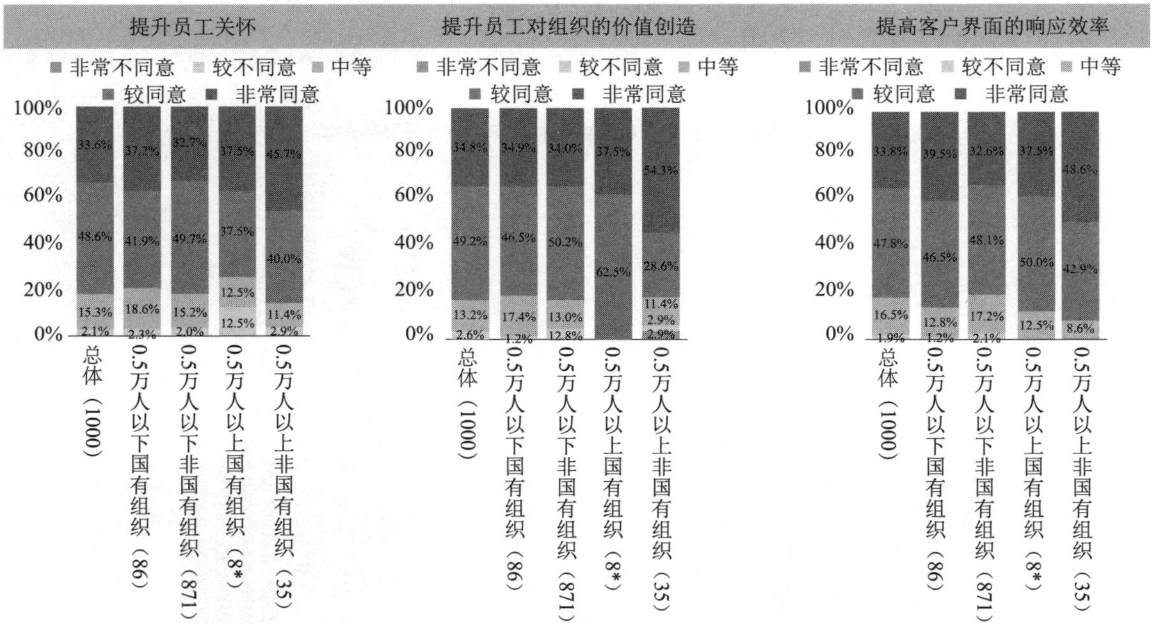

图 6-7　人力资源数智化转型的具体场景期待目标（不同规模 / 性质）（续）①

① 作者注：图中"提升员工关怀"部分，"0.5 万人以下非国有组织"的"非常不同意（0.5%）"，"总体"的"非常不同意（0.4%）"的数据比例；"提升员工对组织的价值创造"部分，"总体"的"非常不同意（0.2%）"的数据比例，均由于数值过小未显示。

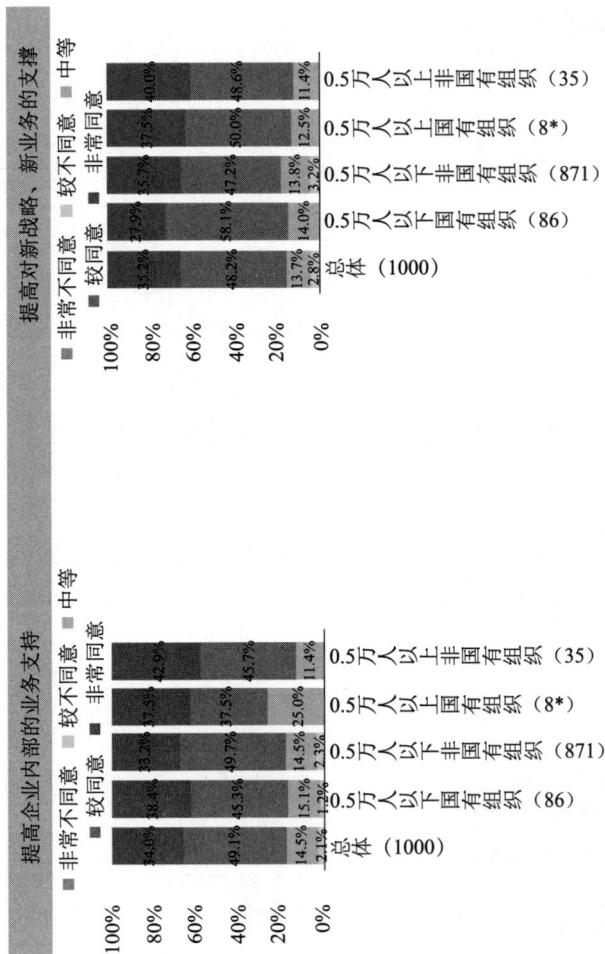

图 6-7 人力资源数智化转型的具体场景期待目标（不同规模/性质）（续）①

① 作者注：图中"提高企业内部的业务支持"部分，"0.5万人以下非国有组织"的"非常不同意（0.3%）"、"总体"的"非常不同意（0.3%）"的数据比例；"提高对新战略、新业务的支持"部分，"0.5万人以下非国有组织"的"非常不同意（0.1%）"、"总体"的"非常不同意（0.1%）"的数据比例，均由于数值过小未显示。

外部伙伴之间的协同工作体系，借助"共享服务体系"整合和重组企业内部与外部价值链及流程，提升整体协同效率是对人力资源管理体系的新要求。数智化转型过程中，人力资源管理提升组织效率的解决方案是以顾客价值实现和业务协同为目标，它关注如何提升跨部门、跨团队，以及企业与外部伙伴之间的协同工作效率，借助于共享服务体系整合，和重组企业内部与外部价值链及流程，提升整体协同效率。数智技术是人力资源管理数智化转型的基础，是支持人力资源管理实践活动的技术支撑，它帮助提供的是数智化、智能化的解决方案。

核心发现 1：人力资源数智化和智能化已经成为企业降低运营成本、优化资源配置及提升组织效率的有效手段。

在数智时代，人力资源管理确实实现了价值活动的重构，也带来了更高效率的数智化解决方案。我们的调研发现，人力资源管理数智化转型可以通过数智化解决方案来提升业务价值和竞争力。采用数智化、智能化的解决方案，能让数据得到充分沉淀与贯通，而数据贯通性使企业与顾客、产业伙伴、业务伙伴之间形成新的关系，不再是主导与被主导的关系，而是基于底层数据的分析与应用，就顾客价值达成共识。

数智化体现在员工管理的方方面面。例如在薪酬数智化上，根据调研数据（图 6-8），在不同规模 / 性质的组织中，40.1% 的受访者认为企业薪酬业务数智化的主要价值是制定科学合理的薪酬管理激励政策，以及通过信息系统优化和规范薪酬业务流程，实现标准化管理；除此之外，在 0.5 万人以上非国有组织中，选择及时、准确、安全地处理员工薪资的计算与发放事务，以及改变管理理念，通过信息化手段降低管理成本的受访者也占到了 20%。因此，薪酬管理的数智化可以帮助降低管理成本，提升业务流程效率，甚至实现管理理念更新。

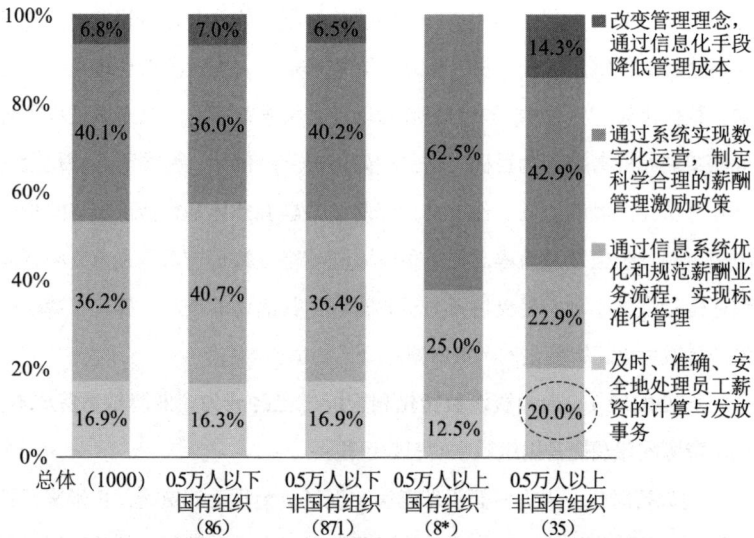

图 6-8　薪酬业务的数智化信息化带来的主要价值（不同规模／性质）

　　但事实上，尽管数智化、智能化是组织追求的提升组织效率的解决方案，然而在现实的数智化转型过程中，我们发现（图 6-9），受访者对企业构建数智化人力资源管理体系的各方面的期待较高，但实际情况往往无法达到这种高要求。例如，近半数的管理体系指标在实际较好的表现上与预期差距达到 20% 以上，包括人机共生系统、协同办公软件、绩效管理、薪酬管理、敏捷决策和量化人力资源管理。同时，人力资源管理的数智化体系在远程／移动办公、算法管理、数字化手段提升员工职场体验、知识管理和干部管理等方面做得较好，是表现好的排名前五的方面，其中远程／移动办公和算法管理的实际表现最接近员工预期。

　　如果按照规模、类别来看（表 6-1），我们发现，0.5 万人以上国有组织构建数智化人力资源管理体系后，仅在数字化人才队伍建设上超过了员工预期。在远程／移动办公、人机共生系统、薪酬管理上的表现与员工预期一致；敏捷决策、人才招聘上的实际表现与员工预期差距最大，达到50%；绩效管理、协同办公软件的实际表现与员工预期差距均达到37.5%。算法管理、量化人力资源管理、数字化手段提升员工职场体验的实际表现与员工预期差距均为25%。0.5万人以上非国有组织构建数智化人力资源管理体系后，数字化人才队伍建设和干部管理两项超过员工预期。在远程移动办公、敏捷决策、知识管理上，企业实际表现与员工预期差距相对较小；在人机共生系统、绩效管理、薪酬管理、量化人力资源管理、数字化手段提升员工职场体验上的实际表现与员工预期有较大差距，均在20%或以上。整体看，不同企业在数智化解决方案上表现不一，总体的实际表现都落后于期待目标。

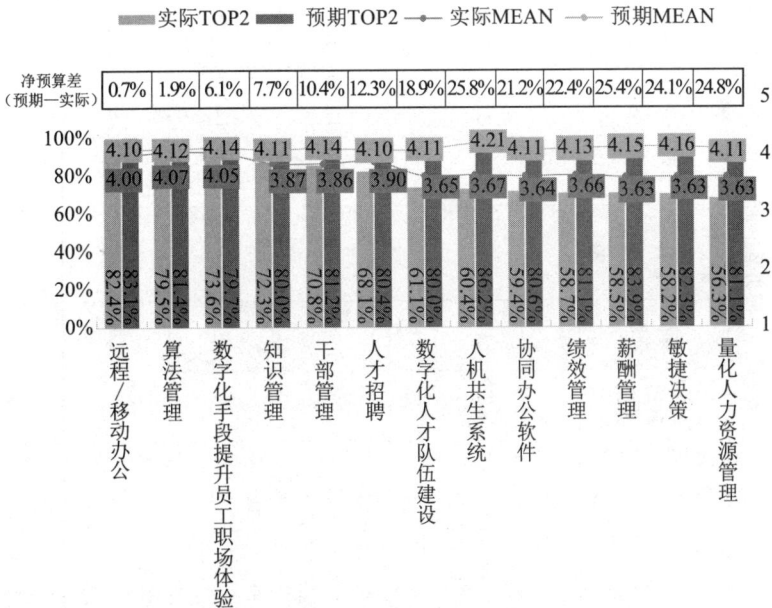

图 6-9　数智化人力资源管理体系构建的实际情况与期待对比

表 6-1 不同类型企业数智化人力资源管理体系构建的实际情况与期待对比

	远程/移动办公	算法管理	数字化手段提升员工职场体验	知识管理	干部管理	人才招聘	数字化人才队伍建设	人机共生系统	协同办公软件	绩效管理	薪酬管理	敏捷决策	量化人力资源管理
净预期差（预期—实际）——0.5万人以下国有组织 (N=86)	-3.5%	8.1%	5.8%	-2.3%	8.1%	12.7%	16.2%	25.6%	16.2%	18.6%	22.1%	23.3%	25.6%
净预期差（预期—实际）——0.5万人以下非国有组织 (N=871)	1.0%	0.7%	5.2%	8.7%	11.2%	11.7%	20.3%	26.3%	22.0%	22.7%	26.0%	24.6%	24.9%
净预期差（预期—实际）——0.5万人以上国有组织 (N=8)	0	25.0%	25%	12.5%	12.5%	50%	-12.5%	0	37.5%	37.5%	0	50.0%	25.0%
净预期差（预期—实际）——0.5万人以上非国有组织 (N=35)	5.7%	11.4%	25.7%	8.6%	-5.7%	17.2%	-2.9%	20%	8.6%	20%	25.7%	8.6%	20%

核心发现 2：数智技术对组织顶层战略及关键场景的支撑和赋能增强。

我们的调研还发现（图 6-10），企业人才管理过程对数智技术的应用非常广泛，涉及从人才定义到整体管理的各方面。在各应用场景中，人才发展规划与跟进和绩效目标与成果管理、专业技能人才梯队建设、人才培训与学习、人才技能／能力评估是组织较高的需求应用场景，得分分别为 4.25、4.24 以及 4.22（满分为 5）。

在数智化解决方案中，数智技术对组织场景和战略的重塑提供了核心支撑作用。人力资源管理数智化不再是单纯的组织和人才管理数智化，而将以适应数智时代的工作方式为前提，实现包括干部管理、任务协作、目标反馈、知识管理等不同场景在内的组织数智化协同。

在价值场景维度，企业需要找到数智技术可以真正赋能业务和战略整合的场景。如利用赋能的数据化和科技化，要充分进行数智化能力组合与应用，直接作用于顾客价值创造。如创造校招项目[5]，让人力资源管理作为创新活动的角色，与管理、产品团队进行价值共创等。GFK 的 CHO 李婕认为，如果能够实现数智化"仪表盘"并将相应数据打通，就可将人力资源管理数据转化为涵盖业务与客户行业信息的大数据资源，在这个大数据的基础之上，基于数据分析即可实现为决策者提供关于最适组织能力和人员配置比例的分析依据，进而实现 ROI 价值的最大化[6]。

在文化塑造场景，强化基于数智技术的合作文化。事实上，人力资源管理数智化转型可以改善员工体验和建立良好的企业文化。数智化工具和平台可以为员工提供更加便捷、个性化、人性化的服务和体验，激发员工的主动性和创造力，促进团队合作和沟通，加强企业文化建设。

图例：非常需要　较为需要　一般需要　不太需要　不需要　均值

应用场景	非常需要	较为需要	一般需要	不太需要	不需要	均值
人才全面分析及管理风险预警	37.6%	47.0%	13.3%	1.9%		4.20
多维人才报表统计	33.7%	47.1%	17.1%	1.6%		4.12
人才发展规划与跟进	42.0%	43.4%	11.7%	2.9%		4.25
人才培训与学习	38.4%	47.1%	12.9%	1.4%		4.22
标签化/数字化人才画像	30.4%	45.0%	21.0%	2.9%		4.02
专业技能人才梯队建设	41.0%	43.2%	14.2%	1.6%		4.24
干部任免及梯队建设	30.6%	47.5%	18.9%	2.8%		4.06
高效人岗匹配/人才对比	39.7%	44.8%	12.8%	2.4%		4.21
绩效目标与成果管理	39.8%	45.3%	12.8%	1.9%		4.23
人才技能/能力评估	38.3%	48.4%	11.0%	1.7%		4.22
科学地分类分级人才	39.1%	40.1%	18.1%	2.2%		4.15
结构化定义人才标准	26.2%	60.0%	12.0%	1.6%		4.10

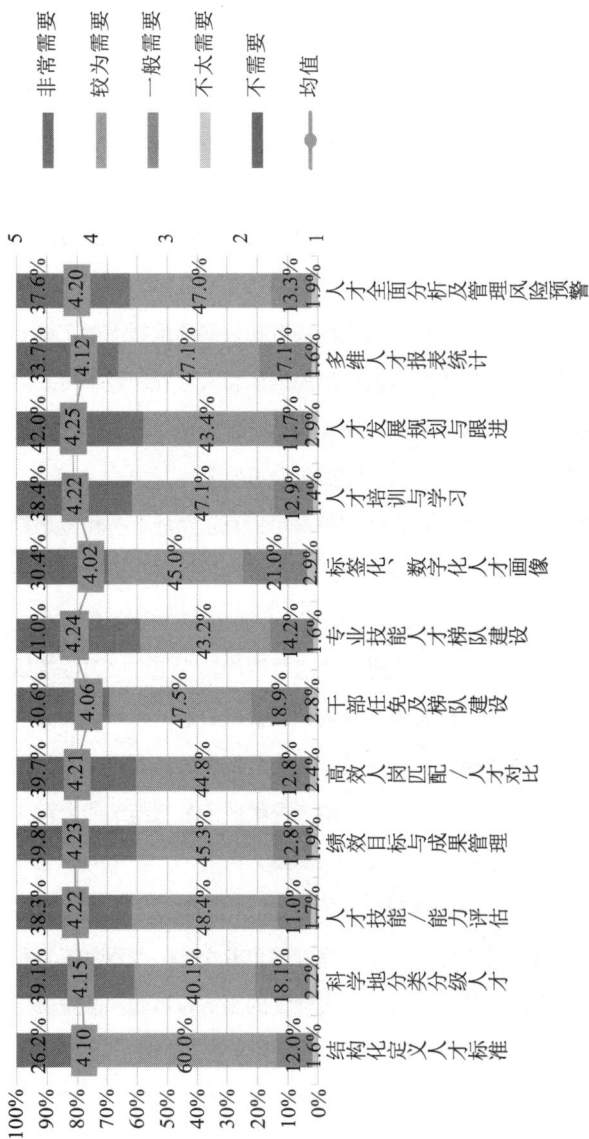

图 6-10 个体的数字能力应用场景 ①

---

① 作者注：图中从左至右每个条形柱（"专业技能人才梯队建设"及"人才发展规划与跟进"条形柱除外）"不需要"的数据比例，分别为0.2%、0.5%、0.6%、0.2%、0.3%、0.2%、0.7%、0.2%、0.2%、0.5%、0.2%，均由于数值过小未显示。

如果按照规模和性质来看，不同的数字化能力在不同规模的企业中的应用都很广泛，规模大的组织应用场景更多。值得注意的调研结果如下（图 6-11）：第一，0.5 万人以上非国有组织中数字化能力在结构化定义人才标准、科学地分类分级人才、人才技能 / 能力评估中的应用比 0.5 万人以下组织中更广泛，占比分别达到 91.5%、85.7%、94.3%。

第二，0.5 万人以上非国有组织中数字化能力在绩效目标与成果管理、干部任免及梯队建设中的应用比 0.5 万人以下组织中更广泛，占比分别达到 88.6%、94.3%；0.5 万人以下国有组织和非国有组织中数字化能力在高效人岗匹配 / 人才对比上的应用更广泛，分别为 83.7%、85.1%。

第三，0.5 万人以上非国有组织中数字化能力在专业技能人才梯队建设、标签化数字化人才画像中的应用比在 0.5 万人以下组织中更广泛，占比分别到 88.6%、94.3%；不同规模 / 性质组织中数字化能力在人才培训与学习中的应用情况比较接近。

第四，0.5 万人以下组织（国有组织与非国有组织）中数字化能力在多维人才报表统计中的应用占比较高，均为 81.4%；0.5 万人以下国有组织中数字化能力在人才全面分析及管理风险预警中的应用占比较高，达到89.6%。不同规模 / 性质组织中数字化能力在人才发展规划与跟进中的应用情况比较接近。

核心发现 3：人力资源管理从关注效率到聚焦智慧。

根据调研数据（图 6-12 和图 6-13），近八成受访者企业暂未考虑进行岗位自动化、AI 化设计，但 0.5 万人以上非国有组织这一进程远超过总体水平，其中将盘点并评估岗位自动化可能性作为例行工作与开始进行系统梳理，盘点可以自动化的岗位的占比均达到 22.9%。仅有 15.7% 的0.5 万人以下非国有组织开始系统梳理，盘点可自动化的岗位，将盘点 / 评估岗位自动化作为例行工作的占比仅为 3.9%；仅有 11.6% 的 0.5 万人以

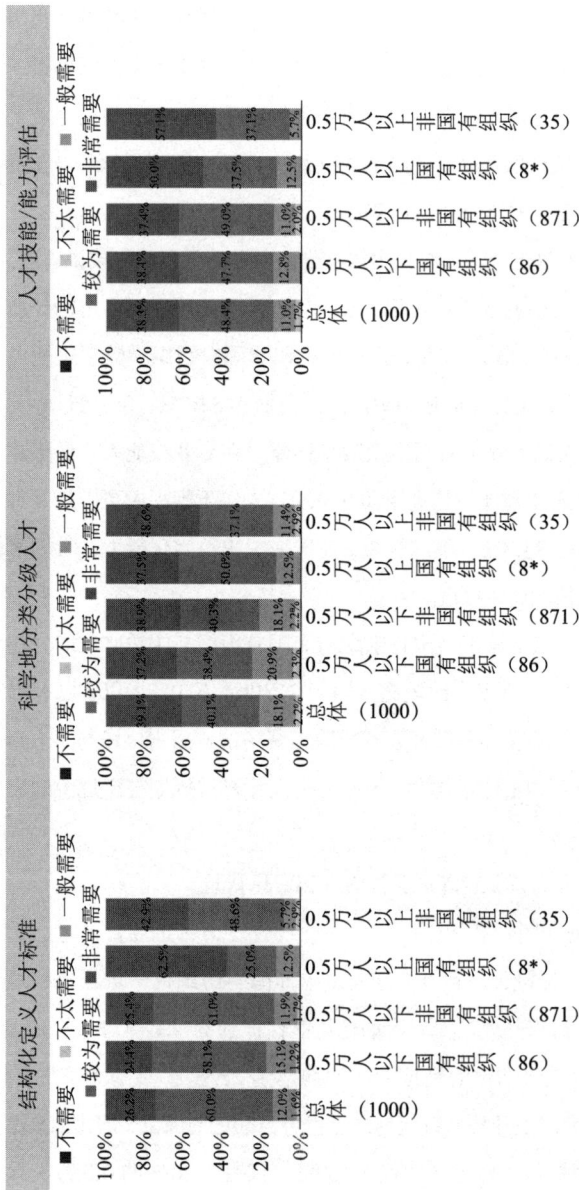

图 6-11　个体的数字化能力应用场景（不同规模 / 性质）①

① 作者注：图中"结构化定义人才标准"部分，"0.5 万人以上国有组织"的"不需要"（0.2%）的数据比例，"科学地分类分级人才"部分，"0.5 万人以下非国有组织"的"不需要"（0.5%）的数据比例；"人才技能 / 能力评估"部分，"0.5 万人以下非国有组织"的"不需要"（0.5%）、"0.5 万人以下国有组织"的"不需要"（0.6%）的数据比例，均由于数值过小未显示。

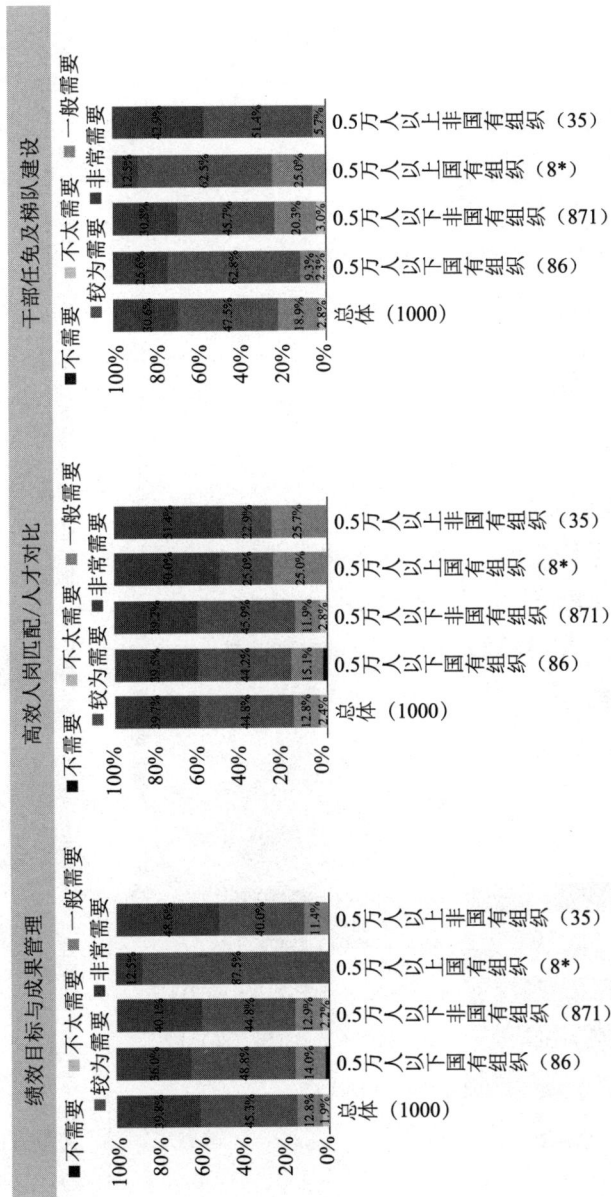

图 6-11　个体的数字化能力应用场景（不同规模/性质）（续）①

---

① 作者注：图中"绩效目标与成果管理"部分，"0.5 万人以下国有组织"的"不需要（1.2%）"、"总体"的"不需要（0.2%）"的数据比例；"高效人岗匹配/人才对比"部分，"0.5 万人以下非国有组织"的"不需要"的数据比例；"干部任免及梯队建设"部分，"0.5 万人以下非国有组织"的"不需要（0.3%）"的数据比例；"总体"的"不需要（0.2%）"的数据比例，均由于数值过小未显示。

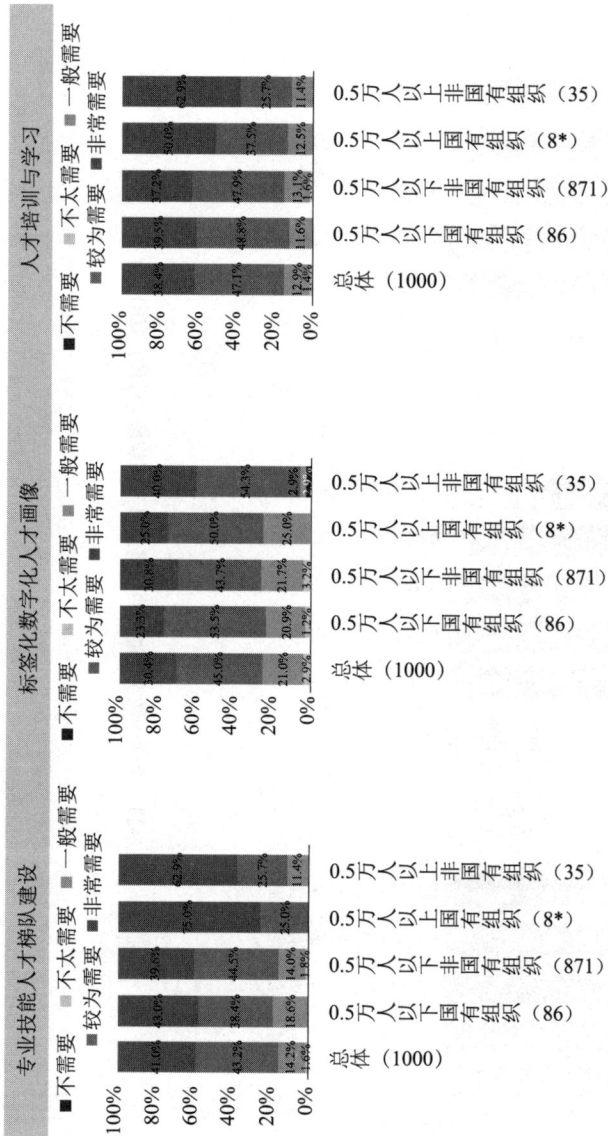

图 6-11 个体的数字化能力应用场景（不同规模／性质）（续）①

① 作者注：图中"标签化数字化人才画像"部分，"0.5万人以下非国有组织"的"不需要（0.6%)"，"0.5万人以下国有组织"的"不需要（1.2%)"、"总体"的"不需要（0.2%)"的数据比例，"人才培训与学习"部分，"0.5万人以下非国有组织"的"不需要（0.7%)"的数据比例，均由于数值过小未显示。

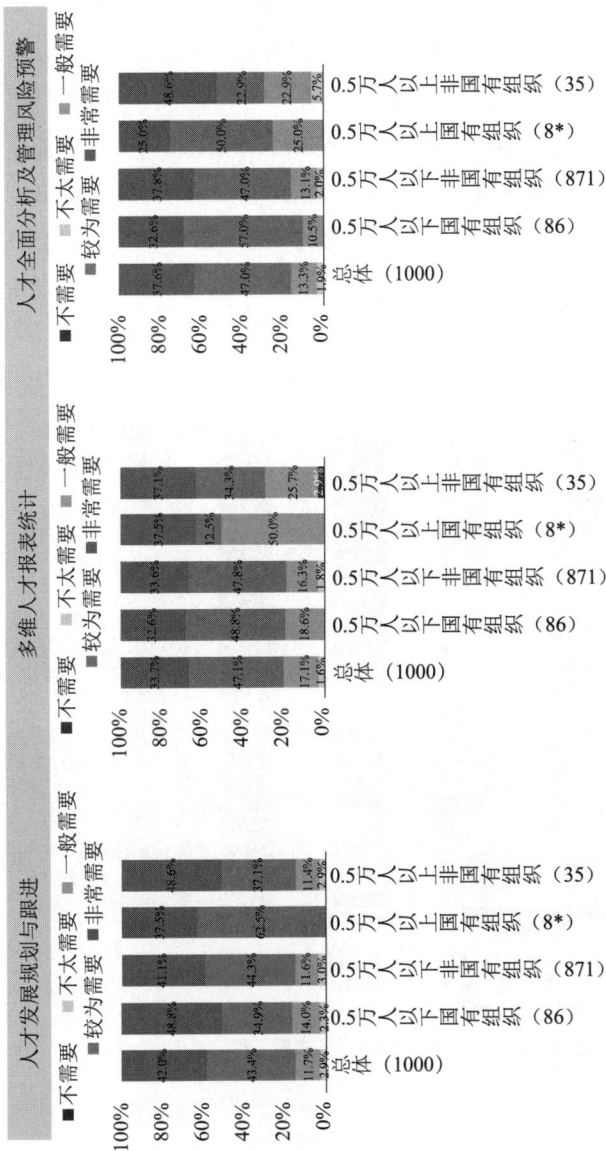

图 6-11　个体的数字化能力应用场景（不同规模／性质）（续） ①

① 作者注：图中"多维人才报表统计"部分，"0.5 万人以下非国有组织"的"不需要（0.5%）"、"总体"的"不需要（0.5%）"，"人才全面分析及管理风险预警"部分，"0.5 万人以下非国有组织"的"不需要（0.2%）"、"总体"的"不需要（0.2%）"的数据比例，均由于数值过小未显示。

下国有组织开始系统梳理，盘点可以自动化的岗位，将盘点 / 评估岗位自动化作为例行工作的占比仅为 1.2%。同时目前，"信息化机器 + 信息仆人"（72.2%）是人力资源管理人员的主要工作方式，而规模更大的组织对数智化和自动化工作方式的应用更普遍：0.5 万人以下国有与非国有组织中"信息化机器 + 信息仆人"的工作方式占据绝对优势（62.8%/75.4%）；而 0.5 万人以上非国有组织中"数字大脑 + 数字个体"（37.1%）的占比最高，其次是"AI+ 数字工蜂"（28.6%）"信息化机器 + 信息仆人"（25.7%）。

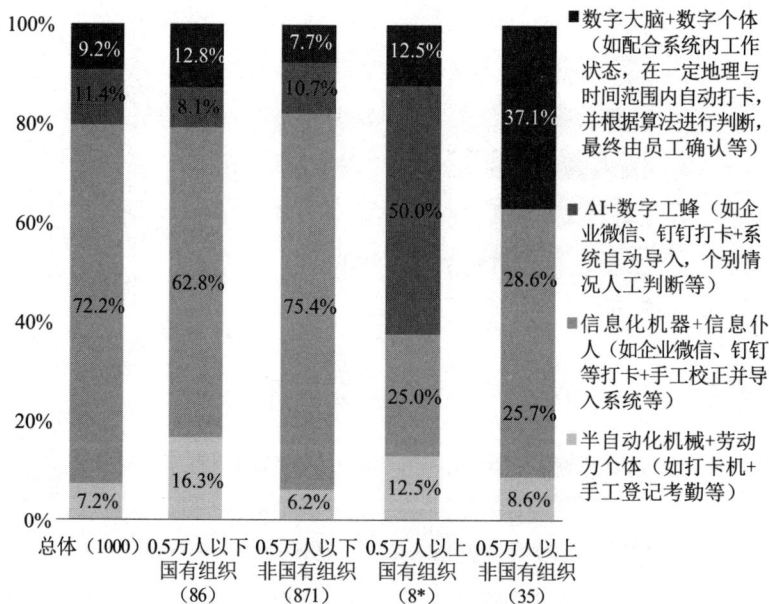

图 6-12　人力资源管理人员的主要工作方式

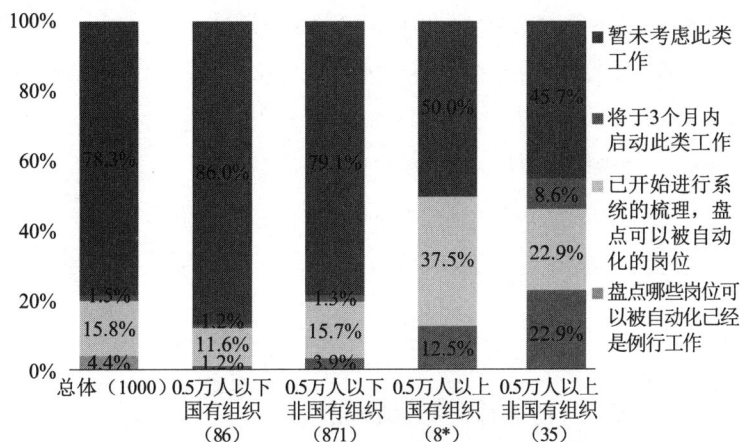

图 6-13 岗位自动化 /AI 化表现（不同规模 / 性质）

随着数智技术变得越来越普遍，人力资源管理部门逐渐开始探索如何利用数据和 AI 等技术来提升职场效率和智慧，而不是仅仅停留在基本职能上。因此，人力资源管理在数智时代的角色和职责正在发生改变。数据越多的地方，产生智慧的概率就越大。如建立大自然语言模型，开发智慧人力资源管理产品，实现对选、用、育、留、评等决策场景的支持。

对于人力资源专业领域，AI 也展现出其独特的赋能价值，尤其是在提升效率、个性化服务与数据分析的层面上。例如，通过智能化的调查工具，企业能够高效地实施员工调研，收集反馈并精准分析，较之传统手段更为迅速和精细。此外，AI 也开始涉足初级咨询领域，能够自动回复员工关于公司政策、福利信息乃至工作流程的查询，甚至在一定程度上提供情感支持。某些企业甚至出现了"智能"心理咨询师，这些系统可以利用先进的数据收集与分析能力，识别员工的情绪状态，尤其是对于那些面临抑郁等心理健康挑战的员工，其与 AI 的互动有时可能会比与真人交流更为舒适。

从效率到智慧的思维转变，是人力资源管理领域的趋势。AI 对于招聘、培训、薪酬、员工关系、劳资关系、文化等六大模块都有辅助提升作用。在访谈中，奥特莱斯中国的 CHO 曾先提到 [7]，采用人机对话的系统，可以有效协助员工处理诸多共性问题，特别是在新员工培训、入职流程、个人信息录入及薪酬福利查询等普遍性事务上，数智化方式确保了即刻响应与处理，优化了这些常规流程的管理。

6.3 数智时代协同绩效新标准

协同绩效管理涉及组织目标、部门目标、个人目标的层层联动，是一个庞大的复杂体系，本质上需要全员参与，因而协同绩效管理的实现更需要数智化工具和智能分析方法。传统绩效管理是在相对稳定的环境里，目标与企业边界相对明确，因而，企业可按目标来设定工作岗位和分工，同时确定绩效标准。但是，在数智时代，企业处在可变的环境里，决定目标和绩效的因素也由内部转向外部。绩效结果受到员工、顾客、产业伙伴甚至智能机器等多工作主体共同影响。在数智时代，每个人都有机会创造新价值，而且该部分价值更容易直接被数字工具记录和管理。

传统绩效管理评价环境相对稳定，但这种稳定性往往伴随着评价标准的主观性和反馈的滞后性。其绩效目标通常自上向下分配，员工处于较为被动的位置参与其中；而评价结果呈现一定的固化状态，难以实现即时的反馈与调整，闭环管理面临挑战，无法迅速纠正偏差。相比之下，数智时代的绩效管理则是面向快速变化的动态环境，强调绩效目标的共创性，鼓励全员积极参与，通过沟通协商共同设定目标。评价体系更加多元和立体，充分利用数智技术获取实时数据支持，确保评价结果能动态反映阶段性成果。这一模式下，奖惩机制能够基于实时数据迅速响应，协助员工自我调整和优化表现，实现了即时的自我管理和效能提升（表 6-2）。

表 6-2　传统绩效管理与数智时代绩效管理对比

	传统绩效管理	数智时代的绩效管理
评价环境	相对稳定	动态变化
时效性	缺乏实时性	数字工具提供实时数据
评价方式	主观评价	多维度客观标准打分，考核员工对组织 / 业务影响力
评价结果	静态的结果	动态的某一阶段的结果
参与主动性	绩效目标自上向下分解、被动参与	绩效目标共同参与、主动协商
管理纠偏	闭环管理困难，缺乏及时纠偏能力	数据支持实时奖惩，帮助员工及时自我纠偏和管理

核心发现 1：通过数智化工具对员工绩效考核进行汇总分析、制定部门 OKR/KPI、分析员工绩效行为等是企业绩效管理的主要方式和特点。

根据调研数据（图 6-14），通过数智化工具对员工绩效考核汇总分析、制定部门 OKR/KPI、分析员工绩效行为等是企业绩效管理的主要方式和特点。不同规模的组织在绩效管理方式上均以通过数字化工具对员工绩效考核进行分析为主，在其他方式上存在一定的差异。0.5 万人以上非国有组织通过数字化工具制定部门 OKR/KPI、分析员工过去的绩效行为等数据的占比为 71.4% 与 74.3%，均明显高于 0.5 万人以下组织的占比。

Base	总体 1000	0.5万人以下国有组织 86	0.5万人以下非国有组织 871	0.5万人以上国有组织 8*	0.5万人以上非国有组织 35
绩效对比分析，通过数字化工具对核数据进行汇总分析	69.8%	73.3%	69.1%	87.5%	74.3%
通过数字化工具制定部门OKR、KPI等	51.2%	48.8%	50.6%	50.0%	71.4%
直接绩效衡量，通过数字化工具分析员工过去的绩效行为等数据	50.6%	47.7%	50.2%	62.5%	65.7%
基于数字化工具的客观数据要多于领导评价	22.7%	24.4%	22.8%	37.5%	11.4%
绩效管理指标更结构化也更清晰	19.3%	26.7%	18.0%	37.5%	28.6%
绩效管理中没有运用数字化工具	11.1%	12.8%	11.5%		

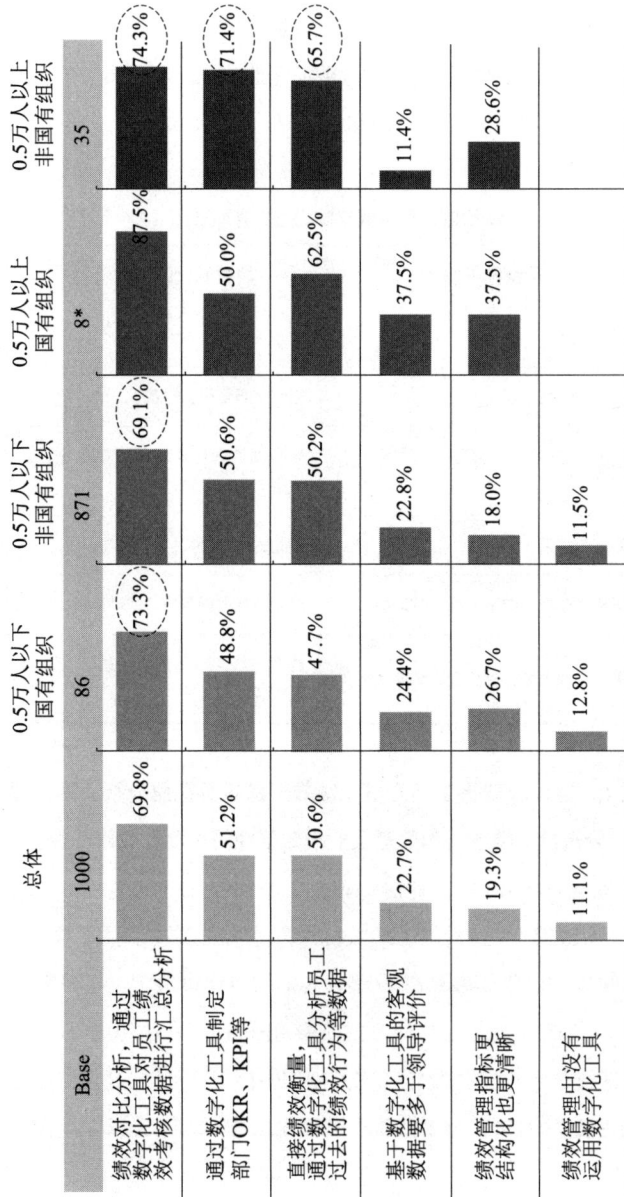

图 6-14 企业的绩效管理方式和特点

　　绩效管理工具有很多，包括 KPI、平衡计分卡、OKR、EVA（经济价值增值法）、标杆基准法、360 度考核、积分制管理、流程绩效考核、项目绩效考核、战略绩效管理体系等。不同的企业在不同的发展阶段采用不同的绩效考核方法，甚至会采用多种绩效评价的组合，目前开始崭露头角的是 OKR，因为它将员工的主动性激发了出来，使其主动参与目标制定并全程进行价值共创。可以说，在数智时代，绩效管理需要数据化、实时化及全场景化。例如，天虹拥有一套管理体系，从计划制订、目标设定与审核，到执行、跟进、反馈，以及绩效评估（包括组织、部门和个人层面），再到结果处理和应用，整个流程完整且有序。正如普惠中国 CHO 徐苗苗所指出的那样，"从 HR 的角度来讲，我们很容易根据每个员工的数据，算出来 HR 在绩效管理上帮助公司利润提高了多少"。其绩效管理的特点包括：一是数智化系统，天虹的数智化系统提供了随时关注团队中人员动态变化、成本波动、团队成熟度的窗口；二是全员覆盖，从高管到一线员工，天虹会基于考核体系和绩效管理模式的不同进行构建；三是数字信息快速触达，对于天虹员工来说，绩效考核等信息能第一时间触达。在人力资源管理数智化系统助力下，天虹仅用 2 名人力资源管理人员即可完成 7000 余名员工的日常绩效考核管理，降本增效的成效显著。

　　目前组织可以通过各种数智化设备搜集员工生物统计学信息、文本信息和网络行为轨迹等各类数据，获取各种结构化和非结构化数据[8]。人力资源管理可以对员工实施实时的、全面的、持久的数据追踪、监管和引导，适时了解员工的工作细节、态度及行为等，帮助其分析高、低组织绩效的产生原因，进行事前预警、事中调整及事后优化分析，进行较精准和直接的绩效衡量。

核心发现 2：建立衡量员工、HR、客户及合作伙伴等多利益相关者的价值贡献的工具。

绩效管理正进入一个目标与价值诉求多元和全员参与全方位绩效管理的时代，可以通过数字工具去评价股东价值、客户价值、员工价值，包括合作伙伴价值。海尔提供了一个较好的利用数字工具进行绩效管理和价值评价的范式，海尔的"共赢增值表"将财务信息和非财务信息进行充分整合，可以精确地衡量生态平台的价值增值，并展示如何将这些增值在由用户、链群、资源方以及海尔等关键参与方所构成的生态平台中进行分配和共享，从而促进各方共同进化。该实践案例甚至入选 SAGE 商业案例库[9]。海尔的所有员工与生态伙伴都通过"单"[10]联系在一起，形成利益共同体，齐心协力满足用户需求，创造用户价值，并按照贡献多少来分配自主经营体创造的超额价值。基于共赢增值表与人单合一计分卡，企业可以让每个创客在创造用户价值的同时分享自己的价值，这加速了物联网生态质变，创客的自驱力、自进化也让企业更好地去应对不确定性。在数字工具的应用上，海尔的组织不仅形成了更加高效的链群化结构，还实现了"人单合一"模式的数智化管理。

海尔建设了链群合约模式，它本质上是一种信息化、动态的多方协作契约，旨在连接内外部各方（小微企业），以用户需求为中心，协同商议目标和利润分配等内容，推动企业数智化转型的深入实施。根据我们的访谈调研，不少人力资源管理者都强调对利益相关者的关注。如有 CHO 提到，数智技术所连接的不仅是组织内的那些人，更多的是连接各类资源。未来人力资源管理发展的关键是构建高效连接的能力，连接组织内和组织外的能力，去服务好客户。这个过程中建立合适的多利益相关者的价值评价机制具有重要意义。

海尔的实践让我们了解到，如何进行价值评价与价值分配，是决定员工工作是否被确认的关键。新工具和新方法的运用，能够让员工的工作成果与组织目标之间得以更直接、更及时地呈现，员工的价值贡献也可以更精准地被衡量，让员工更加聚焦在自己的价值贡献中，从而获得更高的绩效结果。

6.4 "全链条"承接客户需求

数智化人力资源管理可以帮助企业更加精准地了解和掌握市场与客户的需求信息，从而更加有效地开展精细化的客户需求管理。精细化客户需求管理是企业数智化转型的重要组成部分。数智化转型需要精细化客户需求管理作为支撑，只有深入了解客户需求，才能在数智化转型中发挥更大的优势。通过以客户为中心的创新模式，企业可以不断挖掘客户的深层次需求，为数智化转型的创新打下更坚实的基础。人力资源管理的数智化转型需要支撑整体企业的数智化转型，以顾客价值为终极目标，实现人力资源管理进化。

核心发现 1：基于数智技术的客户管理越来越精细，客户价值实现更高效。

在 CHO100 的调研项目中，中国远大的人力资源总监杨勤分享说[11]，从员工使用的角度来看，数智化应用已经相当先进。以每位销售人员为例，他们的工作实现了高度数智化，包括每日客户拜访记录、必做事项、客户及医生反馈、信息维护、日销售量、发货统计等，这些数据都能实时查看。从这里可以看出，人力资源管理数智化转型成功的关键在于有效对接并满足客户需求与业务需求。

智盛永道是手机品牌 OPPO 的省级渠道代理商，它围绕顾客服务，构建了一整套数智化管理系统，其中最核心的涉及终端系统、供应链系统、新零售系统和会员系统，还基于数据中台将所有系统软件的数据拉通，实现渠道全体系和全流程的数智化。智盛永道实现"倒三角赋能"，将资源和决策权最大程度地赋能给一线，通过数智技术赋能让其能够主动、有效地根据客户需求做出响应。同时与用户建立数字连接，进行精细化管理与赋能。除了提供会员权益、积分管理、线上咨询等功能外，会员系统还能实现用户寄修全程可视化，提升用户的信任度和满意度。通过会员系统，智盛永道进一步深化服务，实现用户价值的提升。基于数智技术的管理，智盛永道使企业内部的组织管理和以客户服务为中心的数据管理有效融合，使客户管理变得更精细，客户价值也得以高效实现。

核心发现 2：将满足客户需求的过程数智化，基于智能技术进行应用和创新并提高客户界面的效率。

在我们的调研中（图 6-15），大多数组织都期待人力资源管理数智化转型的目标是提升客户界面的响应效率，所调研的不同类型、规模的组织对这一目标的认同率都超过 80%，其中，0.5 万人以上非国有组织非常期待提高客户界面的响应效率，占比高达 48.6%。

疫情防控期间，多数企业遭受重创，但天虹却实现了"逆增长"。2021 年，天虹线上业务蓬勃发展，其商品销售及数智化服务收入 GMV（商品交易总额）超过 51 亿元，其中平台服务收入同比提升 72%。天虹的成功秘诀在于其全面推行的"全链条"数智化战略，精准对接并满足了顾客的多样化需求。为了快速响应市场变化，天虹快速建立任务团队，倡导扁平化沟通协作，在企业微信嵌入了"生活超"项目、"天虹到家"、"增颜值"项目、"都市管家"项目等多个项目，形成网格化组织，有需要的人可以加入不同的任务团队。而在销售端，天虹建立门店导购的高效运营、合理分

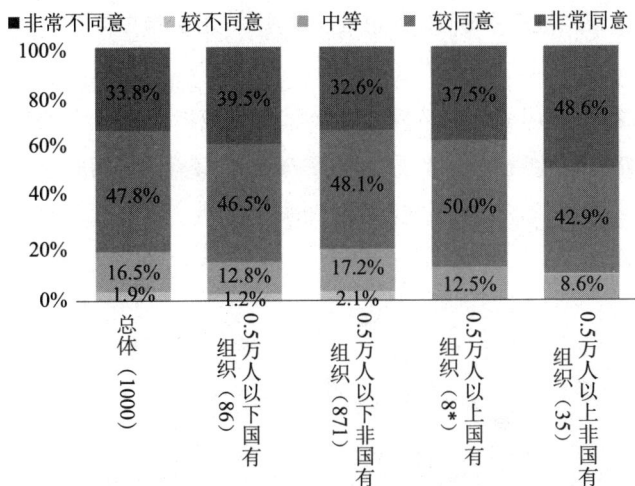

图 6-15　人力资源数智化转型的具体目标——提高客户界面的响应效率

配机制，实现线上销售弥补线下。这些管理动作直接面向客户需求。在组织内外部，天虹通过数智化转型实现内部员工的协同合作，而在组织外消除了边界，不再刻意设定谁是供应商或渠道商，而是跟供应商、渠道商共享信息，在同一个平台贡献力量，为顾客创造价值。通过"全链条"数智化实现客户的精细化管理。在 CHO100 访谈中，人瑞集团的管理者刘艳提到 [12]，真正为企业带来价值的员工不一定都是营销一线的，公司珍视的是能在多方面贡献力量的员工群体，这涵盖了研发、设计、市场营销及职能支持等多个岗位的人员。因此，人力资源管理的任务是通过精心设计职级体系，打破晋升路径的局限，为员工提供无界限的职业发展机会，激励他们充分施展才华，为企业创造全面价值。

　　美铝的 CHO 张西娟和工银科技的徐艺宸也结合自身的实践谈到 [13]，拓展和延伸人力资源管理的服务边界至客户端，是更多处于生态价值网络中企业的选择。虽然参与到业务中并且创建一种能够对客户需求提供服务的模式是需要勇气的。但是，优秀的企业会选择与客户在一起的模式。

　　总之，人力资源管理数智化的高级阶段需要将 AI 等技术用于业务融合和战略整合，实现基于客户价值的"全链条"数智化，帮助企业应对复杂性、快速响应客户，并改变企业价值的创造方式。

第7章
深度个性化员工体验

越来越多新生代员工成为工作主体，作为独立的强个体，他们对个性的工作体验有着明确的要求。组织需要为员工打造促进持续反馈和个性化体验的系统，建立与员工有效协同的工作模式以及沟通平台，给员工以明确的组织支持，赋能其高效工作、知识与技能提升以及心灵的呵护。

迫在眉睫的是，企业越来越多地面临着来自个体价值崛起的挑战。

人力资源管理自身做数字化，第一个是要提升员工体验、管理者体验，因为人没办法做到7×24小时的关注关怀，但我们通过数字化信息系统可以实现。包括自助不上锁的工具箱，员工需要的时候就能获得资源，这是提升体验的部分。

（周晓军，康菲石油）

在数智时代，员工体验已成为推动高效价值创造的重要动力源泉。当员工感受到组织愿意为其提供多方面的支持时，他们往往会更加努力地为组织贡献力量，表现出更强的组织承诺和工作执行力，并提出更多创新性方案。

　　谷歌前 CEO 埃里克·施密特在《重新定义公司：谷歌是如何运营的》中提出"创意精英"的概念[1]。他认为，未来组织的关键职能是汇聚一群创意精英，而公司要做的是营造合适的环境，使之踊跃创造。这意味着，企业不仅要注重客户体验，还需要建立员工体验中心，为员工提供舒适的工作氛围。

　　深度个性化的员工体验不仅是提升员工满意度和幸福感的有效途径，更是推动企业创新和可持续发展的关键动力。企业人力资源管理系统的核心价值在于提升员工体验，激发员工的创造潜力。通过优化员工体验，企业能够更好地激励员工，推动组织的持续创新和发展。

7.1　重新构想员工体验

　　数智时代，最大的变化是人变了。在传统的组织管理中，员工的价值定位是完成组织的目标，实现组织的绩效。然而，随着个体价值的崛起，员工被视为拥有独特个性和能力的个体，追求多样化的价值诉求。

　　德勤在 2019 年的《人力资源数智化研究报告》中指出，千禧一代和"95 后"更希望"去看看世界"，体验更多的价值感与有意义的场景。美国职业培训机构 Better Up 调查了来自 26 个行业共 2285 名美国专业人士对工作意义的感受，并发布了《工作的意义和目的》。他们发现，90% 的人宁愿少赚钱，也要做有意义的工作——他们甚至愿意牺牲未来一生收入的 23% 来换取有意义的工作；在一次会议调研中，80% 的受访者表示他们更愿意有一个关心他们能否在工作中获得意义和成功的老板，而不是 20% 的加薪。可以说，组织与员工之间的关系已经超越了传统的雇佣关系，员工渴望从工作中获得意义和使命感，而不仅仅是薪酬激励。这也使得人力资源管理需要更多地思考：人在组织中的意义是什么？该如何实现？

随着个体价值的崛起，人们对于职业生涯成功的定义也在发生变化。相比传统的升迁路径，许多人认为，自由掌控时间和个性化、多元化的发展才是成功的标志。过去20年，员工与组织关系的关键词从"忠诚度"转变为"满意度"，再转变为"幸福感"。这一变化显示出员工对情感需求的日益关注，组织也需要调整自身对员工关系的认知，以实现共同成长。

个体在工作情境下的幸福感主要有情绪体验和认知体验两部分：情绪体验包括焦虑和安适、消极和热情等；认知体验包括期望、能力和自主性。从快乐论角度来看，员工幸福感是员工对工作的认知和情感体验，其维度包括整体工作满意度、情感满意度以及情绪体验。而从现实论角度来看，员工幸福感则是心理幸福感，突出强调个人价值的实现、优秀的品质以及从事有意义的活动[2]。

现代员工追求内心的快乐和有趣的工作，他们需要展示自我的平台，参与决策并表达自我。员工体验因此成为数智时代人力资源管理的重要关注点。腾讯通过"内部客户制度"，将员工视为公司的内部客户，关注员工的体验与反馈。这种"客户导向"的方式能够根据员工的不同需求制定人力资源管理政策，体现了对个体价值的重视。

美国未来学家雅各布·摩根（Jacob Morgan）认为，员工在一个组织的总体体验由其经历的文化、技术及物理空间决定[3]。在数智技术的引领下，管理者需要优化人机协作的效率，建立数智化工作场所，并完善与员工的互动方式。数智技术为重新构想员工体验提供了新的可能性。企业可以利用技术手段使员工从烦琐的工作中解放出来，专注于创造力的释放。管理者需要在技术应用中关注对人工作的解放及对人性的关怀，让员工拥有"主人翁"的感受，从而激发其创造力和活力。

　　重新构想员工体验，需要企业在多个方面进行创新。首先，建立以员工为中心的文化，关注员工的个人需求和发展目标。其次，利用数智技术优化工作流程，提高效率，并为员工提供更多的自主权和灵活性。此外，还需关注员工的心理健康和情感需求，通过建立支持性的工作环境和提供心理支持服务，提升员工的幸福感。在这个个性化和多元化的时代，企业唯有不断调整和优化员工体验，才能在激烈的市场竞争中立于不败之地。

　　根据我们的调研结果，目前大多数受访者对数字化转型的目标持相对积极的态度。超过八成的受访者认为，数字化转型是一个值得追求的目标，并愿意为之奋斗或坚定地致力于追求这一目标（图 7-1）。然而，也有一半的受访者表示，他们很难真正重视数字化转型目标；同时，接近 50% 的受访者认为，只需较小的阻碍就可能放弃对数字化转型的追求。此外，46.8% 的受访者表示，他们并不在意数字化转型目标是否能够实现。

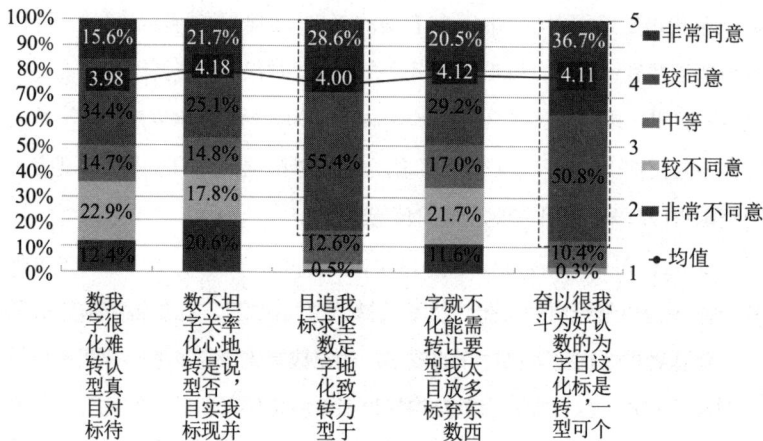

图 7-1　受访者对数字化转型目标的态度（整体）①

---

① 作者注：图中左起第 3 和第 5 条形柱"较不同意"的数据比例，分别为 2.9% 与 1.8%。

　　同时，规模更大组织的员工面对数字化转型目标时态度更积极。0.5
万人以上非国有组织受访者对数字化转型目标持有消极态度的比例更低；
与之相反，0.5 万人以下国有组织受访者同意很难认真对待数字化转型
目标、不关心是否实现目标、很容易放弃数字化转型目标的占比都较高
（图 7-2）。大部分受访者追求数字化转型目标、愿意为数字化转型奋斗，
不同规模和性质组织的表现没有明显差异。

　　人力资源管理的核心工作是赋能员工，为员工释放价值提供保障。数
智技术为员工带来的赋能，正在成为整体员工体验中不可或缺的一部分，
特别是随着企业更广泛地与生态伙伴合作，面对不确定性的挑战，如何让
员工与此相适应，不仅仅是员工自己需要努力的方向，更是人力资源管理
需要努力的方向，也就是需要多主体、多维度赋能。

7.2　多元契约链接

　　在数智时代，传统的全职雇佣模式逐渐被多元化的用工形式所取代，
组织边界愈加开放，个体与组织的契约关系也因此变得更加多元和复杂。
为了适应这一变化，人力资源管理需要重新审视并设计契约链接，以实现
组织目标与个体目标的有效融合。

　　强个体的出现，使个体与组织的关系发生了改变，人力资源管理需要
提供适合不同主体工作的支持系统，首先体现在构建多主体的"契约关系"
上，通过数智技术构建新的契约与信任关系，给个体以更多的自主发展选择
机会。

　　传统企业与员工的关系主要通过经济契约界定，明确双方的权利和义
务。然而，随着个体价值崛起和工作主体的多元化，心理契约和社会契约

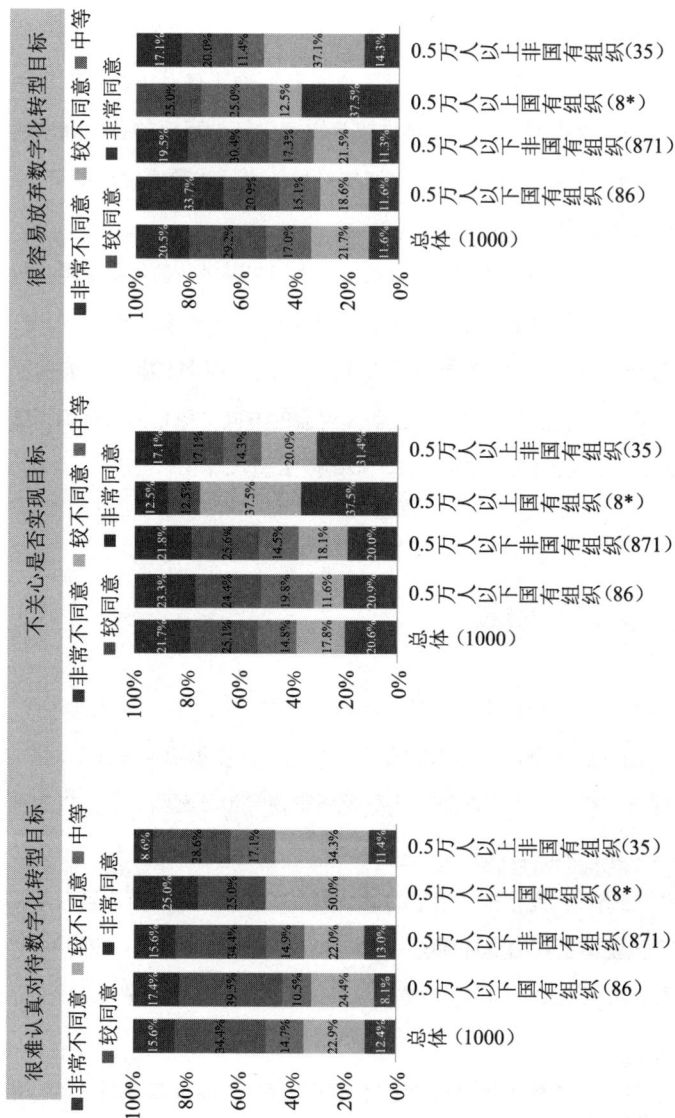

图 7-2 受访者对数字化转型目标的态度（不同规模／性质）

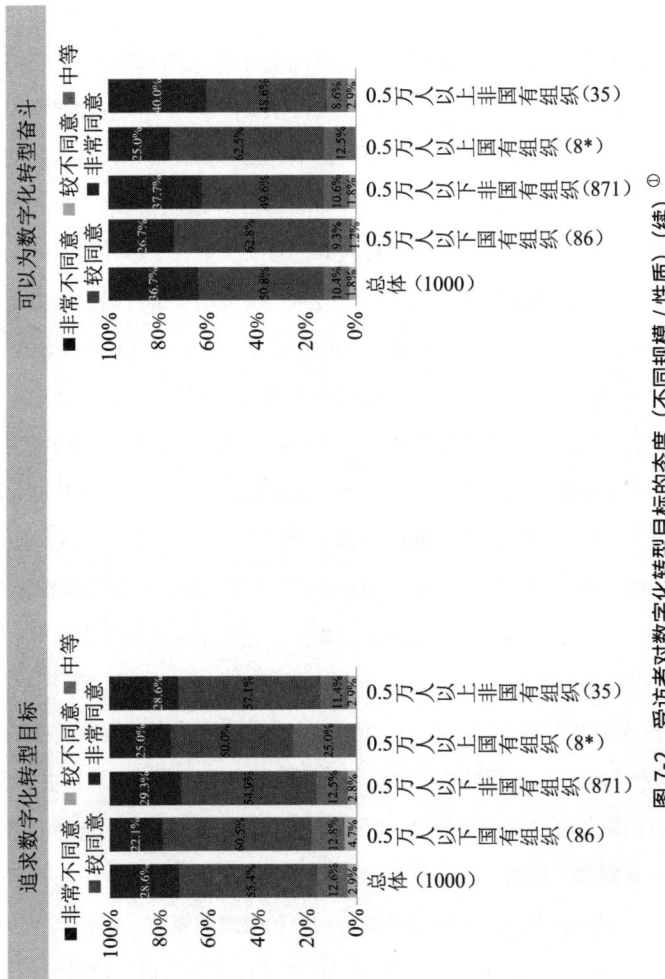

图 7-2　受访者对数字化转型目标的态度（不同规模/性质）（续）①

① 作者注：图中"追求数字化转型目标"部分，"0.5 万人以下非国有组织"的"非常不同意"的数据比例；"可以为数字化转型奋斗"部分，"0.5 万人以下非国有组织"的"非常不同意（0.3%）"、"总体"的"非常不同意（0.5%）"、"0.5 万人以下非国有组织"的"非常不同意（0.6%）"、"总体"的"非常不同意（0.3%）"的数据比例，均由于数值过小未显示。

的重要性日益凸显。德勤发布的《2019 德勒全球人力资本趋势报告》显示,非传统劳动力正在成为主流,如何管理这种多元生态成为组织必须面对的现实挑战。

　　在关注经济契约的同时,企业也需重视员工与组织之间的心理契约和社会契约。心理契约是员工与组织之间无形的默契,反映了双方的期望和信任,对员工的工作态度和行为有着重要影响。当心理契约得到有效兑现时,员工往往表现出更高的工作满意度、留职意愿和组织信任感。企业应通过开放透明的沟通机制,与员工保持良好的互动,及时了解并回应他们的期望和需求。这种基于心理契约的信任关系不仅有助于提升员工的工作积极性,也能为组织的可持续发展奠定基础。

　　随着个体需求的多样化,个性化契约正在成为一种新趋势。个性化契约是组织与特定成员达成的承诺或协议,该契约突出了与其他员工相区别的个性化安排。研究显示,个性化契约能够有效提升员工的工作满意度和忠诚度。在实践中,个性化契约的应用越来越广泛。例如,许多公司为员工提供灵活的工作时间和地点选择,以满足其个人生活和职业发展的需求。这样的安排不仅有助于吸引和留住顶尖人才,也提升了员工的工作效率和创造力。

　　数智技术为多元契约链接提供了强有力的支持。在信息技术的推动下,员工不再局限于某一领域或组织,可以跨团队和组织提供知识和服务。合同工、自由职业者、零工和众包工等多元用工形式成为企业的选择,这需要组织制定相应的招聘、培养及合作政策。市场上也出现了专门的管理工具,如 SAP Fieldglass,专注于外部劳动力和供应商管理。此外,数智技术还在契约设计中实现更高效的个体权利与责任结构。通过数据分析,企业可以更精准识别员工需求和偏好,从而制定更符合个体期望的契约方案。

如何管理这种多元生态是"契约链接"关注的重点。人力资源管理的契约链接需考虑边界内外的不同用工主体，设计优化的链接系统。海尔的"链群合约"机制有效地帮助生态链上的个人和小微主体形成完全契约关系，并具备持续迭代、自组织和自驱动的能力，快速响应用户个性化需求。通过这一机制，海尔不仅实现了内部资源的优化配置，还增强了与外部合作伙伴的协同效应。其核心在于灵活性和适应性，允许各主体根据市场变化和自身需求进行调整，从而提升组织的创新能力以及增强各主体之间的信任与合作意愿。为此，奥托立夫的 CHO 赵亚谈了他们的看法和做法[4]。

多元契约链接不仅是对传统人力资源管理的挑战，也是一个充满机遇的领域。通过不断优化和创新契约设计，企业可以在激烈的市场竞争中保持领先，并为员工创造更丰富和有意义的工作体验。

7.3　更便捷自主工作

随着互联网技术和大数据的普及，更多的员工成为知识型员工，他们对于自我的认知非常明确，对于生活有着清晰的追求和目标。他们充满活力，渴望自主的工作环境，强调自我引导和创造力。不同于传统的被动适应型员工，知识型员工希望组织能开放边界，让他们从中感受到独立性和价值创造的可能性。

过去，很多员工愿意为了工作而不计较个人的需求，但这种观念正在迅速转变。现代员工不再将工作视为生活的唯一目的，而是将工作和生活并列为人生的两大目标。如何在这两者之间取得平衡成为管理者面临的重要挑战。传统的管理体系往往忽视员工的家庭角色，只关注其工作角色，这种做法已无法适应现代员工的需求。工作和家庭是员工生活中不可分割的两部分，现代员工尤其重视在两者之间取得平衡。那些能力强或年轻的员工更倾向于同时满足工作和家庭的需求，而不愿轻易牺牲其中之一。

除了工作和家庭，个人的自由时间和空间也非常重要。业余活动如健身、阅读、学习和欣赏音乐，不仅能带来精神上的平衡，还能提升个人修养，帮助员工更乐观地面对工作和生活中的不确定性。根据 2023 年 Gartner 的一项调查，63% 的应聘者将"每周四天工作制，薪水保持相同"视为最具吸引力的创新福利[5]。

为了激发员工的潜力，组织需要打破传统的边界，实现更高的协同效率。一个开放的组织结构应赋予员工足够的自由度，使他们能够自主管理，同时与他人协作。例如，微软取消了员工的分级制，认为任何层级的员工都有机会成为组织运行的中心。这种调整促进了员工之间的互动，构建了新的价值关系网络。在企业管理理念上，海尔倡导"企业无边界、管理无领导、供应链无尺度、员工自主经营"。这一理念旨在让个体与组织的结合更符合互联网时代的管理要求。海尔推行"人单合一"，小米科技采用合伙人制度，强调扁平化管理和员工自主责任。美的集团通过合伙人制，塑造出开放、进取的组织文化。这些创新举措都在推动员工的自主性和责任感提升。

杨勤介绍的远大实践很有启发性[6]，为了使员工达到最佳工作绩效，组织可以从两个方面进行优化：首先，建立支持性的工作环境，提供上司和同事的支持，帮助员工平衡工作与家庭的压力；其次，提供灵活的工作安排和福利措施，如远程办公、弹性工作时间、工作共享等。这些措施有助于提高员工对组织的忠诚度和承诺。

数智技术为实现个体与组织目标的融合提供了新的策略。通过大数据、云计算和 AI，员工可以从重复性工作中解放出来，专注于更具创造性的任务。此外，数智化工作环境提高了个体决策的理性化能力，并通过数据的充分共享，使员工能够自主思考与自我服务。数智技术让员工可以远程或在家办公，这不仅帮助组织降低了通勤成本，还满足了员工对灵活工作的需求。

改善数字化员工体验可以赋予你的员工权利，使你的组织受益。当员工的数字互动使他们的任务更简单，能够帮助他们自主工作，并能便捷获得组织和团队其他成员的相关支持时，他们会更满意，更有生产力，以更好地支持实现业务目标。"更便捷自主工作"不仅支持员工的个人发展，也提升了组织的竞争力。通过赋予员工更多自主权和灵活性，组织可以激发员工的创造力，实现更高的绩效和创新能力。理论上，当数字化使员工工作任务更简单、更高效时，他们不仅能够更自主地开展工作，还可以更便捷地获得组织和团队其他成员的支持，从而提升工作满意度和生产力，更好地支持主动实现业务目标。

在我们的调研中，多数受访者在数字化转型中表现出主动性，愿意思考并付诸行动来适应企业的数字化转型需求。在企业的数字化人力资源管理和转型过程中，受访者个体积极发挥主观能动性，更多选择通过主动思考应对未来变化、向领导提出工作改进建议，以及通过不断了解其他领域的情况来决定是否对工作进行调整。这表明，通过改善数字化员工体验，企业不仅能赋予员工更大的工作自主权，还能为其创造更高效、更满意的工作环境，从而推动个人与组织的共同发展。

不同规模 / 性质的组织中，受访者都在积极应对企业数字化人力资源管理的转型。非国有组织（规模为 0.5 万人以上和以下）的受访者中，选择思考以不同方式应对变化的占比较高（图 7-4）。而在 0.5 万人以下国有组织中，受访者花时间思考以不同方式做事的占比最高。此外，不同规图表数据（从左到右五列）：

选项	列1	列2	列3	列4	列5
5 非常同意	20.8%	38.4%	25.2%	32.0%	28.6%
均值	3.98	4.18	4.00	4.12	4.11
较同意	57.2%	44.4%	50.9%	49.4%	55.0%
中等	20.9%	14.7%	22.6%	17.0%	15.4%
较不同意	1.0%	1.9%	1.1%	1.5%	0.4%

图例：5 非常同意　■较同意　■中等　■较不同意　■非常不同意　→均值

横轴标签（竖排）：

1. 我不时在工作中思考我们的做事方式，以及如何花时间做事
2. 我一直在思考我们即将需要应对的变化，以及未来的方式
3. 我推动其他人/团队根据公司发生的事情不断做出改变
4. 在上个月，我提出了一个关于我的工作的改变
5. 我不断努力了解其他领域的情况，看其是否需要对我的工作做出改变

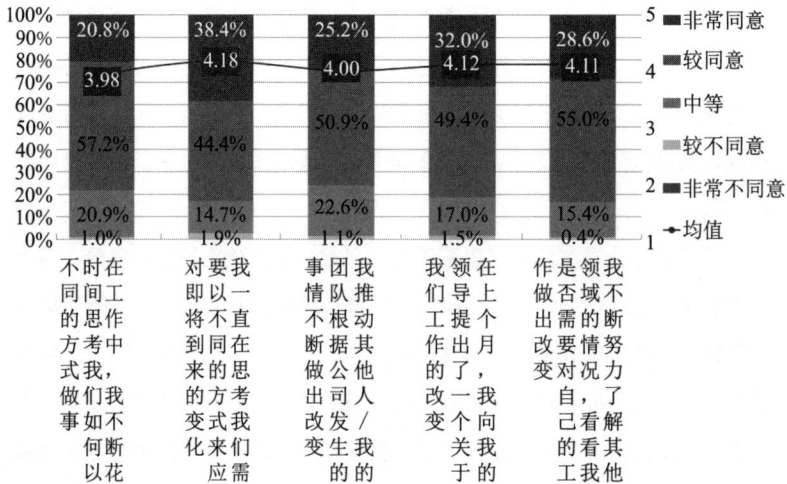

图 7-3　个体在企业数字化转型中的实际行动（整体）①

模和性质组织的受访者在推动其他人 / 团队做出改变方面的占比相对接近。值得注意的是，在 0.5 万人以下的组织中（无论国有组织或非国有组织），选择"上个月提出了一个关于工作的改变"或"了解其他领域改变自己工作"的受访者比例相近，且均高于 0.5 万人以上组织中受访者的选择比例。这表明，规模较小的组织可能更具灵活性，员工在应对数字化转型时也表现出更高的主动性和适应性。

7.4　更透明、更信任

在现代商业环境中，企业对顾客的关注无疑是巨大的，这种关注体现

---

① 作者注：图中从左至右每个条形柱的"非常不同意"的数据比例，分别为 0.1%、0.6%、0.2%、0.1%、0.6%，均由于数值过小未显示。

思考以下不同方式做事

图例：■ 非常不同意　■ 较不同意　■ 中等　■ 较同意　■ 非常同意

规模/性质	非常不同意	较不同意	中等	较同意	非常同意
0.5万人以上非国有组织（35）		34.3%	37.1%	25.7%	2.9%
0.5万人以上国有组织（8*）		37.5%	50.0%	12.5%	
0.5万人以下非国有组织（871）		20.4%	57.1%	21.5%	1.0%
0.5万人以下国有组织（86）		17.4%	67.4%	14.0%	1.2%
总体（1000）		20.8%	57.2%	20.9%	1.0%

思考以下不同方式应对变化

规模/性质	非常不同意	较不同意	中等	较同意	非常同意
0.5万人以上非国有组织（35）		28.6%	57.1%	8.6%	2.9%
0.5万人以上国有组织（8*）		25.0%	62.5%	12.5%	
0.5万人以下非国有组织（871）		38.6%	44.8%	14.2%	1.8%
0.5万人以下国有组织（86）		41.9%	33.7%	22.1%	2.3%
总体（1000）		38.4%	44.4%	14.7%	1.9%

推动其他人/团队做出改变

规模/性质	非常不同意	较不同意	中等	较同意	非常同意
0.5万人以上非国有组织（35）		28.6%	48.6%	20.0%	2.9%
0.5万人以上国有组织（8*）		37.5%	37.5%	25.0%	
0.5万人以下非国有组织（871）		25.4%	50.5%	22.8%	1.1%
0.5万人以下国有组织（86）		20.9%	57.0%	20.9%	1.3%
总体（1000）		25.2%	50.9%	22.6%	1.1%

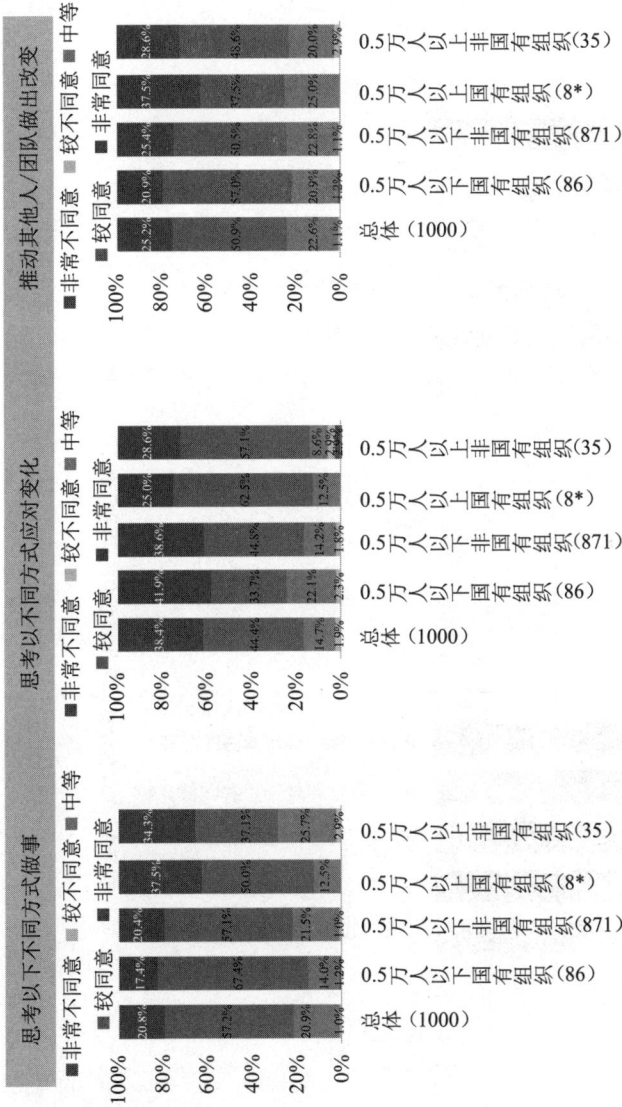

图 7-4　个体在企业数字化转型中的实际行动（不同规模/性质）①

---

① 作者注：图中"思考以下不同方式应对变化"部分，"0.5万人以上非国有组织"的"非常不同意（0.6%）"、"总体"的"非常同意（0.6%）"的数据比例；"推动其他人/团队做出改变"部分，"0.5万人以下非国有组织"的"非常不同意（0.1%）"、"总体"的"非常同意（0.2%）"的数据比例，均由于数据值过小未显示。

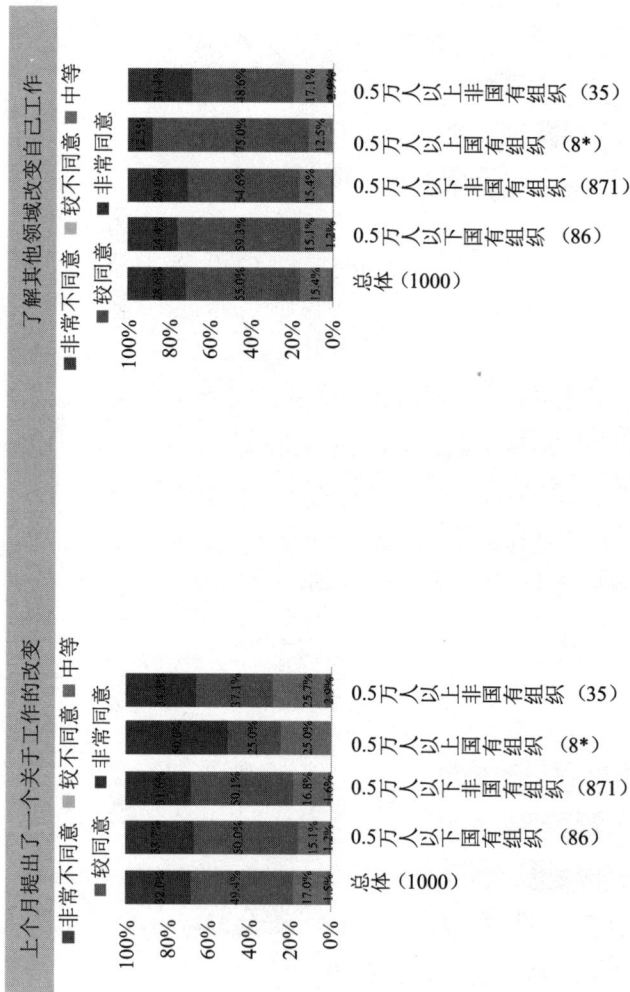

图 7-4　个体在企业数字化转型中的实际行动（不同规模 / 性质）（续）[①]

① 作者注：图中"上个月提出了一个关于工作的改变"部分，"总体"的"非常不同意"的"较不同意（0.5%）""非常不同意（0.5%）"；"了解其他领域改变自己工作"部分，"总体"的"非常不同意（0.1%）"的数据比例；"总体"的"较不同意（0.6%）"与"较不同意（0.4%）"的数据比例；"0.5 万人以下非国有组织"的"非常不同意（0.4%）"，均由于数值过小未显示。

在大量的市场调研、客户反馈收集以及专门的客户服务团队上。然而，许多企业在此过程中忽略了一个关键因素：员工的沟通和信任建设。事实上，员工是直接与顾客接触并满足其需求的关键角色，因此，建立与员工之间的透明沟通渠道同样重要。缺乏有效的信息反馈和参与决策的机会，往往使员工在工作中缺乏激情。沟通不畅和信息不透明可能导致企业运营的重大困难，只有通过加强企业内部的沟通与交流，才能激发企业的活力，增强凝聚力，使企业保持竞争力。

塑造一个利于信息透明与沟通的企业氛围至关重要。首先，企业需要努力实现信息的全透明化。这意味着公司需要在各个层级上开放信息流动，确保员工能够获得他们所需的所有信息。其次，鼓励员工积极思考并表达自己的意见和建议。最后，构建和谐的人际关系，鼓励员工之间相互交流与协作，营造平等、理解和信任的组织文化氛围。组织成员之间需要承认并尊重彼此的差异，促进相互理解。

在组织内部，信任的建立不仅依赖于信息的透明度，还需要情感和精神的支持。数智技术可以在一定程度上解决"不信任"的问题，通过信息透明和能力展示来增强信任。然而，信任的深层次建立依赖于情感因素，这些因素无法通过技术手段完全实现。研究者指出，技术（如区块链）确实能改造组织信任问题，但它本质上是通过有保障的不信任，即通过技术编程设计去除不信任因素而影响组织可信度，很多情感性因素基本无法用编程来实现，因而，信任的进阶需要进行"心灵管理"[7]。情感和精神的紧密连接，可以更好地保障契约的信任感。基于契约的信任对于提升组织成员的创造力具有决定性作用。这种信任一旦形成，不仅可以确保成员在组织中的长期发展，还可以促进成员与组织的共同成长。

数智技术为个体提供了广泛的信息平台，帮助个体有效判断、对话和合作。数字平台为个体创造更多选择机会，促进动态选择与高效合作。通过协同工作平台和机制，个体可以以更低成本展开工作，协同增效。然而，组织在推动数智化的同时，需要密切关注数智化行为的安全与保密问题——数据信息泄露会对组织声誉造成巨大的打击；同时也要保护员工的心理契约、隐私和安全。为了完善安全的数智化工作空间，领导者需专注于解决员工敏感信息与社会关系等问题，积极识别潜在的安全威胁。

传统的组织管理习惯通常依赖层级和信息传播的方式进行沟通，而现代员工要求打破组织壁垒，要求彼此之间有机会"保持接触"，要求能够直接对话。许多公司设计开放式办公场所，并开放所有会议，只要成员需要，就可以参加。这种安排让员工充满激情，因为信息对称本身就是一种激励。拥有对称的信息，人们会感到安全和被信任，从而激发积极性。

位晨在访谈中介绍了好未来公司的实践[8]，"在一个组织中，建立信任关系的关键在于信息对称和建立平等、亲切的沟通氛围。我一直欣赏那些拥有亲密合作关系的团队，不是因为团队成员之间的一致性，而是因为他们可以开诚布公地交换信息，这种交换带来了彼此的信任，并协同完成许多个人无法完成的任务。在我们周围，不难发现这样的组织，这些组织最大的特点是充满活力，每个成员都在贡献各自的价值，共同探讨如何展现各自的能力、天赋和资源"。

数智化工作场景的设计，可以为员工提供更多的信息与数据支持，在共同工作的数字技术平台上工作，让工作过程和合作过程更加透明，也因为相同的工作方式和场景技术，更容易获得信任，更具安全性。

7.5 心灵呵护

在当今快节奏且充满挑战的工作环境中，员工的心理健康和情感支持显得尤为重要。企业越来越重视员工的整体幸福感，心灵呵护成为人力资源管理的关注点之一。

员工的创造力和工作动力源于其内心的信念和情感状态。研究表明，心理健康直接影响员工的工作表现和创新能力。当员工对工作具有更高的价值感和意义感时，他们可能在工作中展现出更高的忠诚度和创造力。心灵呵护不仅是提升员工幸福感的途径，也是提升组织绩效的有效策略。

企业为应对不断变化的环境与挑战对员工提出了全新的要求，这些无疑给员工带来挑战、冲击和压力，甚至是焦虑，人力资源管理通过帮助员工获得新知识、新技能等为员工所做的价值投入，随时随地给员工以帮助，基于价值观、文化认同、组织支持等新工作场景的打造，让员工有更强的归属感和安全感。

正如百胜中国的袁耀宗所言[9]，要实现有效的心灵呵护，企业可以从多个维度入手：第一，建立开放的沟通渠道。员工需要一个可以自由表达想法和感受的环境，这样他们才能坦诚地分享困惑和挑战。企业可以通过定期举办员工座谈会和反馈会议，鼓励员工提出意见和建议，并在决策过程中充分考虑员工的反馈。第二，提供心理健康支持。企业可以通过提供心理健康咨询服务、设立心理健康日等方式，为员工提供必要的心理支持。例如，一些公司为员工提供 24 小时心理咨询热线和在线心理健康课程，以帮助员工应对工作和生活中的压力。第三，提供灵活的工作安排。如弹性工作时间和远程办公选项，帮助员工更好地平衡工作与生活。这种灵活性可以减少员工的压力，提高他们的工作满意度和生产力。第四，营造积极的企业文化。积极的企业文化不仅能提升员工的工作满意度，还能增强团队的凝聚力和合作精神。企业可以通过举办团队建设活动、设立员工表彰制度等方式，增强员工的归属感和认同感。

在数智时代，技术为心灵呵护提供了新的可能性。通过大数据分析和人工智能技术，企业可以更好地了解员工的心理状态和需求，从而提供更个性化的支持和帮助。例如，利用情感分析工具，企业可以识别员工的情感波动，并及时提供支持。在线心理健康平台和应用程序可以为员工提供便捷的心理支持服务，帮助他们在需要时获得专业的帮助。这些技术手段不仅提高了心灵呵护的效率，也拓展了其覆盖范围。

随着工作环境的不断变化，心灵呵护的实践也需要不断创新和发展。未来，心灵呵护将更加注重个性和多样性，以满足不同员工的需求。例如，随着远程办公的普及，企业需要探索如何在虚拟环境中实现心灵呵护。这可能包括在线心理健康资源的提供、虚拟团队建设活动的策划等。

心灵呵护是深度个性化员工体验的重要组成部分。在竞争激烈的市场环境中，关注员工的心理健康不仅是企业的社会责任，也是提升组织绩效的关键策略。通过多维度的心灵支持和技术赋能，企业可以营造一个更加人性化和支持性的工作环境，使员工能够充分发挥潜力，为组织创造更大的价值。随着组织不断探索新的心灵呵护策略，未来的工作场所将更加关注员工的整体幸福感，实现个体与组织的共同成长。

根据我们的调研（图 7-5），数字化转型对工作提出了更高要求，同时也伴随着不和谐的工作环境，可能会影响员工的心理状态。调研数据显示，66.5% 的受访者认为，在人力资源数字化转型过程中，工作一旦出现失误，可能会导致非常严重的后果，这表明工作本身的容错率较低。此外，超过半数的受访者表示，数字化的人力资源工作环境中充满各种潜在威胁，总是有人在背后制造麻烦或刻意刁难。这反映出数字化转型不仅对员工的专业能力和心理韧性提出了更高要求，也对组织内部的协作和信任环境带来了新的挑战。

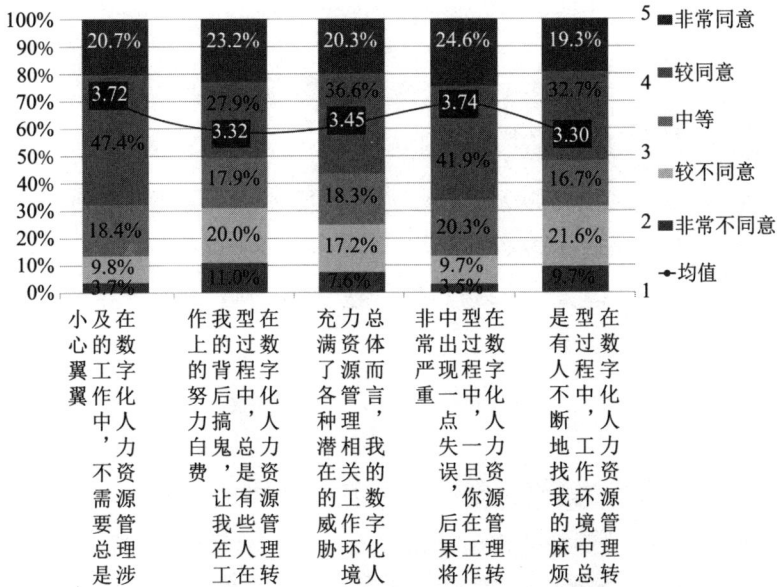

					■ 5 非常同意
100%	20.7%	23.2%	20.3%	24.6%	19.3%
90%					■ 4 较同意
80%	3.72		36.6%	3.74	32.7%
70%		27.9%			
60%	47.4%	3.32	3.45		3.30 ■ 3 中等
50%		17.9%		41.9%	16.7%
40%			18.3%		
30%	18.4%		17.2%		21.6% ■ 2 较不同意
20%		20.0%		20.3%	
10%	9.8%		7.6%	9.7%	9.7% ■ 1 非常不同意
0%	3.7%	11.0%		3.5%	

◆ 均值

图 7-5　个体在数字化人力资源管理转型中的工作状态评价（整体）

　　从规模和性质来看，规模较大的组织在数字化人力资源管理过程中遇到的阻力相对较小，但面临的责任更为重大。具体而言，0.5 万人以上非国有组织在数字化人力资源管理过程中，遇到需要小心翼翼行事、有人在背后搞鬼使工作的努力白费以及充满各种潜在的威胁的情况较少。而0.5 万人以下国有企业在数字化人力资源管理中更容易面临这三方面的挑战。此外，在 0.5 万人以上非国有组织中，数字化人力资源管理工作出现失误的后果更加严重。然而，在 0.5 万人以下的组织，特别是国有组织中，工作环境中有人不断制造麻烦的情况更为常见（图 7-6）。这种对比表明，不同规模 / 性质的组织在数字化转型中面临的具体挑战和风险有所不同。

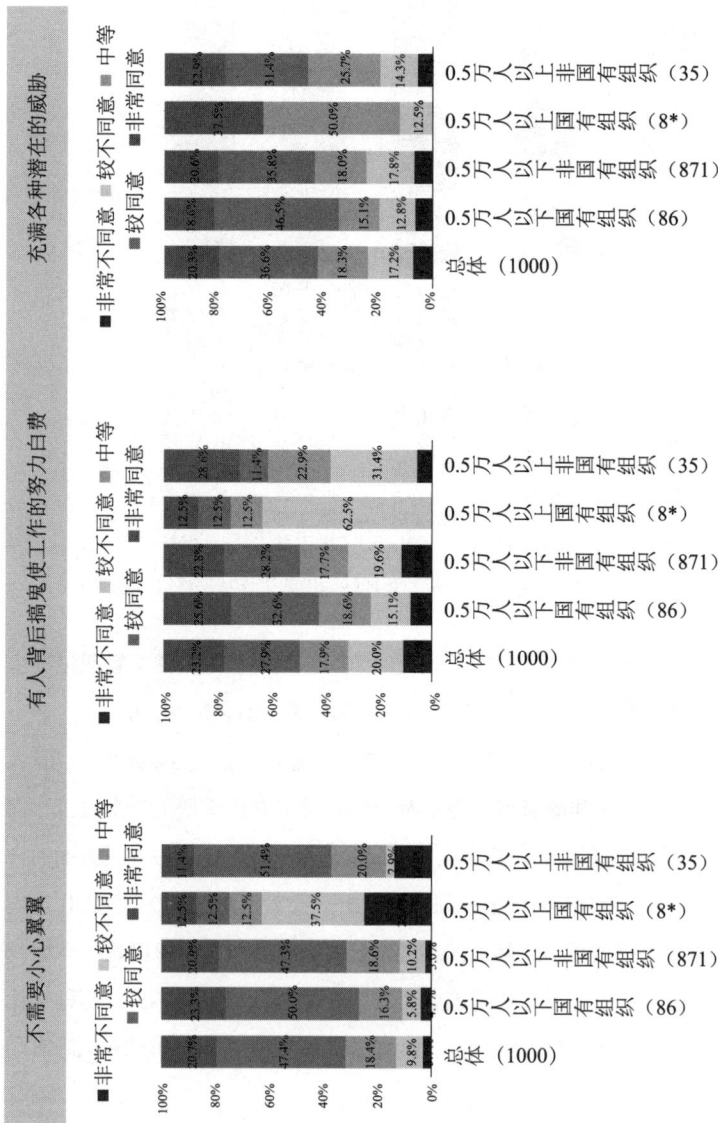

图 7-6 个体在数字化人力资源管理转型中的工作状态评价（不同规模／性质）

工作环境中总有人不断找我麻烦

工作出现一点失误后果将很严重

■ 非常不同意　■ 较不同意　■ 中等
■ 较同意　■ 非常同意

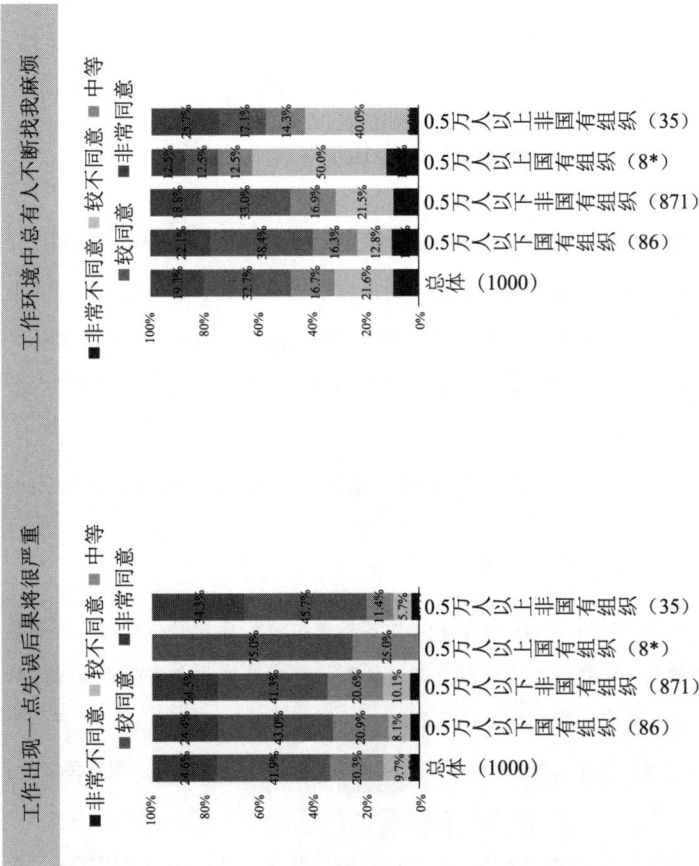

图 7-6　个体在数字化人力资源管理转型中的工作状态评价（不同规模 / 性质）（续）

第 8 章
将知识与能力视为核心资产

在数智化生存的背景下，几乎所有的企业都将成为数智技术公司，正如亚马逊不再是一家简单的零售公司，海尔也不再是一家传统的制造企业一样，每一家企业都需要具有真正的数字技术能力，沉淀出自己的知识系统，并借此形成自己的商业模式与组织形式，成为"数据"与"知识"驱动的组织。

迫在眉睫的是，企业越来越多地面临着是否拥有数智化能力的挑战。

瑞士再保险在中国的发展和未来比较有野心的业务拓展规划，需要从组织变革上，文化、人才、领导力，还有组织发展这几个方面都应该有所变化，如此才有可能突破这样的创新。

（刘佳，瑞士再保险）

在数智化生存的背景下，技术已经成为商业运营的一个组成部分，并改变了公司的运作方式，为客户提供价值。过去，企业可以在不使用数智技术的情况下运营。然而，随着直播电商、在线社交和其他数字工具的兴起，公司适应和拥有数智化变得至关重要。不适应这种变化和未构建适应

性核心资产体系的公司更容易落在后面直至被淘汰，因为其竞争对手利用
了技术带来的好处，并基于此打造了核心的资产体系。在数智时代，组织
成员具有持续的创造力，是组织驾驭不确定性的根本之道，尤其是在创造
新顾客价值、新产业价值时，企业需要为组织成员提供机会、资源和支持，
这样才能让组织成员找到发挥创造力的机会。人力资源管理需要从确定企
业的胜任力模型转向提供释放创造力的载体。

8.1 从胜任力到创造力、协同力

1. 数智时代下的胜任力、创造力与协同力

胜任力是哈佛大学教授戴维·麦克利兰（David McClelland）在
1973 年提出的，它是指绩优者所具备的个体特征（包括知识、技能、态
度、性格、动机及价值观等）。在不同的职位岗位、不同行业及不同文化环
境中，胜任力模型具有很大的差异性。而步入数智时代，这一概念被赋予
了新的含义，增添了普遍适用的特征，即要求个体在保持传统胜任力的基
础上，还需拥有适应数智化环境的能力。

传统上，胜任力模型聚焦于特定职位或角色所需的专业技能与知
识，强调的是通过培训和实践经验积累起来的、完成指定任务所必需的
硬性技能。相比之下，数智时代的胜任力模型不仅包含了数字素养、数
据分析等直接相关的数字技能，还特别强调了批判性思维等软实力，要
求个人能够持续适应快速变化的工作环境，不断学习与成长。在数智
时代，胜任力不仅关乎技术技能的掌握，更关乎个体面对环境变化的
适应性和学习能力。这包括在多领域复杂性中导航的能力，整合分析

多样化信息和数据，以及解决跨学科的复杂问题。更重要的是，组织不仅需要个体建立适应数智时代的胜任力体系，更需要个体发挥创造力，帮助企业实现新价值释放。早在 2016 年，世界经济论坛发表的《未来就业报告》指出，到 2020 年创造力将成为最重要的三项工作技能之一[①]。技术进步增加了企业对独特解决方案和想法的需求，企业对顾客价值实现的满足更依赖于员工创造力。实践当中，谷歌和苹果等科技巨头都是将创造力和创新放在首位的典型代表，它们通过对创造力的关注生产出了革命性的技术产品。此外，《Adobe 创意未来》调研报告显示，在全球近半数创作者正在通过创意内容变现。该调研报告旨在探测创造力在世界各地如何演变，并试图从多个角度审视创意的未来，相关结果显示，创意想法在数智技术加持下，更容易变现和获取影响力。

但根据我们的调研（图 8-1），大部分被调研者在人力资源管理数智技术的应用上，对"从关注胜任力到关注创造力"的重要性感知相对较弱。其得分低于对"人力资源管理队伍数智化能力建设""员工知识技能更新"和"重塑组织架构与岗位设计"等维度的重要性感知。特别是国有组织，其对将数智技术应用于"从关注胜任力到关注创造力"的重要性感知要低于非国有组织，而且规模越大的国有组织对其重要性的感知越弱。

在今天，取得工作成效的人，一定是有创造力并且能与人合作的人。在数智时代的工作方式中，工作成效首先取决于工作者的创造力，其次取决于工作者与他人的协同能力[1]。

---

① 另外两项是批判性思维和解决复杂问题的能力。

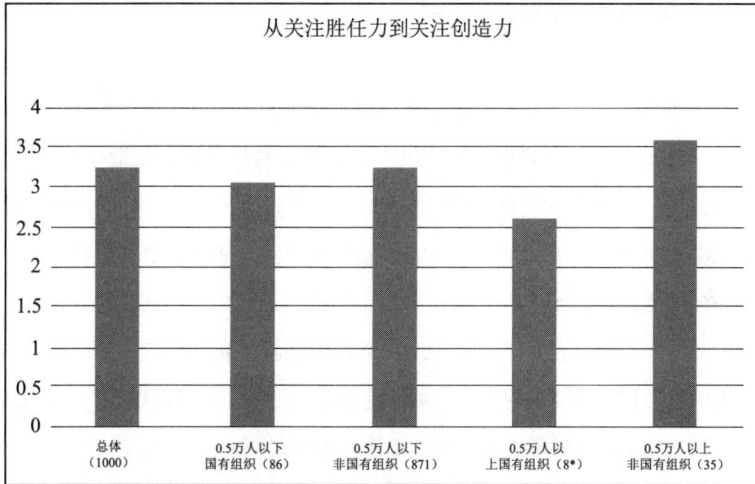

从关注胜任力到关注创造力

总体 (1000)	0.5万人以下 国有组织（86）	0.5万人以下 非国有组织（871）	0.5万人以 上国有组织（8*）	0.5万人以上 非国有组织（35）

图 8-1　人力资源管理数智化对"从关注胜任力到关注创造力"的重要性感知 [2]

　　传统工作方式中，企业围绕既定目标任务来设定岗位、角色分工和资源匹配。在此过程中，企业明确工作标准、权责界限和关键行为，以确保工作者完成任务，实现组织目标。因此，取得工作绩效的关键在于对岗位角色的胜任力，人力资源管理工作也以岗位分析、绩效考核和胜任力评估为主。

　　然而，在数智时代，企业不再处于稳定的环境中，企业目标和绩效的影响因素由内部转向外部。工作者、顾客、产业伙伴，甚至智能机器等多工作主体共同影响企业绩效。组织必须依靠工作者的创造力、与他人协同工作的协作力、理解变化以及与顾客价值创造之间关系的洞察力，才能实现组织目标。在数智技术背景下，人力资源管理应更加注重激发个体的创造力和团队的协同共生，从多维度为多主体赋能，更好地帮助人力资源管理回归本质，即做好人与组织的价值经营。

2. 数智技术与创造力实现

一个基本的问题是，数智技术会提升创造力，还是会损害创造力？事实上，数智技术已经成为我们"以不同的方式看待世界和获取信息……"的新镜头，从这个角度看，数智技术非但没有抑制创造力，反而通过开辟新的平台和机会，增加了创造力的潜能和多样性。从技术的演化看，每一次的技术变革都激发了新的职业生涯和创新。第一次工业革命的蒸汽动力和机械技术发展，促进了工厂系统和管理的创新发展；第二次工业革命的发电机及内燃机等技术的发展，则促使通信和化学工业等得以建立和发展；第三次工业革命使信息技术及新能源技术等得到突破性发展，"信息流"让企业不断突破物理界限，产业组织愈发网络化，产业边界愈发模糊化，出现平台型组织等，它们整合消费者、合作伙伴等外部资源进行全员创新。

在过去的几十年里，随着数智技术的演变，蓬勃发展的新产业数量之多也令人难以置信，越来越多的创新技术和应用涌现。例如，AI 对各行各业的调整，出现医生 AI 辅助、金融 AI 助理和风险管理、无人驾驶拖拉机等。目前，我们已进入全面数智化的时代。在中国，AI 早被广泛运用在教育、医疗、金融、机器人和安防等领域[3]，为了重点推进 AI 领域的发展，国家已经印发了《国家新一代人工智能标准体系建设指南》。德勤对全球 2000 多家企业的调研显示，大部分中国企业认为 AI 是企业确立当前和未来市场领导地位的关键，其战略重要性得到持续提升。目前数智技术是"必选项"，而如何通过数智技术来释放创造潜力？已有研究指出，技术整合的信念和策略可以帮助培养创造力[4]。我们也认为，在数智时代，数智化与 AI 带来了新机会，组织能释放个体的创新潜力。人力资源管理部门在进行数智技术应用和管理时，需要明确创造力实现的机会和路径。

核心发现：数智化与 AI 带来了新机会，组织能释放个体的创新潜力。

数智技术正在降低创造性工作的迭代和实验成本，这为人们和企业开展商业运作开辟了新的可能性。数字工具和 AI 技术等提供对大量数据的访问，这些工具可以促进对新想法的探索，并帮助识别可能被忽视的模式和趋势，这反过来又可以激发创造性思维，并为复杂问题找到新颖的解决方案。而且，AI 可能创造基于新产品、新模式的新机遇，促进生产模式、服务模式和商业模式的创新。科大讯飞与金蝶联合推出了全球首款名为 EBC（Enterprise Business Capacity，企业业务能力）的数字员工，可作为每个员工在数字世界中的业务伴侣。此方案提供了星瀚和苍穹平台的通用技能接入方案，使各领域能够快速地接入新增技能应用。金蝶还将继续提升数字员工形象，为客户提供超过 100 项技能，以提高客户的使用体验，并与外部技术伙伴合作，进一步增强数字员工的交互和人格化能力。通过业务场景驱动，该解决方案能够帮助企业或机构解决问题，为员工和客户创造实际的价值。在这个智能场景下，员工可以从繁杂、重复的事务性工作中解放出来，从事价值更高的工作。

麦肯锡的《2022 年技术趋势展望》（*McKinsey technology trends Outlook 2022*）报告深入探讨了 AI 及其众多应用可能给行业带来有益的创新方式。AI 科技快速推动了创新产生。特别是 Web3 的开源和模块化特性开启了快速创新时代，可组合性和不断增长的开发人员基础可以随着时间的推移成倍地提高创新水平。同时，生成型 AI 如 ChatGPT 的爆发可以让你的想法更快地形成，甚至得到自己从未有过的想法。创造力一直被描述为一种特别的人类特征，但在 AI 快速发展的背景下，个体的创新潜力能得到极大释放，甚至与 AI 密切相连、融合共创进行创新。同时，我们在访谈调研中也发现，不少 CHO 认为，传统的制造模式若未能融入数智化元素，其服务效率和创新能力将难以跟上时代发展的步伐。而且，人力资源管理数智化能力的高级阶段就是通过数据智能实现思考力，对此，GFK 的 CHO 李婕表示赞同[5]，她指出，创新的实现途径在于释放生产力并充分利用丰富的数据资源，这些数据能提供深刻的洞察，引导我们进行更深层次的探索与发现。

福迪威的实践也佐证了这个判断[6]，组织成员具有持续的创造力，是组织驾驭不确定性的根本之道。

8.2　知识与能力更新

数智技术会带来知识的快速更迭。在数智化环境下，持续保持并辅助组织成员更新知识和技能显得尤为重要。这是因为随着技术创新和云计算的快速推进，以及新设备和平台的不断出现和提升，没有任何一个人或组织可以凭借过去的技术和经验应对当今变化的挑战。因此，组织成员的知识和技能更新已不再是基本要求，而是组织核心能力的重要组成部分。知识技能是企业核心能力的基础。如何把组织打造成适合知识创造的场所，并实现知识的内部价值最大化和外部价值最大化？每一家企业都需要具备真正的数智技术能力，沉淀出自己的知识系统，并借此形成独有的高效利用数智技术的商业模式，成为数据与知识驱动的组织。

1. 新知识与新能力

在数智时代，实现高绩效和创造力的新知识、新技能的要求是什么？

这里面最重要的是与数智技术相关的知识技能。通过分析传统就业形态与
数字经济下的就业形态，我们发现，数字经济下的就业形态在劳动关系、
工作边界、工作协同、工作平台、企业用工方式及人力资源管理模式等方
面与传统就业形态完全不同（表 8-1），这也要求员工具备新知识和新技能
来适应。例如，数字经济下的就业形态，人力资源管理模式不再以传统就
业形态下的人工管理为主，而转向以"人工管理＋算法管理"为主的协同
管理方式，这要求人力资源管理从业者对互联网和 AI、大数据算法等技术
有基本认知及客观和批判的态度。而且算法管理带来效率提升的同时不可
避免地导致了"数据隐私""算法歧视"及"价值偏离"等问题，因此，人
力资源管理者及数据使用者和工程师需要对数字信息具有一定的批判思维，
并预防自身的认知偏离客观理性。

表 8-1　不同就业形态下工作内容的主要差异

主要维度	传统就业形态	数字经济下的就业形态
劳动关系	单一雇佣、明确	多雇佣、模糊
工作边界	界限清晰	跨组织内外边界
工作协同	流程协同	分散式、自主协同
工作平台	物理场所	物理场所＋数字平台
企业用工方式	固定性	流动性、灵活性
人力资源管理模式	人工管理	人工管理＋算法管理
知识内容	专业知识	专业知识＋数智知识
知识管理	静态封闭	动态敏捷、共享

就不同就业形态需要的知识内容来看，在数智技术为主导的新就业形态下，员工需要具备在线工作和理解数据要素的知识，即要具备数字素养。早在 2018 年，联合国教科文组织（UNESCO）就发布了数字素养全球框架（Digital Literacy Global Framework），将数字素养定义为"通过数智技术安全适当地获得、管理、理解、整合、沟通、评价和创造信息的能力"，期望帮助世界各国加强数字素养教育质量监测，有效利用研究成果改进学习，提升公民数字素养。它提出的《全球数字素养技能参考框架》（*A Global Framework of Reference on Digital Literacy Skills for Indicator*）包含了操作、信息与数据、沟通协同、数字内容创作、安全、问题解决和职业相关 7 个素养领域（表 8-2）。这 7 个数字素养领域提供了一个供世界各国参考的通用数字素养框架和工具，加强了基于数智技术的伦理判断、数字协同与合作等内容。

表 8-2　UNESCO 推荐的数字素养领域和未来的能力

领　域	能　力
0. 操作域（硬件 / 软件）	0.1 数字设备的物理操作 0.2 数字设备中的软件操作（识别数据、信息和数字内容）
1. 信息与数据域	1.1 浏览、搜索和过滤数据、信息与数字内容 1.2 评估数据、信息和数字内容 1.3 管理数据、信息和数字内容
2. 沟通协同域	2.1 通过数智技术交流 2.2 通过数智技术共享 2.3 获得参与数智技术的"公民"身份 2.4 通过数智技术合作 2.5 网络礼仪 2.6 管理数字身份
3. 数字内容创作域	3.1 开发数字内容 3.2 整合和重新阐释数字内容 3.3 版权与授权 3.4 程序设计

续表

领　域	能　力
4. 安全域	4.1 保护设备 4.2 保护个人数据和隐私 4.3 保护健康与福祉 4.4 保护环境
5. 问题解决域	5.1 解决技术问题 5.2 确定需求和技术反应 5.3 创造地使用数智化技术 5.4 识别数字能力差距 5.5 计算思维
6. 职业相关域	为特定领域操作专门的数智技术

来源：UNESCO（2018a）. A Global Framework of Reference on Digital Literacy Skills for Indicator [EB/OL]. https://uis.unesco.org/sites/default/files/documents/draft–report–global–framework– reference–digital–literacy–skills–indicator–4.4.2.pdf. 注：欧盟发布的《欧盟公民数字素养框架》2.2 版则将数字素养分为信息和数据、沟通与合作、数字内容创作、安全、问题解决 5 个维度。

　　未来学家尼葛洛庞蒂认为，"预测未来最好的办法就是把它创造出来"。对于那些着眼长远发展并力求未来适应性的人来说，掌握未来所需的知识与技能至关重要。在管理领域，只有深入研究未来工作与数字素养的关系，才能将未来的能力需求嵌入企业知识管理和管理教育的过程。有研究显示，数字素养的概念本质具备多层级特征，在数字经济时代，它不仅要求具备基本的数字技能，还涵盖了应用这些技能解决问题的能力，以及将数智技术转化为实际价值的能力[7]。尤为重要的是，数字经济就业形态下的数字素养本质上包含动机、特质、知识、技能及自我概念 5 个维度。在动机上，要求个体劳动者比以往更具学习和探索动机，能主动适应数智化的场景；在特质上，要求个体劳动者适应数字工作环境，具有更强的好奇心、敏捷性及韧性等特质；在知识和技能上，要求个体劳动者具备数字专业知识、整合利用数智技术的能力；在自我概念上，要求个体劳动者具备自我管理的意识，具有持续完善的自我认知，同时对数字要素保持正确的态度和价值观。

根据我们的调研（图 8-2），大部分被调研者在人力资源管理数智技术的应用上，对于"员工知识技能更新"的重要性感知较高。相对来看，非国有组织对"员工知识技能更新"的重要性感知要高于国有组织。同为国有组织或非国有组织，规模越大，其对"员工知识技能更新"的重要性感知越高。而且，数智时代更需要员工具备相应的数智胜任力体系，包括知识技能层面的数字素养、AI 理解能力、应用 AI 的技能、数智化能力等。另外，数智时代也要求个体在人机协同上有更好的表现。埃森哲 2023 年对全球 570 位 CHO 的调研显示，致力于推动业务增长的高增长型 CHRO 在系统思维、财务敏锐度、领导力、技术与数据、人才发展战略及商业敏锐度等 6 项关键技能上的熟练程度更高，进一步强调了新知识与新能力的战略重要性。

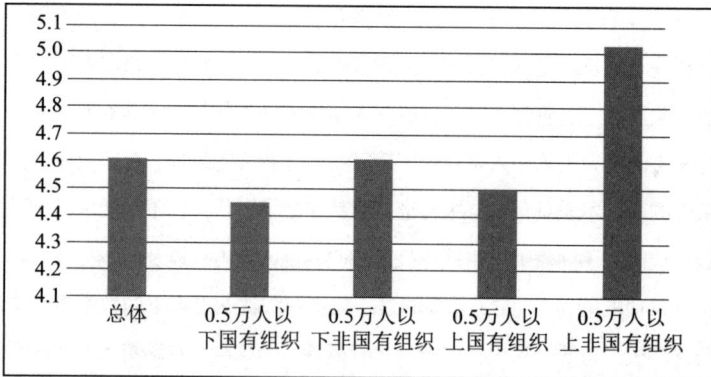

图 8-2 人力资源数智化管理对"员工知识技能更新"的重要性感知 [8]

我们的调研结果也反映了不同规模／性质的企业在学习和知识管理数字化建设方面的差异性（图 8-3）。0.5 万人以上非国有组织在个性化学

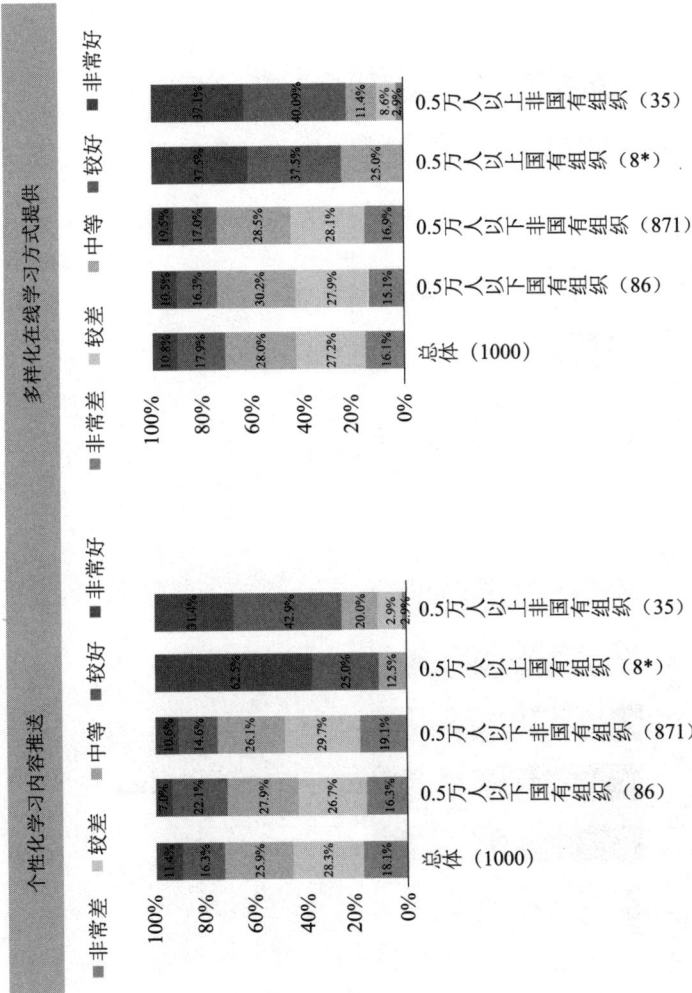

图 8-3　企业在学习和知识管理方面的数字化建设程度（不同规模／性质）

培训材料的整合建设

非常差 ■较差 ■中等 ■较好 ■非常好

100%

80%

60%

40%

20%

0%

0.5万人以上非国有组织（35）
34.3% 51.4% 8.6% 2.9% 2.9%

0.5万人以上国有组织（8*）
75.0% 25.0%

0.5万人以下非国有组织（871）
12.2% 14.2% 25.6% 31.8% 16.2%

0.5万人以下国有组织（86）
9.3% 20.9% 26.7% 27.9% 15.1%

总体（1000）
2.6% 16.6% 25.1% 30.2% 15.5%

匹配内部导师

■非常差 ■较差 ■中等 ■较好 ■非常好

100%

80%

60%

40%

20%

0%

0.5万人以上非国有组织（35）
37.1% 48.6% 11.4% 2.9%

0.5万人以上国有组织（8*）
25.0% 50.0% 12.5% 12.5%

0.5万人以下非国有组织（871）
10.0% 14.8% 30.5% 28.2% 16.4%

0.5万人以下国有组织（86）
10.0% 14.0% 33.7% 27.9% 14.0%

总体（1000）
14.1% 16.2% 30.0% 27.1% 15.6%

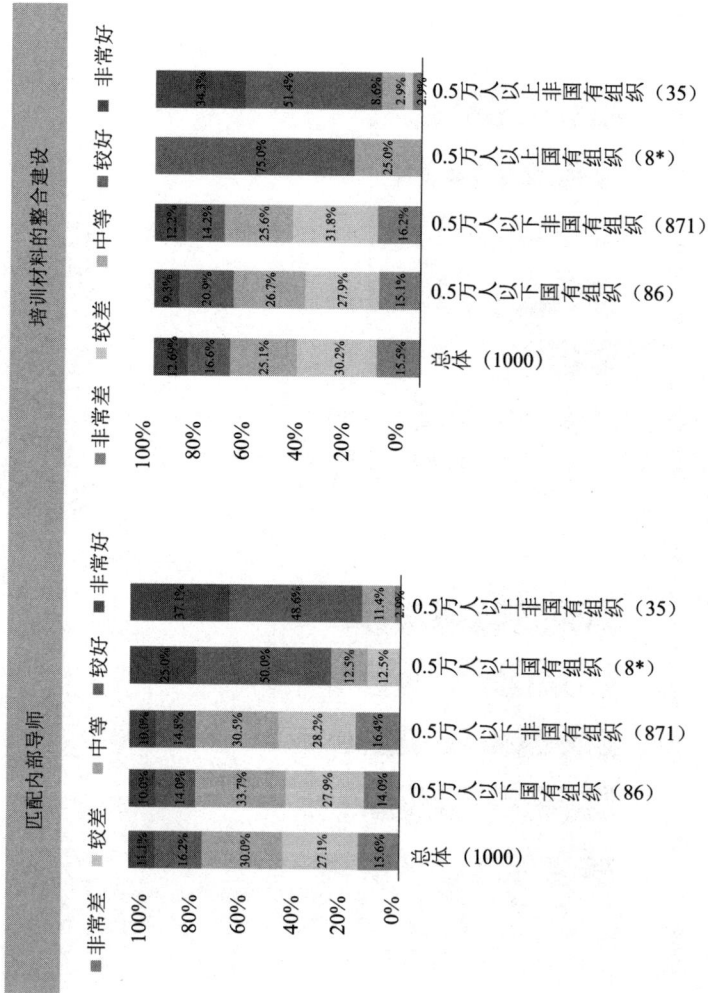

图 8-3 企业在学习和知识管理方面的数字化建设程度（不同规模／性质）（续）

习内容推送、多样化在线学习方式提供以及培训材料整合建设方面获得了较高的积极评价（较好 + 非常好），占比分别达到 74.3%、77.1% 和 85.7%。相比之下，0.5 万人以下国有组织和非国有组织在以上三方面的积极评价一致，占比较低。此外，0.5 万人以上非国有组织在提高招聘效率（图 1-8）、匹配内部导师（图 8-3）及人才资源库管理建设（图 1-12）方面的积极评价均达到 80% 以上，0.5 万人以下国有组织和非国有组织在这些方面的评价则较为一致，积极评价占比依然较低。这表明，大型非国有组织在知识管理和能力建设的数字化方面更具优势，中小规模组织在这一领域尚需加大投入，以更好地满足数智时代的要求。

2. 实现新知识与新能力的路径

核心发现 1：人力资源管理需要考虑大数据、AI 应用场景，需要更有"温度"的想法而不是致力于"冷冰冰"的算法。

AI 和大数据的应用场景正在逐渐扩展和深入，人力资源管理领域也不例外。在人力资源管理活动中，AI 和大数据的应用变得越来越普遍，这给人力资源管理提供了更多的工具和信息，使人力资源管理可以更加精准地了解员工的需求和公司的运营情况，从而更好地应对挑战和提高绩效。然而，使用 AI 和大数据的算法时，人力资源管理需要注意一些问题。首先，使用算法的过程中，会遇到一些不完全的数据和可能存在的偏见，有时会和人的判断产生冲突。这时，人力资源管理需要更加审慎地使用算法，确保其结果是公司和员工的利益最大化。其次，算法虽然可以提高效率和提供重要信息，但是它们不能代替人的情感，不能完全代替人的思维和同理心。在人力资源管理领域，为了更好地协调员工的利益和公司的利益，人力资源管理需要更有"温度"的想法，更加关注员工的情感，尊重他们的需求和期望，从而打造一个更加和谐和可持续的工作环境。因此，人力资源管理需要找到平衡点，结合算法和人的情感，制定更好的人力资源管理策略，更好地服务于员工和公司的利益。人力资源管理需要学会理解算法的运作方式，同时也需要了解员工的需求和感受，这样才能够更好地运用数据和技术手段。

"金蝶云·星瀚人力云"是金蝶携手华为打造的面向中国大型和超大型企业的人力资源数字化管理软件产品，它在"可组装""智能化"等方面具备创新优势，并具备"'心'体验"特点，为企业员工提供了兼具温度和人性化的功能。金蝶与海信的"活水平台"实践就是一个成功案例。在面试、转岗方面，星瀚人力云优化了海信内部招聘的体验，系统根据员工履历及算法，自动给内部员工推送匹配的岗位，优化人才转岗、晋升体验；在招聘方面，系统可以根据招聘者输入的简单文字，自动续写生成完整的招聘JD（职位描述），一键发布。在面试者通过面试后，系统 AI 还会基于员工个人特点，拟写人性化、温情化的入职通知，提升员工幸福感。

然而，智能应用场景最终还是要为员工服务，致力于提升员工体验。员工体验是数智时代员工进行高效价值创造的重要动力来源。在数智技术冲击下，员工感知的体验来自组织文化以及技术和物理环境互动的结合。众多 CHO 关注利用数智技术释放人性美好，例如华发集团的负责人许可提倡在数智化进程中融入人文关怀[9]，强调"有温度"的技术应用。同时，KPMG 的 CHO 郭音提出[10]，不应盲目追求数智化而忽略了人的核心价值。他认为，人力资源管理数智化不应导致人类独有的温情、感性和深刻连接丧失，这是根本性的错误。数智化应服务于人本身的特质提升和社会进步，是辅助人类完善自我与社会的一种手段。

核心发现 2：对优秀人才进行智能"量化"管理。

在数智时代背景下，我们获得了前所未有的机会去实现对顶尖人才的"量化管理"。这涉及构建一套科学的量化标准，用以全面衡量"优秀人才"。通过整合员工在业务绩效、团队协作、跨领域合作等多个场景中的数据，形成一个全面的数据链路，可以更加客观、精准地评估员工的现有价值及其发展潜力。这种方式突破了传统评价的局限性，让人才管理更加数据驱动和精细化。例如，百度人才智库（Baidu Talent Intelligence Center，TIC）[11] 是百度在 2015 年组建的专注于"AI+ 人才管理计算"方向的数据科学团队，它致力于基于 AI 和大数据分析手段辅助现代企业的人才管理，推动企业从经验管理向数智化转变。智能化人才管理系统在百度实施以来，不仅大幅提升了人力部门的工作效率和准确度，在人才选拔和匹配、舆情掌握以及人才挽留预测等方面也取得创新突破。基于 TIC 的理论模型，百度能以更加量化客观的衡量手段，从人才、组织和文化三方面来践行"让优秀人才脱颖而出"的人才管理理念，具体模块包括"智·风控""智·留辞""智·文化""智·选才""智·组织""智·人物"6 个方面。

海信与金蝶的智能"量化"管理的具体实践包括：

• 金蝶通过"金蝶云·星瀚人力云"助力海信重塑了人才标准体系，从流程视角梳理业务价值流，识别关键业务活动，基于流程角色构建任职资格标准，主动牵引员工成长，让任职资格体系与业务体系保持高度一致，并按照定标、促标、对标、达标、超标的闭环逻辑对海信任职资格体系进行重新梳理，通过"星瀚人力云"全面承接海信业务需求，支持管理成果落地。

• 金蝶帮助海信建立火车牵引式的干部全生命周期管理体系，解决"无人可用、看人不准"的问题，保障无时差的干部洞察和供给，支撑业务战略落地。

• 金蝶助力海信打造智能化内部招聘平台"活水平台"，实现敏捷人才供应，提高组织韧性，并在管理上实现业务标准化、流程规范化、数据可视化，使海信内部人才供应周期缩短 8%，内部人才满足率提升 18%，荐贤举能比例提升 2.5%，内部招聘效率提升达到 79%，并通过"活水平台"盘活了内部人才资源，在助力人才保留、降低招聘成本的同时，提升组织活力和人才利用率。

百度智能"量化"管理的具体实践包括：

• 利用大数据和机器学习技术进行员工留用和离职预测，TIC 建立了包括经济、职业发展和个人家庭原因等数万个动态特征的 90 天离职预测模型，预测准确度高达 90% 以上。

• TIC 构建了社交职业生涯网络，并利用数百万份人才档案和招聘广告进行智能建模，预测特定行业和市场圈层的招聘热点，帮助企业人力资源管理部门应对大趋势做好准备和调整。

• 百度提出了一种全新的组织创新文化量化评估指标，即创新熵，该指标基于客观的行为学数据对组织进行多维度解析，例如自由性、多样性、扁平化等，结合日常数据进行分析挖掘，以发现具有创新土壤的部门和团队，并为其提供更好的赋能。

• 运用组织网络分析算法设计的领导力模型，TIC 从多个角度研究和预测团队成员的潜在业务能力指数，帮助管理者发现团队中潜在的业务能手，为其提供支持。

我们的调研发现（图 8-4），在不同规模 / 性质的组织中，期待组织在量化人力资源管理建设上表现良好的被调研者数量比例均超过 80%。但事实上，大部分的组织在实际表现上与预期之间的差距达到 20% 以上，在"量化人力资源管理"建设方面未达预期要求。

3. 核心资产级的技能打造

数智技术是当今企业不可或缺的一项基础设施，可以帮助企业实现数

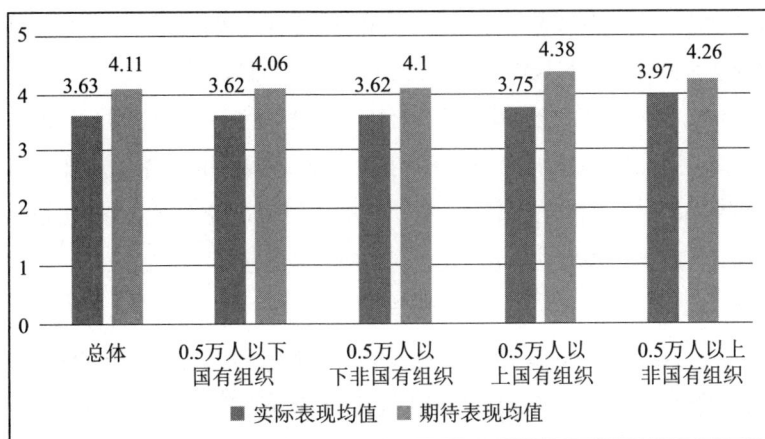

图 8-4　组织在量化人力资源管理上的实际情况和期待（不同规模 / 性质）

智化转型和升级。企业需要拥抱技术以保障业务效率、创新和顾客价值实现。对于企业来说，寻找到适合企业自身的数智技术极具价值。除了共性技术底座（包括云计算、大数据、AI 和物联网）等构建外，企业还需要找到与自身和情境相匹配的数智技术应用场景。例如在制造业，企业倾向采用平台化技术架构推进数字工厂的整体建设。工厂安装一个基于云、边协同架构的数字中枢，用数据驱动工厂的精细化运营与精准决策，搭建包括边缘计算平台、工业物联网平台、工业大数据平台等在内的平台与云原生应用开发平台技术体系。特别是，伴随数智化转型重心回归于"以人为本"，以"提升体验"为目的的数智技术将获得组织的优先投入。数智技术正在以多种形式被应用到企业日常工作中，包括新一代协作办公工具、AR/VR、RPA（机器人流程自动化）、数字虚拟人、低代码和 AI 辅助决策等。这些技术的组合将在提升员工数智化能力的同时，激发员工的工作活力，渗透到企业方方面面的业务工作中。

在人机共生系统打造上，尤其需要关注员工的技能储备和能力体系。哪些特质或技能及何种能力体系能够帮助员工更好适应 AI 时代？根据我们的调研，知识技能更新已是对人力资源管理数智化最重要的前三项内容之一。而技术技能和数据能力是构建人机共生系统中最需具备的技能，其占比高达 59.6% 与 59.2%；另外还需具备感知能力和社交能力等（图 8-5）。对于领导者，基于对 33 位来自多个国家、各行各业的高级领导人的访谈调研，Watson 等（2021）在研究"高管领导的未来"时发现，领导者需要具备一些关键能力和技能。而这些能力的基础是一种面向持续学习和自我发展的心态，以使其能够持续快速地适应变化。而研究确定的未来关键的能力包括数字诀窍知识（digital know-how）、关注数据驱动（data-driven focus）、网络（networking）、道德（ethics）和敏捷性（agility）。数字诀窍知识是指管理者至少需要了解数智技术前沿及其应用场景；关注数据驱动需要商业领袖知道如何更好地利用数据；网络是要求管理者能构建强有力的组织内外网络；道德是要求管理者提前预判并以道德方式行事；敏捷性是要求管理者对内外部事情反应迅速并处理果断。德勤 2023 年的报告指出，岗位场景正在逐步消失。许多企业正在尝试以技能而非岗位作为劳动力决策的基础，解放员工并更好地发挥他们的能力、经验和兴趣，从而促进组织和员工的共同发展。

技术的本质是赋能人，而不是取代人或异化人。当企业能够深刻理解数智时代顾客的需求，并据此重构管理流程与架构，有效创造出符合数智化顾客期待的价值时，便是企业数智化加速的时刻，也是人机共生系统构建初见成效之时。人机共生系统的目标是通过机器的优势来增强人的技能和能力体系，在人机协作中实现双方的完美结合。在实现这一目标的同时，也需要充分发挥人的优势，人机在协作中互相补充，实现最优效果。未来的人机共生系统不仅会推动人类进化，也将促进机器进化，我们需要重新认识机器和机器人在人机共生中的角色和权利，将员工和机器能力体

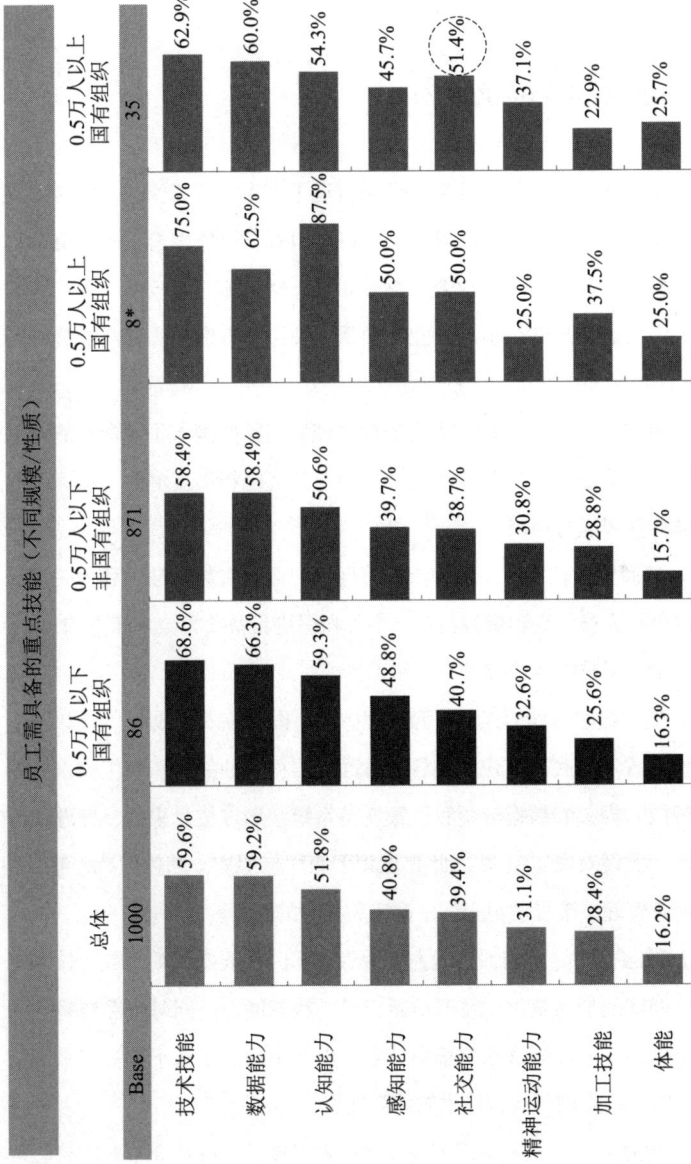

图 8-5　构建人机共生系统中最需具备的技能 [12]

员工需具备的重点技能（不同规模/性质）

Base	总体 1000	0.5万人以下国有组织 86	0.5万人以下非国有组织 871	0.5万人以上国有组织 8*	0.5万人以上国有组织 35
技术技能	59.6%	68.6%	58.4%	75.0%	62.9%
数据能力	59.2%	66.3%	58.4%	62.5%	60.0%
认知能力	51.8%	59.3%	50.6%	87.5%	54.3%
感知能力	40.8%	48.8%	39.7%	50.0%	45.7%
社交能力	39.4%	40.7%	38.7%	50.0%	51.4%
精神运动能力	31.1%	32.6%	30.8%	25.0%	37.1%
加工技能	28.4%	25.6%	28.8%	37.5%	22.9%
体能	16.2%	16.3%	15.7%	25.0%	25.7%

系打造为核心资产。

4. 打造核心资产的战略路径

在数智技术和员工技能、能力体系打造下，人力资源管理不再被动支撑战略，而是可以主动支撑战略、业务甚至引领新价值创造。人力资源管理在企业数智化转型中寻求改变，培养和提升新认知与新技能。为了更好地发挥人力资源管理的价值，企业需要重点关注的打造核心资产的战略路径如下：

（1）业务与员工重定位。人力资源管理部门需要深入了解企业的业务和员工需求，明确哪些数智技术能够实现业务优化和员工增效，从而确定重点打造的数智能力领域。

（2）资源重塑和调整。人力资源管理部门需要将数智技术列为关键战略，适时调整人员结构和资源投资，培养和引进具备数智技术能力的人才，搭建符合企业需求的数智技术平台和工具。

（3）建立数智驱动的人力资源管理体系。借助技术、数据、AI 以及全新的工作方式，彻底改造企业的各个方面。根据企业战略和员工需求，建立与数智技术相关的数据分析和决策支持系统，通过信息采集、处理和分析等手段，实现对员工生命周期和组织管理的全过程数据驱动，从而为企业人力资源管理决策提供更全面、准确和即时的支持。

（4）常态化的能力培训。人力资源管理部门需要持续关注数智技术发展和应用领域的最新变化，及时更新自己的数智能力，同时也需要将这些技术和应用纳入企业的常态化培训计划，提高企业员工对于数智技术的认知和应用能力，实现与数智技术的共同发展。

（5）能力体系和知识系统沉淀。将技术和技能等打造成企业的核心资产，进行能力体系和知识系统的线上沉淀，建立敏捷、智能反应体系和技能资产储备机制，从容应对未来的人才、能力和业务需求。

8.3　知识系统与知识资产

一个知识驱动的组织，会具有深厚的知识系统。组织中的知识系统是指组织内部的一系列知识资产和知识管理过程的集合体。它包括组织内部的知识资源、知识存储和知识流动的机制，以及知识的获取、创建、共享和应用等一系列活动。野中郁次郎认为，知识包括两类，即显性知识和隐性知识。而一个企业能从弱变强，主要在于它能充分管理隐藏在员工内心深处的个人（隐性）知识。企业知识系统和有效管理的目标不是简单进行信息处理与加工，而是促进知识的共享和转化，尤其是要能挖掘隐性知识，激发员工的灵感和想法，提高组织的学习和创新能力，从而增强组织的竞争力。

1. 组织中的知识系统

企业的知识管理需要关注组织系统建设和员工知识激发。员工知识管理主要涉及隐性知识和显性知识，而企业知识系统更关注承载显性知识。根据野中郁次郎和竹内弘高的知识管理模型，在知识的管理中，企业可以实现显性知识和隐性知识的相互转化及利用。在今天的数智时代，知识已经成为每个企业最重要却最容易被忽视的资产，如何将零散分布的知识系统化管理起来，做好智慧沉淀、激发个体潜能？如何利用数智化工具和技术，建立知识共享和管理平台，优化知识的获取、共享和应用？如何通过评估和认证等方式，激励员工积极参与知识管理和学习？这些都是数智时代亟须探讨的问题。

东鹏饮料一直将知识管理视为提升组织能力的关键，系统化的知识体系建设，有效支撑了其"1+6 多品类战略"的快速落地。东鹏饮料注重将知识资产化，提升其应用价值，通过将各类知识整理梳理，使其转化为标准、专利、方案等形式，更好地服务于生产经营。同时，这些知识资产还被纳入绩效考核和晋升体系，以激励员工积极参与知识创新。正是这种系统化的知识管理实践，使得东鹏饮料能够高效推进"1+6 多品类战略"。在新品类不断推出的过程中，公司能够迅速整合各类知识资源，为持续创新提供有力支持。可以说，东鹏饮料的知识管理能力正是其快速发展的重要驱动力。

2. 数智技术、知识系统与敏捷性

核心发现：智能化的知识系统不依赖个人，能激活个体和组织发挥创新力，让组织更具敏捷性。未来人力资源管理数智化建设的重点方向之一是进行知识系统设计。

数智时代的到来要求知识系统适应变化。在数智时代，信息的获取和传播方式发生了巨大变化，组织需要借助新兴的技术手段来构建更加灵活、高效的知识系统。例如，随着 AI、大数据和云计算的发展，组织可以利用这些技术实现知识资源的自动化管理、智能分析和个性化推送，从而更好地满足员工和用户的需求。此外，数智化还使得知识系统的边界逐渐模糊，组织需要将自身的知识系统与外部的知识网络进行有机融合，以获取更多的共享知识和创新资源。基于数智技术建立和优化的知识系统可以提高组织的敏捷性，进而使组织更好地适应快速变化的市场环境。

　　AI 技术的应用提升了人们在分析和预测方面的准确性和能力，对公司内部的知识管理产生了重要的影响。事实上，在知识管理中，AI 与人的大脑在处理信息和知识上既有共性也有差异。共性体现在它们都需要对信息进行处理，都是建立在知识系统基础上；差异则体现在人脑往往具有基于人的经验的隐性知识，而 AI 无法模拟、替代这部分隐性层面的因素。在这个阶段，只要专家的经验、隐性知识还扮演着重要的角色，在决策中人的大脑就具有 AI 不可替代的优势。但同时，随着数据体量的加大和数据模型的不断完善，AI 能逐渐模拟、接近人基于经验获得的隐性知识。

　　基于华为全球人力资源管理最佳实践，"金蝶云·星瀚人力云"采用金蝶云·苍穹平台作为技术底座，帮助大型企业如华为构建灵活、敏捷的组织。从人力资源管理服务的业务场景出发，帮助企业消除"人力资源管理和业务是两张皮"的现象，帮助大企业增强在人力资源管理领域的运营韧性。华为基于数智技术对知识系统管理的经验是：以业务增值为导向进行知识管理；用平台技术支持知识分享和交流。华为首任首席知识官（CKO）谭新德指出，知识管理价值不依赖于知识或者 IT，而是怎样驱动组织成员，用企业最佳的实践交付最高质量、最高效力及最低成本。华为开展了公司级的知识管理项目，以业务增值为导向构建知识管理，从质量文化、显性知识和隐性知识到微流程固化部署，均取得了较好的成效。另外，华为还打造了"时习知"学习平台——帮助企业进行学习、培训、知识管理全场景的数智化平台。该平台从"人"入手，让上万家门店保持统一步调，面向全球消费者提供一致且有温度的服务。它提供的在线企业培训满足了企业内部员工培训和合作伙伴赋能、门店销售人员赋能、供应商赋能等多种培训需求，同时还可以应用于在线教学、在线考试、技能认证、竞赛活动等特定场景的实际需求。

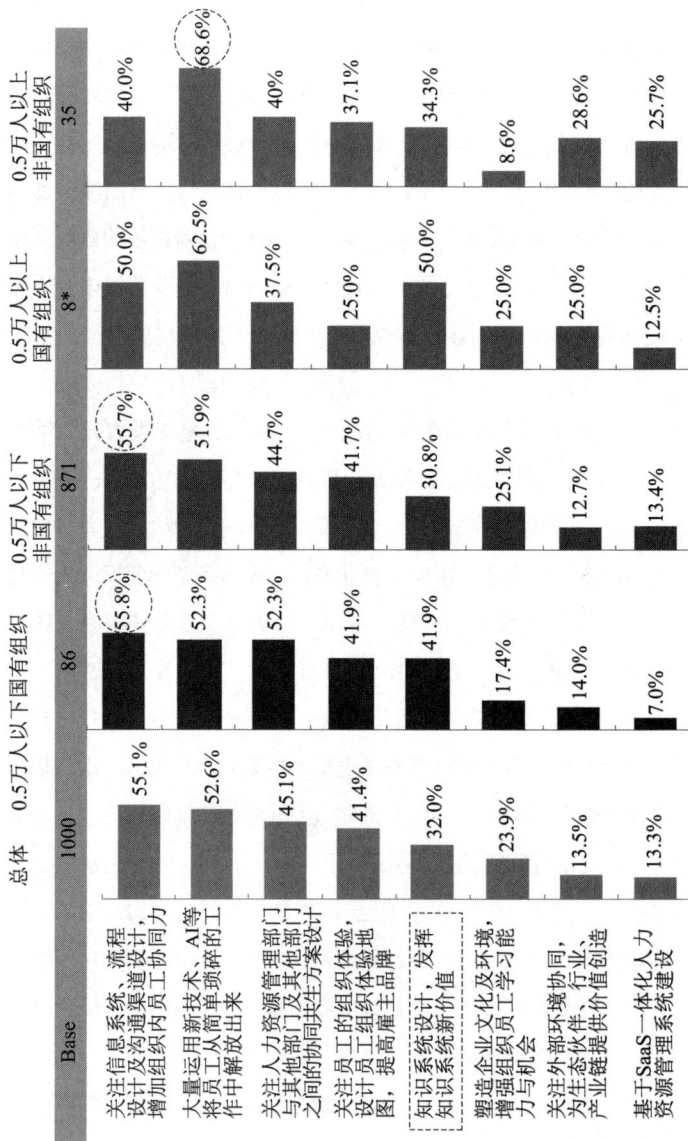

图 8-6　组织在人力资源管数智化建设上的重要方向（不同性质／规模）

	Base	关注信息系统、流程设计及沟通渠道设计，增加组织内员工协同力	大量运用新技术、AI等将员工从简单琐碎的工作中解放出来	关注人力资源管理部门与其他部门之间的协同共生方案设计	关注员工的组织体验，设计员工的组织体验地图，提高雇主品牌	知识系统设计，发挥知识系统新价值	塑造企业文化及环境，增强组织员工学习能力与机会	关注外部环境协同，为生态伙伴、行业、产业链提供价值创造	基于SaaS一体化人力资源管理系统建设
总体	1000	55.1%	52.6%	45.1%	41.4%	32.0%	23.9%	13.5%	13.3%
0.5万人以下国有组织	86	55.8%	52.3%	52.3%	41.9%	41.9%	17.4%	14.0%	7.0%
0.5万人以下非国有组织	871	55.7%	51.9%	44.7%	41.7%	30.8%	25.1%	12.7%	13.4%
0.5万人以上国有组织	8*	50.0%	62.5%	37.5%	25.0%	50.0%	25.0%	25.0%	12.5%
0.5万人以上非国有组织	35	40.0%	68.6%	40%	37.1%	34.3%	8.6%	28.6%	25.7%

在我们的调研样本中，32% 认为知识系统设计在人力资源管理数智化建设的重要方向中排序为前三（图 8-6）。相对来说，国有企业比非国有企业更看重数智化人力资源管理建设在知识系统方面的价值，当企业规模增加时，其对人力资源管理数智化建设中知识系统的诉求也会相应提高。

随着 AI 技术的深入发展，相应而成的组织智能体建设，企业把沉淀的知识系统构建成组织智能体，并赋能给组织成员，由此，组织成员需要持续构建新的知识和能力，与组织智能体一起更高效打造组织能力，获得组织与个人的高绩效，企业知识系统将会以人机协同的方式存在于企业之中，并成为企业全新的发展优势来源。

> 劳动已经不仅仅是谋生的手段，而是本身成了生活的第一需要。
>
> ——马克思《哥达纲领批判》

第9章
打造人力资源管理数智技术架构

数智化转型需要人力资源管理部门采用全新的技能和工作方式，能够运用大数据、云计算、AI等技术使得人力资源管理运营更敏捷、更具有战略意义。通过人力资源管理的技术架构打造，决策层和业务运营层可以获得时效性和灵活性，能够根据数据做出更有效的决策。同时，人力资源管理数智技术工具的规划和设置，能够提升员工体验，赋能生态伙伴，对人力资源管理进行重新定位和技能重塑，推动人力资源管理跟上企业的数智化转型步伐。

迫在眉睫的是，人力资源管理面临着越来越多的数智化能力滞后带来的挑战。

一个贯穿是整体的场景，基于场景的数据，这是我们要贯穿的东西，之前是职能板块，现在放到场景板块里面去，比如人员的入口是一个场景，涉及岗位的管理，从开始的编制的管理、岗位的管理，到岗位的发布，到整个的面试，到入职，到试用期的管理，到转岗。这是基于场景的贯穿……第二个场景就是整个干部管理体系的贯通，从多方位基于数据视角。

(李剑峰，科大讯飞)

为了支持企业的数智化转型，人力资源管理部门需要采用全新的技能和工作方式，运用大数据、云计算、AI 等技术，以提高人力资源管理运营的敏捷性和战略性。通过构建人力资源管理的技术架构，将决策层和业务运营层紧密结合，以获取更实效和灵活的决策能力，并通过数智技术工具的规划和设置，提升员工体验，加强生态伙伴对人力资源管理的重视和技能重塑，从而推动人力资源管理与企业数智化转型步伐相一致。

目前，关于人力资源管理新技术架构出现了一些不同的观点：(1) 人力资源管理新技术架构应该注重数智化和信息化的应用，通过 AI 和机器学习等技术，优化人力资源管理的流程，提高信息化水平和数智化程度。(2) 人力资源管理新技术架构应该更注重员工体验和参与，通过提供更好的员工自助服务、在线学习和培训等方式来提高员工参与度和满意度。(3) 人力资源管理新技术架构应该更注重智能化，加强数据可视化和汇聚，将各个人力资源管理系统中的数据整合起来，通过数据分析和可视化，帮助企业更好地管理人才和企业运营；同时，人力资源管理新技术架构应该更注重智能化和自动化，自动处理一些人力资源管理业务，例如薪资管理、请假审核等，释放人力资源，提高管理效率。(4) 人力资源管理新技术架构应该更加安全和可靠，注重合规性，也应该更加性别平等、多元和包容。

毋庸置疑，企业需要将新技术嵌入组织管理。对于人力资源管理团队来说，单纯追求技术发展是不可取的，应该思考如何充分利用技术能力来推动业务、组织和人才的发展，搭建人力资源管理新技术架构。

9.1　数智化场景新价值

数智技术带来价值空间的拓展与变化，产生了数智化的新场景与新方式。在数智时代，企业重新设计数智化的动态交互场景，设定复合的数智化角色，并通过数智化赋能与协同各商业活动主体，以多方互联的价值网络为目标，构建数智化商业活动管理系统和场景。数智化商业活动管理系统的更新框架（图 9-1），其核心是顾客价值，围绕顾客价值所展开的数智化场景活动分别是数字化运营活动、数字化业务活动及数字化产业活动。企业需要构建数字化业务模式、组织模式及企业间协作模式，才能够实现围绕顾客价值创造的商业活动[1]。我们需要基于数智技术进行三种数智化场景活动的管理和平台协同共生价值重构。数智时代所有企业需要反思的问题是：当商业模式从单边的个体价值创造，向多边的协同共生价值重构时，如何使自身的商业逻辑从"单独提供产品和服务"，向"多边协同提供整体方案"转变。

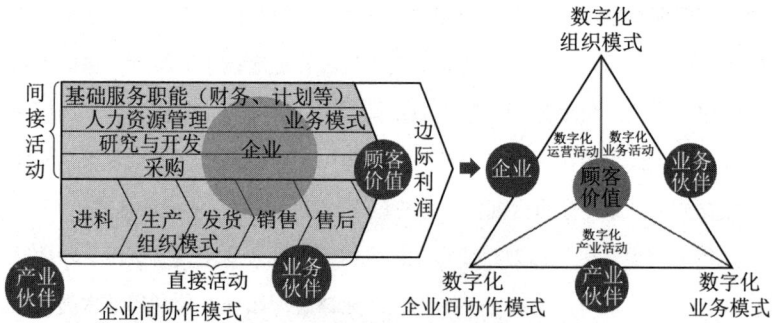

图 9-1 数智化商业活动管理系统更新框架

资料来源：陈春花，钟皓 . 数智化生存与管理价值重构（六）数智化转型的关键：智能协同 [J]. 企业管理，2020（11）:102–104.

数智技术使得企业产生新的价值定位。一整套数智技术用于人与人、团队与团队及组织与组织之间的沟通、交易，就会重构组织内和组织之间的场景，并在价值创造、价值评价和价值分配模式上进行创新。张瑞敏认为"产品将被场景替代，行业将被生态覆盖"，海尔已深度发现顾客价值载体、价值创造与实现方式的变化。海尔提出智慧家庭全场景解决方案，2020 年 9 月正式发布的三翼鸟就是海尔致力于让家庭物联网走进千家万户的场景品牌，在三翼鸟的平台上，从产品到衣、食、住、娱全场景，可以根据多变场景、用户需求变化制定个性化的智慧家庭解决方案。

1. 涌现的"全链路"数智化场景

"全链路"数智化场景是企业将整个供应、生产、销售、服务等环节进行数智化转型，通过数智技术手段实现信息流、物流和资金流的全链路优化，实现供给端到消费端数智化运营。在此转型过程中，海尔作为行业典范，展现了强大的数智化整合能力。海尔通过其开放的生态系统，在企业运营、各式业务活动乃至广泛的产业互动中，深度融合物联网技术，并跨越不同行业与领域界限，积极促进创新与智能技术的应用，使得海尔的运营边界日益模糊，实现了真正意义上的全链路创新。这一创新模式以用户为核心，确保企业管理、技术创新、数据运用、产品研发、财务管理及商业模式等所有关键要素能够紧密协同，形成一种与用户深度互动的开放性创新生态系统。海尔集团总裁周云杰强调，全链路创新的"元技术"就是人单合一模式，它是全链路创新的管理"芯片"，也已经成为物联网时代的管理"芯片"[2]。海尔利用数智技术已创立具有无缝体验、无界生态、无感支付三大特征的物联网生态品牌。

在组织外端，顺丰科技对供应端的数智化链路的打造也值得关注。自 2021 年开始，顺丰科技开始打造高效的数字供应链体系。顺丰科技正着手构建高效的数智化供应链体系。该体系的目标是实现"数据驱动业务"，而非被流程驱动，这需要企业具备产业链深度耦合、与上下游协同的能力，以助力企业快速做出决策。目前，顺丰科技的核心产品"丰智云链"已具备智慧化物流供应链能力，数字系统和供应链服务不再割裂，推动采购、营销与物流供应链一体化解决方案为业务赋能。

2. 数智化场景的新价值与实现

数智化场景连接了数智技术与数智化需求，是实现技术和需求融合的载体，从微观应用推动宏观发展。各类主体围绕一项或多项特定需要，运用数智技术推动服务要素整合、业务系统集成、运营模式创新，提供实时、定向、互动、闭环数智化应用体验的重要载体。数智技术让主体间的距离变为"零"，让企业与客户更加贴近，提供更好的服务体验和价值实现。

波司登打造出全链路数据中台，构建了以消费者为中心的全链路数智化升级能力。在营销场景中，波司登基于数智技术在全国 400 家门店推广"私人定制"项目。消费者在门店的 POS 系统下单后，系统会自动将定制款式、消费者喜好和尺码等信息传递给技术部门制作技术资料，并上传至 GIMS（电子设计自动化）系统。工厂根据技术资料实时生产并打印快递面单，快递公司也会自动揽收并配送至消费者，整个过程全链路可视且快速，从定制到交货最快仅需一周，处于行业领先地位。同时，波司登应用新技术，构建了"三个体系（安全管理体系、安全技术体系、安全运行体系），一个中心（安全管理中心），三重防护"的安全保障体系框架，增强企业信息系统抵御风险的能力，为数智化运营提供保障。

除了单一场景，场景联通和价值互通是数据、平台与人机协同发挥聚合价值的关键。大数据、云计算、敏捷算法等数智技术使得非常多的场景能联通在一起，也使得上下游和价值网络关系完全改变，行业中价值主张和价值创造的空间得到大幅提升。平台一方面为个体行为提供了新的价值创造场景，另一方面帮助组织将不同场景下的用户关系和数字资产进行融合，能够在可控的成本下打造出一个具有巨大磁场的价值体系，如亚马逊的 Prime 会员体系。而且，更多"弱势"个体或组织能够利用数字平台与规模巨大、面向大众市场的企业进行竞争，可以创造无限可能[3]。在人机协同场景下，AI 改变了不同行为主体的行为模式。人机协同能带来更大的价值增值，个体也能聚焦在更具创新性的价值创造上。组织需要考虑如何实现人机共生模式下的人机价值共创，实现人的思维能力和机器能力的分工与协同，获得 AI 技术变革引导下的正向价值收益。在实践中，三一重工依托工业互联网平台，打造从产品端到研发、制造、服务的闭环管理体系，提升了人机协同能力。

综上，通过将与员工相关的人力资源业务在线化、自动化和智能化，可以打造数智化的人力资源业务场景。运用数智技术对人员招聘配置和流动、员工绩效管理、薪酬管理、员工培训等多个业务模块进行支持，能够更高效地服务员工，同时也能支撑公司业务的多元化用工方式和多主体需求。

数智化场景的应用正在为企业和个体创造全新的价值。通过数字化技术的赋能，人力资源管理不仅能够提升业务效率，还可以重塑企业内部协作模式，推动更紧密的跨部门合作。此外，数字化人力资源管理在支持员工快速适应变化、提升灵活性和应对复杂问题方面也展现出独特价值。通过数据驱动的智能分析与服务，个体在工作中能够更高效地获取所需资源，提高工作表现，同时帮助企业实现整体价值最大化。根据我们的调研，数字化人力资源管理对个体的帮助显著，对企业内部各部门的合作也具有积极作用（图 9-2）。具体而言，人力资源管理数智化的新功能和服务能够有效帮助员工快速适应工作变化、调整工作方向，并在员工面对问题时提供切实支持。此外，这些功能还促进了企业内部各部门间的紧密合作，为提升组织效能和整体绩效提供了重要保障。这些发现进一步印证了数智化场景

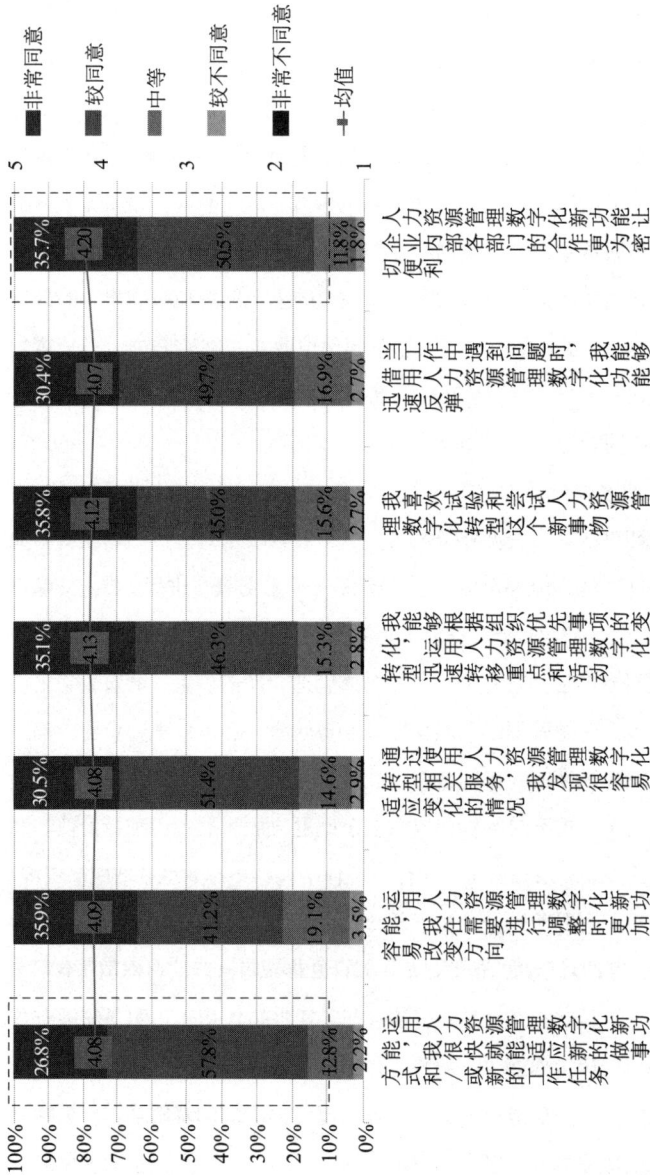

图 9-2 数字化人力资源管理对个体的帮助认知（整体）[①]

[①] 作者注：图中从左至右每个条形柱"非常不同意"的数据比例分别为0.4%、0.3%、0.6%、0.5%、0.9%、0.3%及0.2%，均由于数值过小未显示。

在现代企业中的价值实现与落地实践。

就规模和性质而言，更大规模组织中的受访者对数字化人力资源管理更加适应也获益更多（图 9-3）。0.5 万人以上非国有组织受访者认为很快适应新的工作变化和任务、更容易改变方向、很容易适应变化情况的占比较高，分别为 97.1%、80%、94.3%。0.5 万人以下国有组织受访者认为迅速转移重点或活动、喜欢试验和尝试数字化转型的占比较高，均为 84.9%。0.5 万人以上非国有组织受访者认为遇问题时能迅速反弹的占比较高，达到 88.6%。0.5 万人以下组织（国有组织与非国有组织）受访者认为让企业内部各部门合作更紧密的占比较高，均约为 86%。

受访者整体上对企业人力资源管理数字化转型持肯定态度，并表现出较高的认同感（图 9-4）。多数受访者认为，这项业务不仅能够帮助他们积累丰富的实践经验，还增强了他们对企业的认同感，并让他们获得了难忘的职业经历。相比之下，受访者对"我很难想象没有接触过人力资源管理数字化转型的工作和生活状态"的认同度则相对较低。这表明，尽管数字化转型得到了广泛认可，但其对个体深层次工作与生活模式的全面依赖性尚未形成共识。

按规模和性质看，大部分受访者都认同通过数字化人力资源管理可以使自身获益很多，而 0.5 万人以上非国有组织受访者的认可度更高；另外，受访者对数字化人力资源管理"能够获得各种经验"的认可度高于"新功能让我更欣赏认可其价值"以及"有为公司创造价值的经历"。大部分受访者认同数字化人力资源管理"反映喜欢的企业品质"并"喜欢数字化转型举措"；0.5 万人以上非国有组织受访者对这两项指标的认可度更高。受访者对数字化人力资源管理"需要相关人员的工作激情"的认可度高于"无法想象不接触数字化转型状态"；0.5 万人以上非国有组织受访者对这两项指标的认可度更高（图 9-5）。

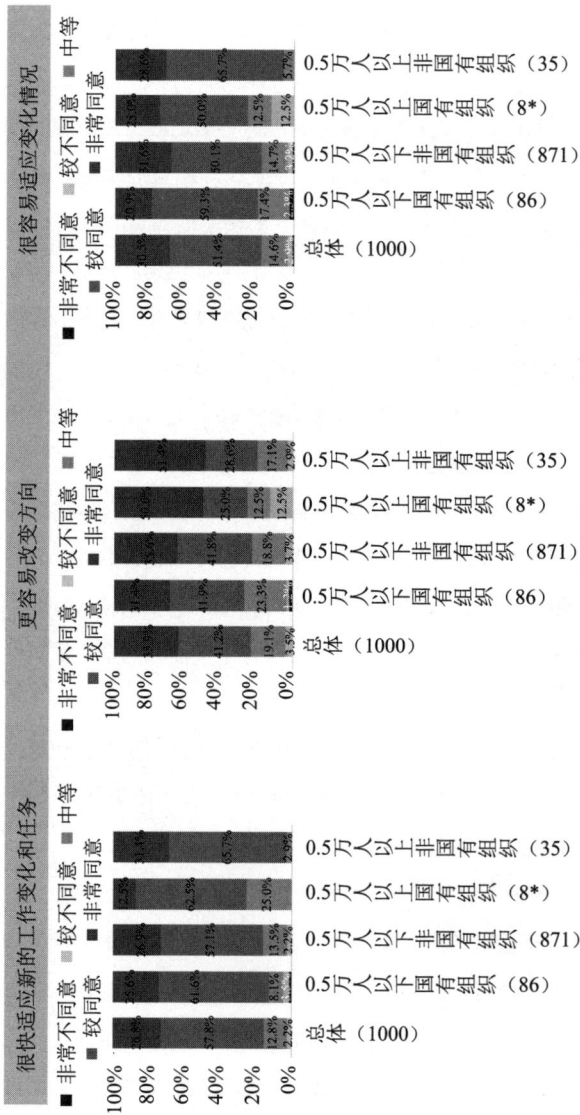

图 9-3　数字化人力资源管理对个体的帮助认知（不同规模／性质）①

① 作者注：图中"很快适应更新的工作变化和任务"部分，"0.5万人以下非国有组织"的"非常不同意（0.3%）"，"0.5万人以下国有组织"的"非常不同意（1.2%）"，"总体"的"非常不同意（2.3%）"，"总体"的"较不同意（0.4%）"的数据比例；"更容易改变方向"部分，"0.5万人以下非国有组织"的"非常不同意（0.1%）"，"0.5万人以下国有组织"的"非常不同意（0.5%）"，"总体"的"非常不同意（0.6%）"的数据比例；"很容易适应变化情况"部分，"0.5万人以下国有组织"的"非常不同意（0.5%）"，"总体"的"非常不同意（0.6%）"的数据比例，均未显示。

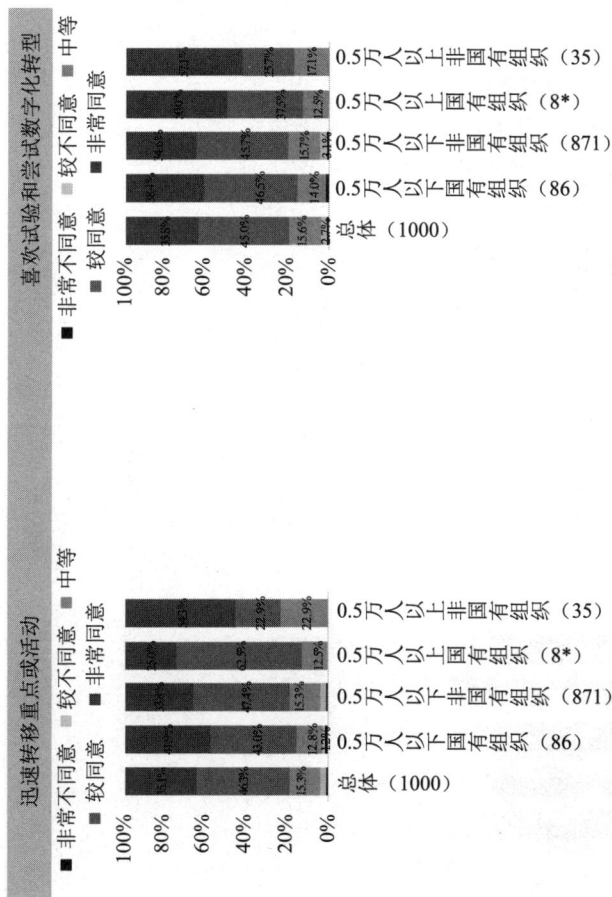

图 9-3　数字化人力资源管理对个体的帮助认知（不同规模/性质）（续） ①

① 作者注：图中"迅速转移重点或活动"部分，"0.5 万人以下非国有组织"的"非常不同意（0.5%）"，"0.5 万人以下国有组织"的"非常不同意（3.1%）"，"0.5 万人以下非国有组织"的"较不同意（2.8%）"，"喜欢试验和尝试数字化转型"部分，"0.5 万人以下非国有组织"的数据比例；"总体"的"非常不同意（1.2%）"，"较不同意（0.5%）"与"较不同意（0.9%）"的数据比例；"总体"的"非常不同意（0.9%）"的数据比例，均未显示。

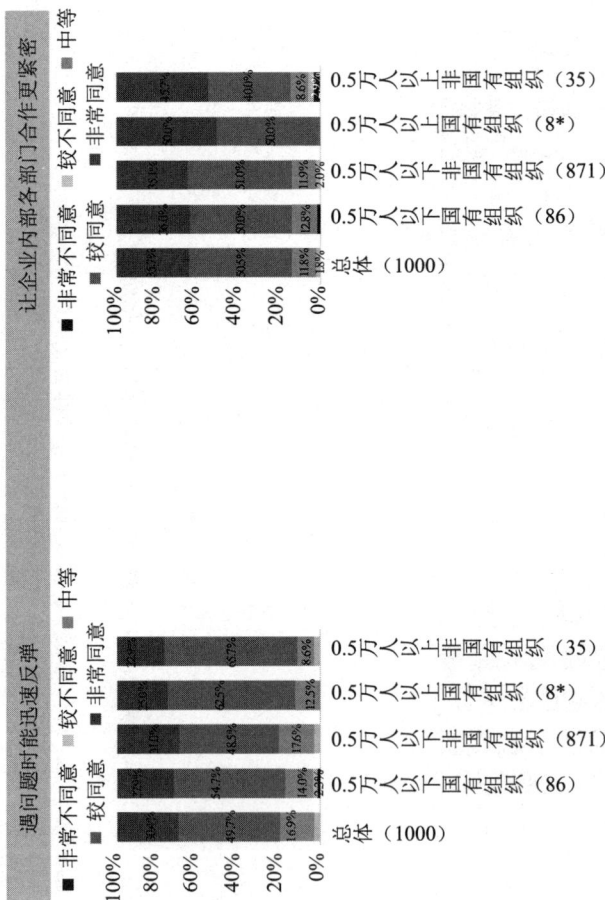

图 9-3 数字化人力资源管理对个体的帮助认知（不同规模/性质）（续）①

① 作者注：图中"遇问题时能迅速反弹"部分，"0.5 万人以下非国有组织"的"非常不同意"部分，"0.5 万人以上国有组织"的"非常不同意(1.2%)"，"总体"的"非常不同意(0.3%)""较不同意(2.7%)"的数据比例；"让企业内部各部门合作更紧密"部分，"0.5 万人以下国有组织"的"非常不同意(0.2%)""较不同意(2.8%)"，"0.5 万人以下国有组织"的"非常不同意(2.9%)"，"总体"的"非常不同意(0.2%)"的数据比例，均未显示。

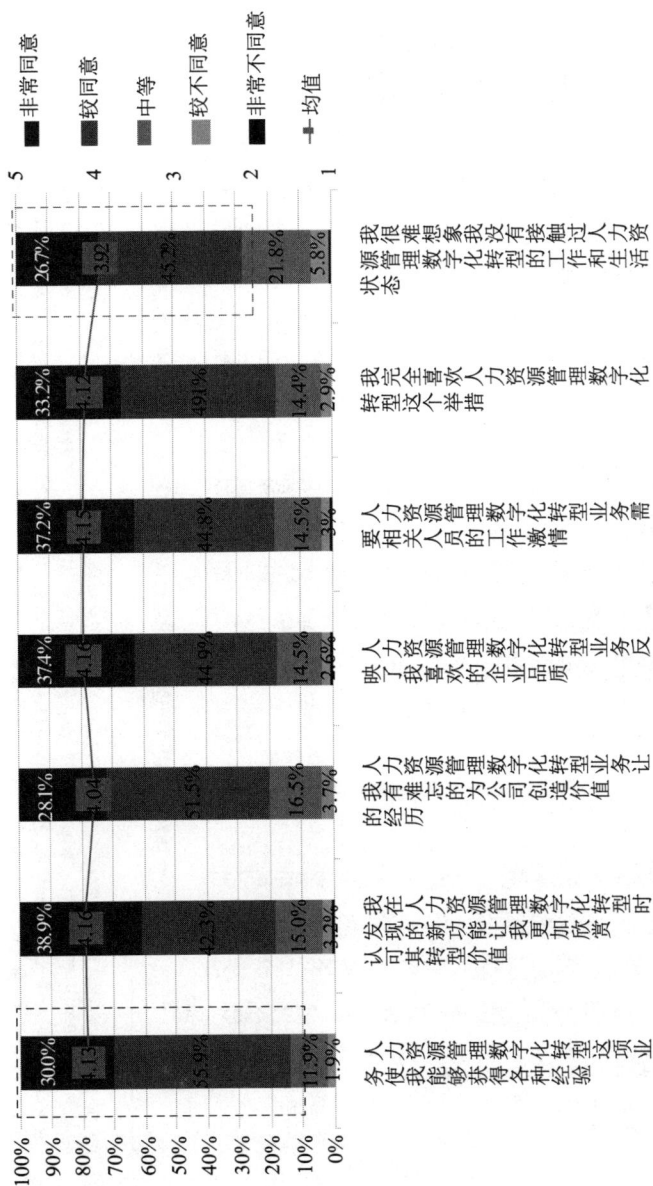

图 9-4　个体对人力资源管理数字化转型的认知和看法（总体）①

---

① 作者注：图中从左至右每个条形柱的"非常不同意"的数据比例分别为 0.3%、0.6%、0.2%、0.6%、0.5%、0.4%、0.5%，均未显示。

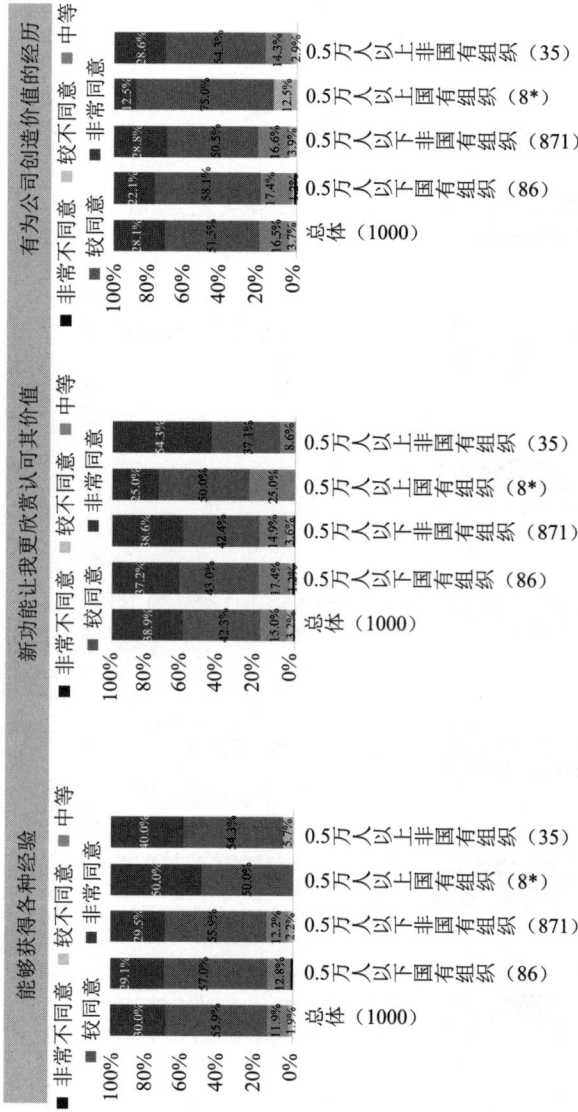

图 9-5　个体对人力资源管理数字化转型的认知和看法（不同规模/性质）[①]

[①] 作者注：图中"能够获得各种经验"部分，"0.5 万人以下国有组织"的"非常不同意（0.3%）"的数据比例；"新功能让我更欣赏认可其价值"部分，"0.5 万人以下国有组织"的"非常不同意（1.2%）"、"0.5 万人以下非国有组织"的"非常不同意（1.2%）"、"0.5 万人以下国有组织"的"非常不同意（1.2%）"、"0.5 万人以下非国有组织"的"非常不同意（1.2%）"、"0.5 万人以下国有组织"的"非常不同意（1.2%）"的数据比例；"有为公司创造价值的经历"部分，"0.5 万人以下国有组织"的"非常不同意（0.2%）"、"总体"的"非常不同意（0.2%）"、"0.5 万人以下非国有组织"的"非常不同意（0.6%）"、"总体"的"非常不同意（0.1%）"的数据比例，均由于数值过小未显示。

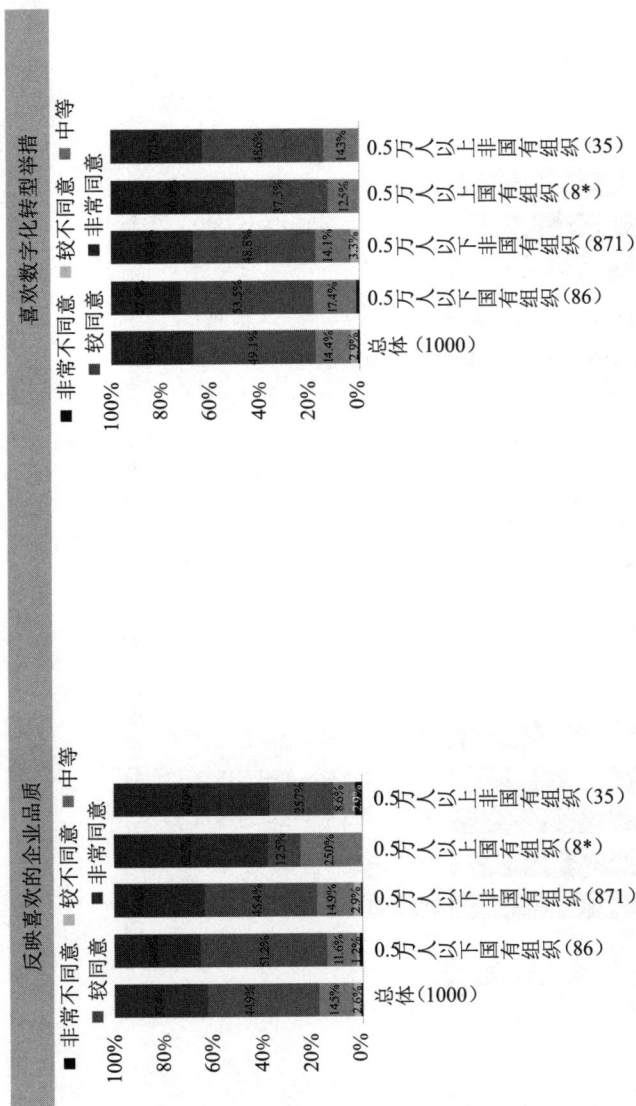

图 9-5　个体对人力资源管理数字化转型的认知和看法（不同规模 / 性质）（续）①

① 作者注：图中"反映喜欢的企业品质"部分，从左至右台第 1、2、3 条形柱的"非常不同意"的数据比例分别为 0.4%、1.2% 与 0.3%；"喜欢数字化转型举措"部分，从左至右台第 1、2、3 条形柱的"非常不同意"的数据比例分别为 0.6%、1.2%、0.5%。1.2% 与 0.3%，均由于数值值过小未显示。

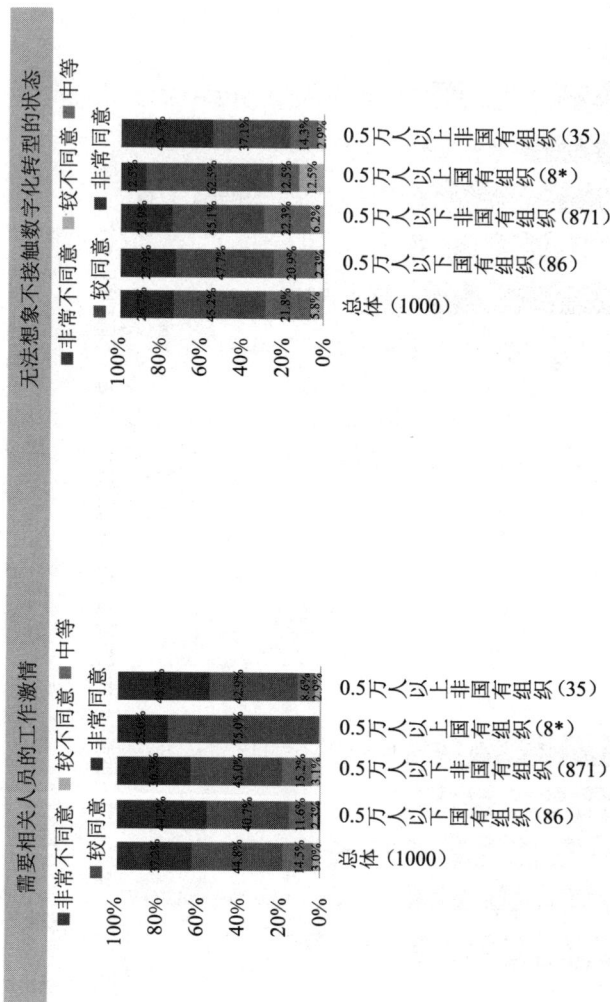

图 9-5 个体对人力资源管理数字化转型的认知和看法（不同规模 / 性质）（续）

---

① 作者注：图中"需要相关人员的工作激情"部分，从左至右第 1、2、3 条形柱的"非常不同意"的数据比例分别为 0.5%、1.2%、0.5%；"无法想象不接触数字化转型的状态"部分，从左至右第 1、2、3 形柱的"非常不同意"的数据比例分别为 0.5%、1.2%、0.5%，均由于数值过小未显示。

9.2　数据驱动的人才决策

根据 2023 年埃森哲对全球 CHO 的调研，激发数据、技术和人才的增长合力是企业实现 11% 生产力增长的关键，也是企业盈利能力和收入增长的最基本驱动力。其中，人才扮演着至关重要的角色。如果企业采用的数据和技术解决方案无法以人为本，那么这种增长效果将缩减至 4%。在数智时代，人的物质实体被以数据化方式映射为"虚拟实体"，形成"数字孪生"的形态。在人的实体被不断数智化的同时，基于实体的某些"元件"进行数智化也就变得越来越容易。人的一些特征，例如长相、表情、声音、语言风格等，可以用数智化方式描绘并复制，也可以被移植到其他对象身上。在数智化世界里，每一个人不再是一个不可分割的整体，而是变成了很多数智化的元件或元素，这些元件、元素可以从个体身上分离，并与其他对象结合。这些数据给了数智技术整合分析的基础，也为人力资源管理提供了高潜力的与人才管理相关的工作内容。在数智技术加持下，人力资源管理能成为人才制造供应链；在人才管理方面，基于数智技术能对人才实施动态评价与管理，使其更好地支撑企业战略，由此实现良性循环（图 9-6）。

"数字孪生"是数智化人才管理的重要方向。它可以实现对人才管理的立体、实时、全面的人才画像确认和精准岗位匹配。目前数字孪生技术在供应链管理、机器管理及客户服务等领域已有成功应用，但对人才管理的应用实践还需要深入探索。

核心发现：基于数智化系统进行的人才管理，全方位打通选、育、用、评、留，实现科学精准高效人才管理决策。

数智化人才管理（Digital Talent Management, DTM）是将与"人"相关的信息投射到数字世界，把"管理过程"迁移到数字世界，实现精准、

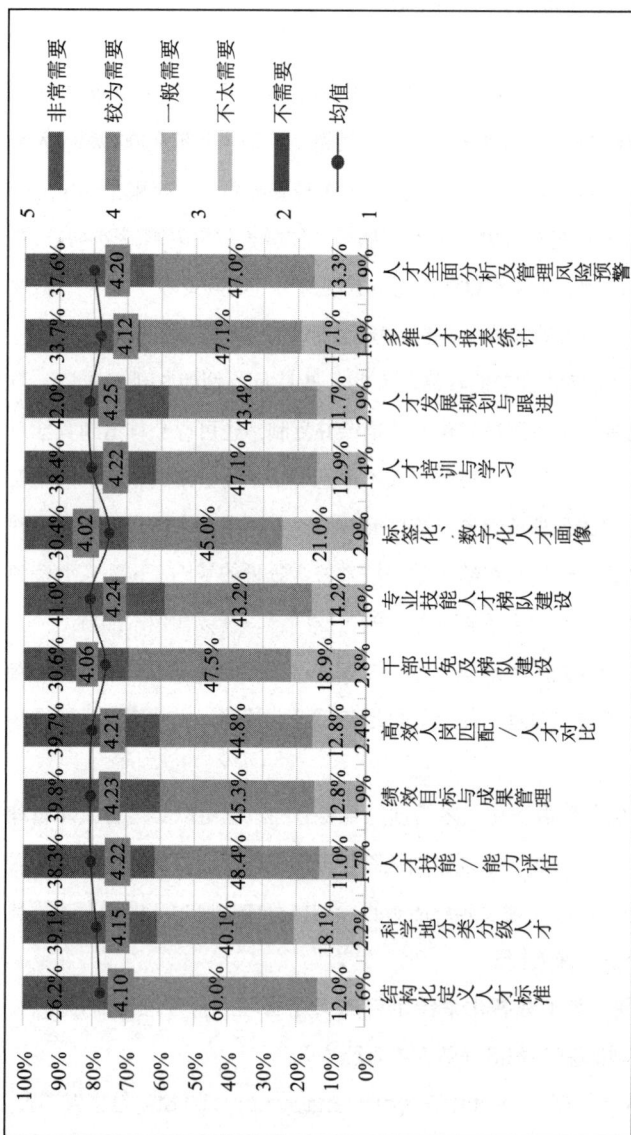

图 9-6　数智人才决策需求强度 ①

① 作者注：图中从左到右每个条形柱（"专业技能人才梯队建设"和"人才发展规划与跟进"条形柱除外）的"不需要"的数据比例，分别为 0.2%、0.6%、0.2%、0.3%、0.2%、0.7%、0.2%、0.2%、0.5%、0.2%、0.2%，均由于数值过小未显示。

实时、高效的人才管理决策。特别是智能技术的发展使得人才招聘场景、人才发展及人才激励场景得到极大重塑。

华为构建了全球化的人力资源管理系统[4]，其在选、育、用、评、留等方面都有基于数智技术的深度应用：在人才选拔方面，提供互联互通的多人才供应渠道，通过智能解析收集不同格式简历；在人才培育和开发方面，提供培训全过程在线管理，承载企业全套课程体系，并提供符合多种绩效管理模式的绩效考核方案；在实现全员参与的人力资源管理方面，提供基础和增值人事服务，所有员工都能通过 PC 端或智能手机端进行自助人力资源服务；在赋能领导者方面，为管理者提供高效指标体系，实现实时、准确、全面的人力关键指标监控，提供人力总量、结构、流动、成本等关键指标分析，提供人力关键指标的层层穿透服务，可从宏观组织透视到微观个体，提供人力资源对标管理服务，并可适时校正人才战略航向，提供组织、日期等多维度的人力分析服务。

在我们的调研中，各 CHO 对人才管理相关的数智化赋能持积极的态度，认为利用数智化的系统进行人才管理是人力资源管理价值的重要体现（表 9-1）。例如，菲尼克斯的 CHO 郭美峰指出[5]，利用数智化手段强化人才决策与组织决策是至关重要的，这直接关系到对领导力和组织效能的价值支撑。在实践中，菲尼克斯数智化转型的"铁三角"模型展示了其策略：第一个角是企业的战略和商业模式，这是牵引整个企业数智化转型的角。第二个角是组织能力和人才布局，以人才打造数智化组织能力。第三个角是数智化与技术过程，关注通过数智技术支撑企业的高效运营。基于数智技术的引入，菲尼克斯为激发员工智慧打造了"激发—孵化—共享"三部曲，让知识得以激发和共享，提升员工的创造力。在绩效管理上，菲尼克斯引入云系统。员工可以一键确认自己的绩效目标，并随时查看自己的日绩效结果，及时了解日绩效得分；领导可随时对员工绩效进行操作，方便与员工快速沟通反馈，同时系统还会自动生成月度绩效报表。

表9-1　CHO访谈中人力资源管理职能场景的人才决策和价值实现的典型证据

招聘	"数智化的方式能帮助做一些前瞻性的事情，举一个例子，我现在做招聘，一年要招4000人，接触的面试者大概5万人，这5万人的数据量其实挺大的。通过把这些实时的数据记录下来，我会做一些数据收集，然后通过这些看到更实时的市场趋势。"（王子剑，百济神州）
	"我一直说招人要从被动招人变成主动招人，并且想到一种可能：现在就是被动的，人走了才招。很多时候我认为经理特别是高层的领导者，现在在推的就是主动想可能会发生的，其中有一个方案，就是每一个人去哪里、从哪里来的，就是通过数智化的方式帮助经理很好地管理团队。"（张蕾，美敦力）
员工培养、开发与管理	"可能未来1~2年又从哪个地方招来了人或者这些人成长到什么样，实现动态可视化的匹配，这样就能够提高人力资源投入产出的效率，包括我的选人、用人、退出、激励、成长培养，决定什么时候把他抽出来最合适。"（徐艺宸，工银科技）
	"我们准备运用的是类似AI的陪练系统，这个可以扩展到所有的训练都有陪练的功能，不再是一个单独的技术，而是我们实现自己要的功能的手段。"（陈敏，蒂升电梯）
	"我们有上亿的人才库是可以这么做的，人力资源总监对这批人进行分析，挖掘其共同点，然后把岗位相关维度特征提取出来，在这个层面上、在这个维度上大家处于什么水平……把这个模型抽取出来……然后拿这个模型再和候选人比对，对候选人还是有一个比较复杂的算法，包括怎么样去提取，有很多自然语音识别的技术在里面……把个人的画像和岗位通过大数据提取的模型进行比对，然后来衡量是不是和我的岗位匹配。"（蔡元启，韵达集团）
人才决策支持	"很重要的一点是用数智化方式赋能人才决策和组织决策，最终支撑你最想要的，包括对领导者以及对组织能实现的价值的支撑点。"（郭美峰，菲尼克斯）
	"第一个特点就是人才配置的业务化……第二个特点，是整个人才的画像要标签化，在过去传统的人力资源维度之下，对于人的精细化管理可能会给他更多的标签……第三个特点呈现的叫人才管理的平台化……突破人力资源的范畴，通过数智化转型，人力资源如何能够以数智化转型之后的能力赋能管理者，以及赋能业务单元。"（江义娟，联通集团）
	"怎么样实现自助服务以及个性化服务和体验，这是数字化最显性的客户福利。"（李婕，GFK）
文化	"AI进来后，企业用人的观念包括企业和员工共同塑造的文化，也会有一些新的定义。"（张雪梅，搜狐）
	"数智化可以大大地缩短时间，提高效率，它甚至可以改变企业的文化。"（王淑红，诺和诺德）
	"如果有一个很好的人力资源数智化的平台，不管哪家企业其实都会在线上建立组织文化的载体。"（徐艺宸，工银科技）

此外，通过调查各企业在数智化人才管理方面的建设现状，我们还发现，被调研的企业员工样本，在招聘、培训、绩效和薪酬管理、学习等方面的数智化表现相近，总体上进度均较缓慢；而在招聘全流程线上管理方面表现相对较好，总体得分为 2.84（满分为 5），并且 29.5% 的受访者认为在该方面表现较好（图 9-7）。

9.3　人力资源管理队伍数智化能力打造

核心发现 1：人力资源管理队伍要具备数智化认知、数字交互能力及数字协同能力。

打造人力资源管理自身的数智化能力，既是人力资源管理支撑组织数智化转型的基础条件，也需要人力资源管理体系整体做出改变。埃森哲针对全球 570 名 CHRO 的研究显示，全球各地的 CHRO 已纷纷开始深化自身专业知识（在工作中磨炼数据科学、分析等重要技能），以满足企业未来的业务需求。在数智时代，要更好地实现顾客价值创造和价值经营，必定需要思考组织员工的能力体系、技能储备及培养情况。从企业层面看，在数智时代，企业需要的能力得到扩展。特别是在数据要素成为推动企业成长的关键因素后，企业成长所依赖的要素组合和核心能力也发生了变化。充分理解、应用和开发数智化能力，企业能更好地提升业务运营效率与战略执行力，真正实现以顾客价值为中心。企业能力需由个体来承载，个体在数智时代需要适应整个社会的转型，并获得与数智化相关的能力。能力因需求而存在，在数智时代更要理解能力的三种内涵[6]。其一，能力是一种"可能性"，即能力没有边界，它可以有无限可能。在数智时代，员工是新个体，企业是新组织。我们要全面地理解组织中的新个体，包括其自我概念、

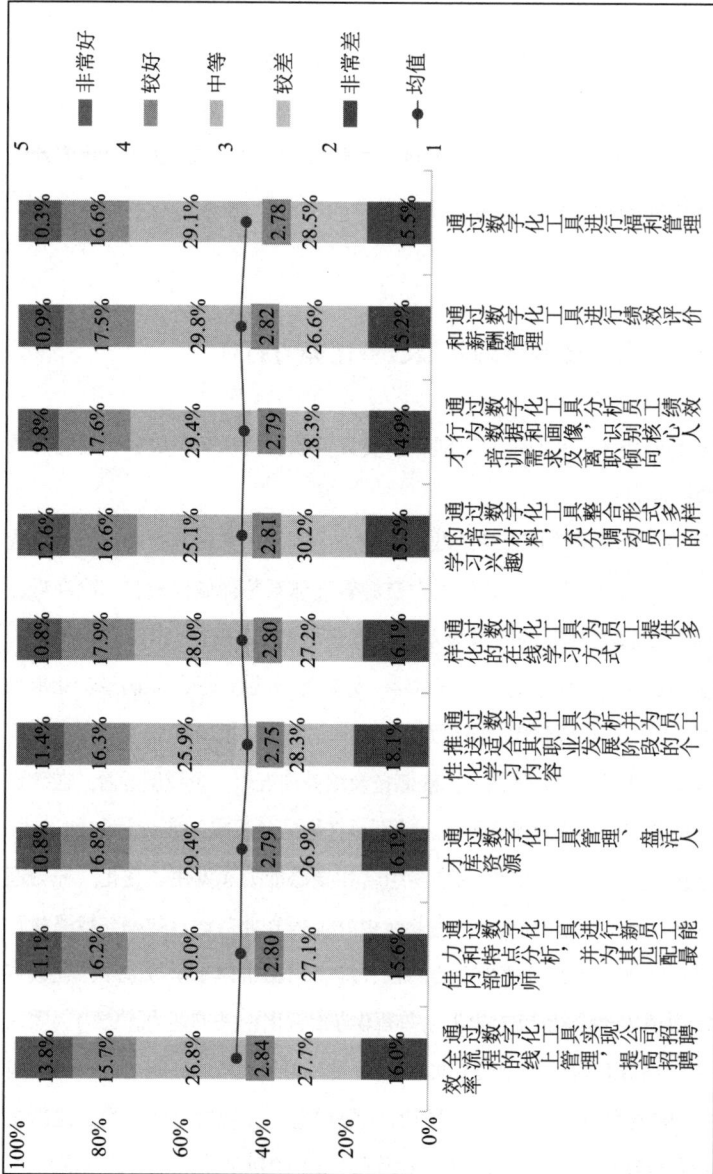

图 9-7　在数智化人才管理方面的建设情况（总体）

特质、动机和需求，帮助他们不断拓展对岗位的胜任力，特别是如何通过共享平台打造和数智驱动构建交互体系来扩展员工能力。其二，能力是一种"韧性"，即个体愿不愿意去坚持实现它。这在数智时代显得尤为必要，影响数智化转型的能力构建的最重要的因素是"心性"。数智化转型最终还是要落到人，需要人有共生理念、战略定力和持续的投入。其三，能力是一种"知行合一"，即能力最终是要解决问题、求得结果。了解了能力的这三个内涵，有助于构建适应数智时代的人力资源管理能力体系，找到数智化能力构建的重要抓手。根据对 CHO 的访谈，我们总结出一些与人力资源管理数智化相关的能力（表 9-2）。

（1）人力资源管理队伍的数智化基础能力

在企业中，数智化人力资源管理新能力包括哪些维度？员工的能力一定是"数智化 +"，人力资源管理关注的是一种数智化复合型人才，其能力具有开放性，不仅有数智化相关技能，还有非数智化相关技能，更有多元化的技术能力体系。这种能力体系让人力资源管理更好地理解业务、洞察战略。在数智时代，万物互联，全社会实现大连接，这带来了更多有助于企业成长的价值机会。通过领先的数智技术，人力资源管理可以赋能所有人员，实现技能、经验与知识的快速创造与分享，实现大数据驱动的战略洞察，甚至能实现人力资源管理的市场职能。人力资源管理队伍的数智化基础能力包括：一是数智化认知，要认识到工作世界中的一切都在数智化。人力资源本身的数智化能力首先要求人力资源管理能适应企业数智技术环境变化，了解外部数智技术变化、数智化最佳实践，并能实现快速学习和合作。二是数字协同能力，一方面是对不同系统的数据搜集及整合协同，另一方面是业务需求下的人力、数据专家协同工作能力，还有与自身专业能力的协同。

表 9-2 人力资源管理本身数智化相关的能力

被访谈者	人力资源管理本身数智化能力典型描述（左边加黑字体为相关提炼关键词）
拇狐 - 张雪梅	**数字协同能力：数字变现能力：**无纸化办公、人机协同（现在机器驱动之后其实两个就够了，跟业务部门的系统和人力资源管理的系统合起来分析一些场景）。
蒂升电梯 - 陈敏	**数智化认知：**对数智化外部最佳实践的认知。 **数字协同能力：**数智化和内部系统的整合能力，如何引入及整合的能力。 **数字协同能力：**数智化能力和员工的需求结合在一起的能力，包括如何创造用户体验的解决方案。
诺和诺德 - 王淑红	**数智化认知：**CHO 需要与时俱进，需要非常灵活、敏捷，能快速看到效果的解决方案。 **数字协同能力：**把战略和组织能力连接起来的功能性作用。 **数智化认知：**对数智化前沿的认知，要知道数智化能够做到什么样的状态，知道数智化的实现要经过什么过程，知道数智化带来什么，数智化的落幸其实上会遇到什么挑战。
菲尼克斯 - 郭美峰	**数字协同能力：**回到人力资源管理本身，数智化能力首先要解决最基层的，就是信息化……有一个信息平台。 **数字交互能力：**基于这样的平台形成自己的产品，基于数据分析和产品，给到内部客户，提供相应的支撑，人力资源管理要在自己的专业运营那部分提升对数智化思维能力和对数智化产业的基础洞察。
通用医疗 - 沈曜	**数字交互能力：**每个 HR 都应该做的是对数字化的解读，要思考怎么通过现有的数据去做一些有预见性的解读，比如哪些是人有更高的离职风险。 **数据技术翻译：**再有就是技术方面的，精微有一点本量的组织都应该配一个人力资源管理数智化专家。
GFK - 李婕	**数字办公能力：**人力资源管理的数智化能力，它可能会经历四个阶段，第一个是要提升效率，从手动到无纸化，再到系统化。 **数字协同能力：**第二个是打通系统，不要说选、用、育、留整个流程，招聘是一个流程，入职是一个系统，培训是一个系统，考勤是一个系统，都做成了上线却是信息孤岛，在中间贯穿不同的系统要耗费更多精力，是根本实现不了效率提升的。 **数字交互能力：**第三个是实现创新，当释放出来生产力，当有更多的数据帮助我们有洞见地去思考的时候，你可能就会有更好的发现。 **数字变现能力：**第四个是实现自助服务以及个性化服务和体验，这是数智化最显性的客户福利，所有的事情都交给人力资源管理去做了。

续表

被访谈者	人力资源管理本身数智化能力典型描述（左边加黑字体为相关关键词）
菲利克斯 - 范晓静	**数字协同能力**：要进行全要素的连接，包括实时的反应，以及数据的分析和治理……现在人力资源管理把数据模块做了切分，需要哪些数据的时候进行拼接，比较灵活。 **数字交互能力**：我们需要实时的反应，因为很多数据是滞后的，比如一个月之后才有数据，我们要做更强的数据的实时体现，其实内核是管理思路的体现，怎样快速采集数据是管理思路的体现。另外，在数据的采集是包括分析之前，我们还要做什么思考清楚数据的沉淀。你想要做什么样的分析，想要做达不到数智化的沉淀。 **数智化认知**：光有技术不是达不到数智化的，数智化最后能达到什么状态其实跟整个管理体系有很大关系，采集数据的分析不是很具有价值的，需要提供思考。 **数字交互能力**：有了全要素的收集，包括数据的分析、呈现、预警，再进行分析给出建议，提供有效支撑。
工银科技 - 徐艺宸	**数字交互能力**：需要有一定的技术能力，哪怕不会写代码，也要理解替代码的过程。人力资源管理的范围如果越来越大，信息会越来越多。员工进入公司的第一天，传统形式只填一张比例表，元宇宙之后数据会非常多，员工什么时候入的职，怎样快速入职之后如何发展，做了什么项目，得到了同事、客户是相关的数据，怎样做员工数据相关的处理，还能做一些自动化的处理，以比较好的数据分析好的图像套至现，以及呈现的数据分析好的图像套至现。 **数字协同能力**：员工如何发展，做了什么项目，得到了同事、客户不同角度把数据搜索出来，还能做一套语言或者是用一套语法把数据搜索出来，一个语句就是考的。都是需要思考的。
康希诺 - 刘蔚	**数字协同能力**：人力资源管理的系统，如何在系统平台上更好地管理，给员工提供更好的服务；一个决策 EHR（电子人力资源管理），专门的数智化团队，这个团队最基础的是把系统整合好，包括招聘，原来不同模块各自有的，现在要把所有的串在一起，这是第一步需要做的，非常基础的基建。 **数字交互能力**：通过大数据，从不同角度抓系统里的人的数据，做不同角度的分析，能够得出业务需要的信息，帮助做最正确的决定，同时更好地预估未来的发展。
惠普（中国） - 徐苗苗	**数字变现能力**：从人力资源管理的角度来讲，我们很容易根据每个员工的表现，计算人力资源管理帮助公司利润提高了多少；人力资源管理本身数智化能力包括感性的部分转化为理性的部分，提高整体的盈利能力。
赫基集团 - 宋春涛	**数字协同能力**：实际上对我来讲，要做的是人力资源管理数智化怎样进一步贴近业务发展，这是数智化的任务和目的。举一个例子，从我的角度来讲，数智化的角度来讲，数智化赋能的是一些功能的一些变化，推动业务的发展。 **数字交互能力**：人力资源管理本身数智化能力指其怎样贴近和赋能业务。数智化的赋能应更近和赋能组织工作进程。

续表

被访谈者	人力资源管理本身数智化能力典型描述（左边加黑字体为相关关键词）
联通集团-江义娟	**数字协同能力**：要实现数智化，需要人力、业务、财务等的数据实现贯通；企业有一个管理中台，用这个管理中台去做整个的数据拉通，考虑数据的加工和实现的数据，集成或者采集到人力的系统中。一个应用把所有的应用集中，而不是为了人力资源管理的。 **数字变现能力**：要不断研究在大的时代背景下，如何以更前瞻的思考，更科极的探索，更好适应时代和公司的战略。 **数字交互能力**：我们对于数据的理解，应用能力很重要，其实现在人力资源的专业性是够的，我们现在的，更多是要转型，自己的能力也要应对新的要求。
思科-吴文简	**数智化认知**：数智化首先是认知能力，随便请一个HR出来讲什么叫数智化，每个人所处的阶段都不一样……数智化能力还需要人力资源有很强的灵活性……大家肯定都会讲快速学习的能力，要学习，要理解，要比较。
科大讯飞-李剑峰	**数字协同能力**：一个贯穿是整体的场景，基于场景的数据……还有一个场景的贯穿是干部的管理，从多方位基于数据视角……第三个是组织方面的贯穿……
韵达集团-蔡元启	**数字交互能力**：第一，工具的使用……第二，统计分析上的一些要求，因为现在人力资源管理做统计、做分析的东西越来越多，虽然可以借助一些信息化的工具和系统，但在这个系统产生之前实际上还需要人力知识的融入。
智云健康-胡悦	**数字交互能力**：像我们的企业，通过自己的研发和运营团队不断打磨数字看板，不是只为人力资源管理打造的，而是一个全方位的数据库和业务看板的能力。 **数字协同能力**：我们的一线业务单元看板的，他们使用的数据，与我们自己由上至下怎么看业务以及收集到的数据，存在不小的认知差。从前年开始，我们就不断去拉齐前端这业务单元，通过他们专有的或者传统的数字看板或者说他们的认知管理，去理解他们。 **数字变现能力**：结合"互联网+"的企业，运用互联网精细化运营的数字能力，指导每一个微观的业务单元更有效运作。实际上你会发现，为了更高效达到组织的协同，以及满足上层更大的战略目标，去完成一个完整的战略执行，分解之后再汇总成一个完整的数据发现，是非常关键的一步。

续表

被访谈者	人力资源管理本身数智化能力典型描述（左边加黑字体为相关锤炼关键词）
极智嘉 - 王春光	**数字化认知：**数字化能力最基本的是大家都有这个意识；满足了最基本的信息之后要考虑的就是通过信息化带来运营效率，运营效率不是说上了人力资源就只对人力资源管理的提升有助力，而是整个公司运营效率的提升；数智化的能力，首先要知道用数字来做什么，最关键的目的是什么，要参与整个战略决策。
奥托利夫 - 赵亚	**数字协同能力：**还有一个比较大的现象就是孤岛，因为不同阶段对应不同的系统，每个系统的存在都有它的意义，但是当谈到数智化人力资源的时候，这些支持的系统为了一个 purpose（目的）怎么 integrate（整合），它们是很难的，是很难的。有些是 global（全球化）的，有些是 local（本土）的。让系统和系统对话，而不是相互孤立，这是非常大的挑战；这样的平台跟 OTM 是前置的，跟公司内部的平台连接起来，选出来的候选人应该是难候选人了。当然我们还是会利用一些技术工具做面试。
泰科电子 - 梁路云	**数字协同能力：**未来整体的人力资源与业务要能够齐头并进，而不是听到业务有声音，再将需求传给人力资源部门。甚至要利用我们的长处，跟业务一起去开发业务需求，市场变动，因为不管什么客户需求，哪怕是我们工业公司，最后还是跟人的互动。 **数字变现能力：**对业务来说，我们能够提供更可视化的大数据，让人力资源管理也像可视化更可视化的数字表，资产负债表。
巨一科技 - 万俊宇	**数字变现能力：**做的过程中有一个根本的东西，即我们到底为什么工作，我们到底要解决什么问题，其实在战略中我们哪些是声音，哪些是补位。 **数字化认知：**我们要建立快速反应的团队。实践搭建的前提是需求要更加明确，最明确的是数字，人才画像更加精准，大家能够在管理语言上达成一致。
美教力 - 张蕾	**数字化认知：**必须有一定的沉淀。要知道企业现在的人力资源管理模式里面，哪些是痛点，哪些是难点，哪些是瓶颈，哪些是补齐，必须有非常强的洞察能力，判断能力和执行力。 **数字协同能力：**他们的系统和我们的系统有没有可能对接，有没有可能自动化，如果说没有对接，要弄清楚为什么没有对接，让彼此之间可以互相联在一起，这样的数智化更有利。

续表

被访谈者	人力资源管理本身数智化能力典型描述（左边加黑字体为相关提炼关键词）
人瑞集团 - 刘艳	**数字协同能力：**对于人力资源管理团队来说，在这个过程中首先一定要懂业务，如果不懂业务就没有办法运用所有信息化和数智化工具；在这个基础之上，再思考怎么通过内部的数智化转型来更为便捷地带来真正做到内部的协同。
通力电梯 - 陈亮	**数字交互能力：**未来很多的保养维修工作都会从传统意义上的高度的机械电子能力转化为数智化应用能力，所以对数智化应用能力的理解，就是一种典型的数字能力。 **数智化认知：**如果我们自己都没有这种访问的形式让他们建立这方面的认知。什么叫IOT、什么叫AI、什么叫VR，他们都要有一些认知；现在我们对招聘所有的人都参访内部提同数智化相关培训，考查大家对数智化相关的知识掌握程度。内部的员工不管愿意还是不愿意，我们都要进行系统性培训，帮助他们建立基本认知。 **数智变现能力：**我们相信这些投资能够帮助我们用大数据的方法展现现报表，更能够帮我们用数智化的方法看待很多待发展的趋势和导向，组织凝聚力和业务未来发展的趋势和导向，也做了大数据分析方面的投资关注的角度，提供定制化报告，看组织能力，组织凝聚力和未来业务发展的趋势和导向，解决方案。
ABB - 郑旭	**数字协同能力：**比较大的变化可能是战略层面上要做这个事情，比如ABB ability（ABB能力），可能会启动一些能力，我们在全球都设置了digital officer（数字官）角色，每一个业务部门也会说哪些人更偏重于协调 digital 方面的事情，由他们来拉动。

(2) 人力资源管理队伍的数智化高阶能力

人力资源管理队伍的数智化高阶能力主要体现在两个方面：其一，数字交互能力。即数字抽取、数字建模、解读及洞察的能力，它使得业务经营预警管理和人员管理相结合，为决策提供数据基础。其二，数字"变现"能力。人力资源管理能提供智能化和个性化的数字服务，助力价值创造、优化业务呈现，甚至发掘新的机会和价值创造方式。

核心发现 2：要培养人力资源管理队伍的数字伦理能力。

数字伦理是从整体、生态的视角来分析，从数字与人、社会、自然之间关系和谐的根基上探讨，遵循有益于人类命运共同体和社会发展的理念、准则和行为规范来构建相关能力体系。人力资源管理的数字伦理能力要能保障信息数据安全，并以和谐共生的方式去使用数据。数智时代的人力资源管理应该是"数智化"和"去数智化"并存的。例如，要允许面对面的绩效反馈与数智化绩效反馈并存，要致力于推广既有数字文化又人性化、温暖的企业文化。

9.4　人机共生的系统

技术本身是不足以完全解决问题的，只有技术和人进行很好的融合和协同，才能提升工作的效能和创造力。AI 正快速应用于各个产业，并深度融入组织运营与管理过程，为组织管理和生态建构带来颠覆性变革。埃森哲全球经理人调查数据显示，AI 在组织内部的应用覆盖面包含组织沟通、营销、客户关系管理、人力资源、安全、运营改进、设备检测、物流供应链、生产运作、交易及移动设备等（图 9-8），深度影响组织中人的角色，将逐渐引发组织的管理变革。特别是 ChatGPT 的出现，改变了信息获取和分析的效率，以 ChatGPT 为标志的内容生成式变革，将重塑各个行业乃至全球"数智化转型"的路径[7]。2022 年，埃森哲又发布《人工智能成熟之道：从实践到实效》研究报告，报告显示，13% 的中国受访企业展现出较高的 AI 成熟度，成为应用 AI 领军者，其成熟度平均得分为 64 分，是其他企业的一倍多。同时，领军企业的营收增速也较其他企业高出了 50%。超过半数（52%）的受访企业依旧处于应用 AI 试验阶段，有待深入挖掘 AI 价值潜能。

《机器之心》《人工智能的未来》的作者雷·库兹韦尔（Ray Kurzweil）认为：未来的世界，人类将不再是万物之灵，人类和机器将难分彼此。

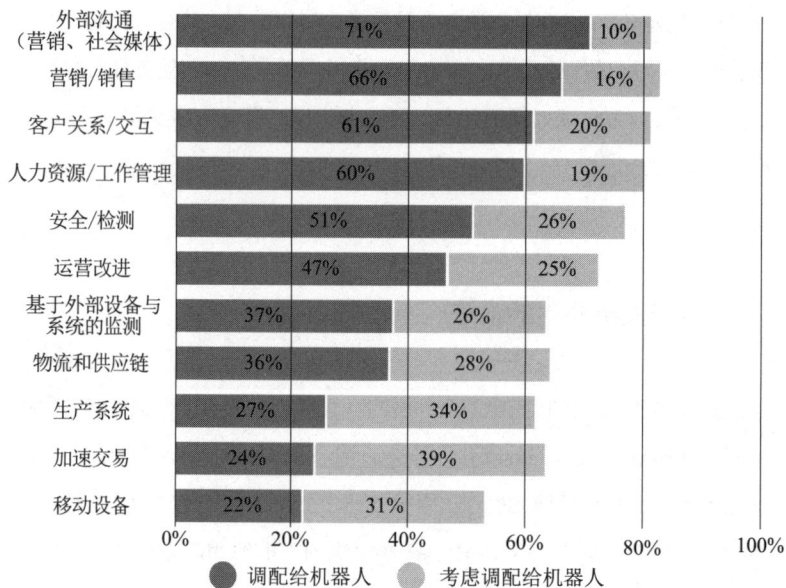

图 9-8　AI 组织职能应用范围

来源：埃森哲全球经理人调查。

1. 人机关系的几种类型

在数智时代下，人和机器之间的关系正在发生变化。人力资源管理部门需要考虑如何创建人机共生的系统，让员工和机器之间能够更好地协同工作。这需要人力资源管理部门思考如何让人机关系更加协调和合理，以及如何利用技术和数据来更好地支持员工的工作和职业发展。

随着机器智能化、拟人化的发展，传统以人为中心的人机关系正发生调整，在不同场景下人机间关系呈现复杂、多元的形式。埃森哲的研究显示，至 2035 年，通过改变工作的性质、创造一种新的人机关系这两种方式，人工智能可以使经济增长速度翻番。在这一新的人机关系里，人们能够掌控全局，提升时间使用效率，而技术发展也会不断地适应人类的需要和需求。

基于互补或替代的分类，我们可以将人机关系分为互利共生、偏利共生、偏害共生和吞噬取代 4 种范式（图 9-9）[8]。组织人与机器人之间的互利共生是最优的模式，通过彼此协作实现共赢，并实现价值互惠与共创。如 AI 翻译器可以不断学习进化，从而提高翻译的可靠性和智能化水平。在人和机器相互协作的过程中，双方的交流能力和智能水平都得到提升，实现互利共赢的目标。偏利共生是机器人仅为组织人服务，缺乏自身的智能化提升。一些智慧工厂机器人高效替代重复性工作内容，提升了整体生产效率，其本身并无算法数据方面的提升。偏害共生是机器人智能化提升过程中可能对人和组织的价值造成压力，甚至引发人的功能替代。如在 AI 引导的论文写作、音乐编曲等活动中，人机交互是机器智能发展的基础。机器智能依赖于深度学习，并在实践中不断优化和提升，从功能实现、性能改进到可靠性提升，最终实现对人类文职等工作的替代。吞噬取代是人和机器的分立关系模式，可能由于协调失灵和机器智能的发展，造成负面影响，导致人和机器都失去价值的情况。如自动驾驶领域出现的"伦理判断"和"法制建设"等系列问题。

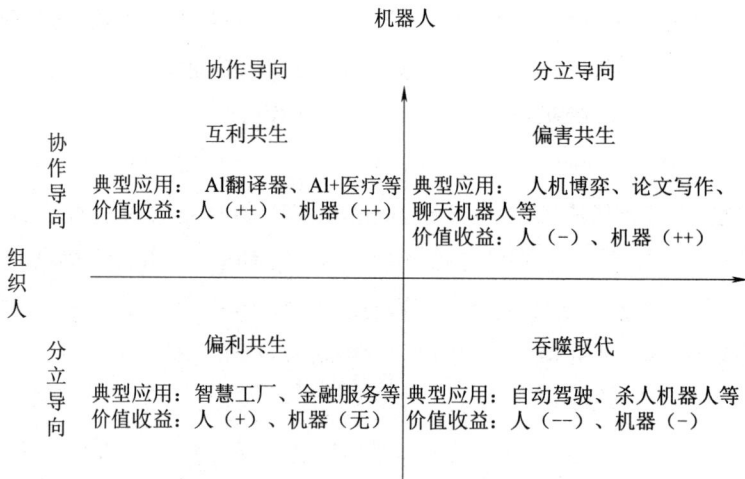

机器人

	协作导向	分立导向
协作导向	互利共生	偏害共生
	典型应用： AI翻译器、AI+医疗等	典型应用： 人机博弈、论文写作、聊天机器人等
	价值收益：人（++）、机器（++）	价值收益：人（-）、机器（++）
分立导向	偏利共生	吞噬取代
	典型应用：智慧工厂、金融服务等	典型应用：自动驾驶、杀人机器人等
	价值收益：人（+）、机器（无）	价值收益：人（--）、机器（-）

组织人

图 9-9　人机关系的 4 种范式

资料来源：陈春花，梅亮. 人－机共生：组织新生态 [J]. 哈佛商业评论（中文版），2019（9）：112–120.

　　在调研中，我们进行了"您如何看待数字化（包括机器、AI 等）与人力资源之间的关系？"的提问，结果显示（图 9-10），总体而言，82.5%的受访者认为数字化与人力资源的关系属于协同关系，且认为协同共生关系的受访者占比更高。另外，不同规模的组织对于数字化与人力资源是否存在竞争关系的看法有明显差异：0.5 万人以上非国有组织受访者认为数字化和人力资源之间存在竞争关系的占比为 31.4%，远超过 0.5 万人以下组织的这一比例。

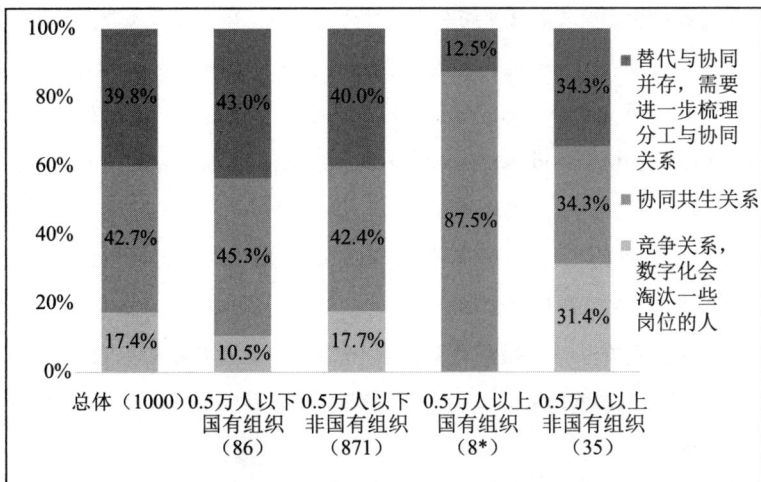

图 9-10　对数字化与人力资源间关系的看法（不同规模 / 性质）[1]

2. 打造人机共生的系统

对于企业来说，打造人机共生的系统需要综合考虑技术、人文因素和商业收益等多个方面。首先，需要明确的是，那些可衡量的岗位，极有可能被机器替代。AI 与大数据的深度融合，不仅会深化其在组织结构中的嵌入程度，还会促使人机协同作业成为组织运作的新常态。企业若能逐步建立起高效运作的人机共生系统，将有望在提升作业效率和控制成本方面取得显著优势，增强市场竞争力。同时企业也需要注重人机交互体验，建立机器与人之间的合作关系，关注对人的"心灵"的呵护，实现机器与人的协同工作。其次还需要创造合适的商业模式和价值分配机制，激发各个

---

[1]　作者注: 图中从左至右第 1、2 条形柱的"其他关系"的数据比例分别为 0.1%、1.2%，因数值过小未显示。第 3、4、5 条形柱没有选择"其他关系"的样本。

参与方的积极性并实现共赢局面。人机共生的系统需要强调人与机器的协同共生性，现在的人机混合智能（Hybrid Intelligence）、人机结合系统（Human-Computer Associative Systems）、人机整合系统（Human-Computer Integrated Systems）或人机联合行动（Man-machine Joint Action）等都是向着人机共生的方向努力。

核心发现 1：人力资源管理可作为员工需求与技术实现之间的纽带，实现场景、人员与技术的高效融合。

核心发现 2：AI 应用是重要趋势，但多数企业还未考虑进行岗位自动化、AI 化。既要管理员工，又要管理数智技术及其应用，以及人机协同的复杂系统。

在大数据时代，人力资源管理更需要创新思路勤思考，基于对人性需求的了解，去探讨这些需求如何与最新技术趋势相关联。一方面，人力资源管理可以利用数据辅助业务洞察，并延伸至业务创新，数据的价值愈发凸显。人力资源管理利用中台重塑数据价值链，通过数据驱动实现产业互联网，驱动商业最终走向社会化。另一方面，人力资源管理部门可以提升员工职业体验和基于数智技术满足员工相应需求，可考虑采用智能化的绩效管理系统、智能化招聘系统、智能化培训评估系统等工具来帮助员工更好地发挥其创造力和技能。

根据我们的调研（图 9-11），在人力资源管理数智技术的应用上，被调研者对"人机共生系统打造"的重要性感知相对较弱。相对来说，企业规模越大，认为人机共生系统打造越重要。同时，根据对 CHO 的调研，大多数高管支持建立人机共生的系统，如奥特莱斯中国的 CHO 曾先[9] 着重指出了人机对话系统在处理标准化事务中的效用，他强调该系统可以有效辅助员工处理一系列的常见问题，特别是针对新员工培训、初始入职流程、个人信息注册、薪酬与福利询问等，通过数智化手段可以实现快速且

全面地解答，从而高效完成这些日常任务。部分管理者还认为，人力资源
管理应借力数智技术以应对个性化或特定情境的需求，正如搜狐的张雪梅
所言[10]，在业务实践中，人机协作成为一种常态。因此，将人力资源体系
建构与企业文化价值观紧密结合，促使员工在体验与传承中深化感知是至
关重要的。此外，她强调将业务部门系统与人力资源管理系统相融合，共
同审视特定场景，以实现更加紧密的业务与人力资源管理的互动。

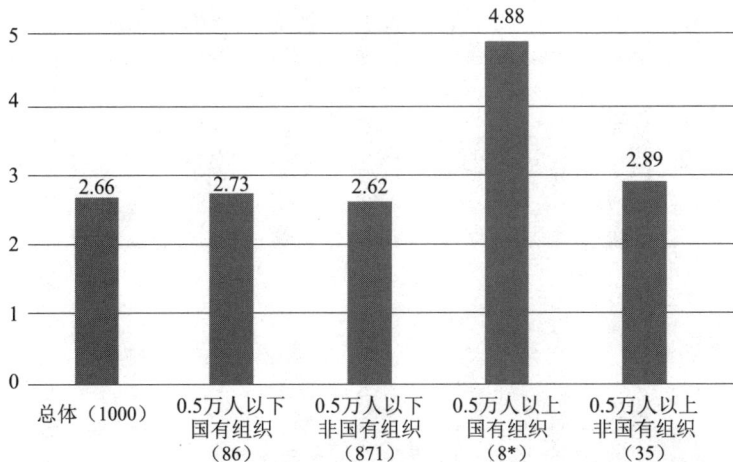

图 9-11　组织对人力资源管理数智化中"人机共生系统打造"的重要性感知
（不同规模 / 性质）[11]

　　根据我们的调研（图 9-12），在各项技术中，对人力资源管理数字化
前三重要的是：人力资源管理队伍数字化能力建设、员工知识技能更新和
重塑组织架构与岗位设计。人机共生系统打造和从关注胜任力到关注创造
力的重要性相对较弱。比较而言，0.5 万人以下组织（国有组织与非国有
组织）的受访者比 0.5 万人以上非国有组织受访者更重视重塑组织架构与
岗位设计、识别数字化场景。

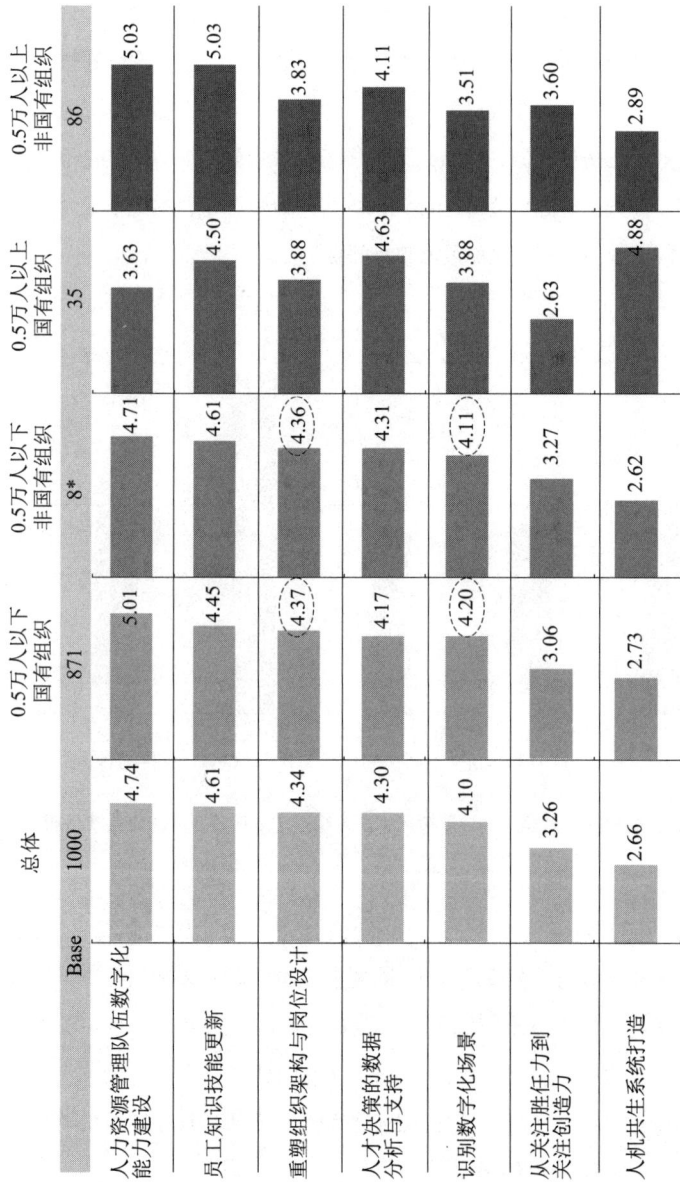

图 9-12 人力资源数字化管理相关技术的重要性排序（不同规模/性质）

Base	总体 1000	0.5万人以下国有组织 871	0.5万人以下非国有组织 8*	0.5万人以上国有组织 35	0.5万人以上非国有组织 86
人力资源管理队伍数字化能力建设	4.74	5.01	4.71	3.63	5.03
员工知技能更新	4.61	4.45	4.61	4.50	5.03
重塑组织架构与岗位设计	4.34	4.37	4.36	3.88	3.83
人才决策的数据分析与支持	4.30	4.17	4.31	4.63	4.11
识别数字化场景	4.10	4.20	4.11	3.88	3.51
从关注胜任力到关注创造力	3.26	3.06	3.27	2.63	3.60
人机共生系统打造	2.66	2.73	2.62	4.88	2.89

　　2019 年，埃森哲发布了一份 90 多页的《AI 应用高管指南》，从 AI 定义、AI 历史、AI 效率、AI 信任、AI 风险、AI 投资等多个维度展示了 AI 的"前世今生"，并基于 AI 领导力构建为高管们提供了行动指南。目前，AI 在企业的应用是重要趋势，但多数企业还未考虑进行岗位自动化、AI 化 (图 9-13)，近八成受访企业暂未考虑进行岗位自动化、AI 化，但 0.5 万人以上非国有组织这一进程远超总体水平，其中"将盘点并评估岗位自动化可能性作为例行工作"与"已开始进行系统梳理，盘点可以被自动化的岗位"的占比均达到 22.9%。从人力资源管理新模型来看，人机共生系统既要管理员工，又要管理数智技术及其应用，以及人机协同的复杂系统。因此，我们需要秉承"以人为本"的理念构建人机共生系统，并开展 AI 应用。

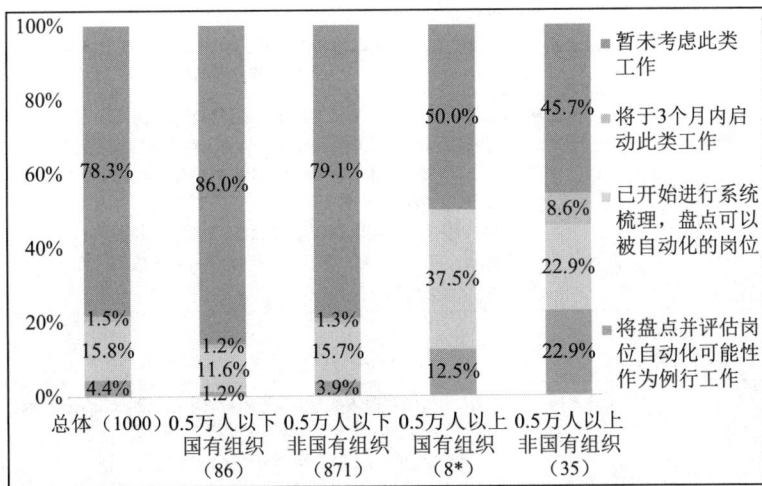

图 9-13　在不同规模 / 性质的组织中岗位自动化 /AI 化表现

　　在访谈中，企业也已经从组织目标实现与组织效率提升的视角去看待问题，未来可程序化、可量化、可衡量的岗位将会被机器替代，AI、大数据等会更深地嵌入组织系统之中，人机协同工作会成为常态，从而逐步建立起人机共生系统。由此企业可以获得更高的效率和更具竞争力的成本水平，也意味着组织会具有一项全新的技能：人机协同工作。

为了帮助读者更系统清晰地认识我们调研的实践和受访者的认知情况，我们整理出如下重要的调研结果（表9-3）。

表9-3　数字化人力资源管理调研基本结论汇总

人力资源管理模式现状	表现
人力资源管理 ——组织模式	• 总体而言，目前企业人力资源管理组织模式以综合管理部或人事行政部为主（47.8%），部分组织正处于人力资源三支柱变革过程中，这点在不同规模的组织间差异较大。 ➤ 0.5万人以下国有组织与非国有组织的人力资源管理组织模式仍以综合管理部和人事行政部为主（44.2%/50.5%）； ➤ 0.5万人以上组织则以选、用、育、留为基础进行分模块管理（37.1%），以及正进行人力资源三支柱变革（37.1%）为主。
人力资源管理 ——工作方式	• 信息化机器＋信息仆人（72.2%）是人力资源管理人员的主要工作方式，但是规模更大的组织对数字化和自动化工作方式的应用更普遍。 ➤ 0.5万人以下国有组织与非国有组织中的信息化机器＋信息仆人的工作方式占据绝对优势； ➤ 0.5万人以上非国有组织中"数字大脑＋数字个体"（37.1%）的占比最高，其次是"AI＋数字工蜂"（28.6%）、"信息化机器＋信息仆人"（25.7%）。
人力资源管理体系数字化建设	表现
数字化发展阶段	• 超八成企业人力资源管理体系处于准备启动数字化或部分模块已完成数字化阶段，仅有8.8%的企业完成全模块数字化。 • 在这个过程中，规模更大的组织，人力资源管理体系的数字化程度更高。 ➤ 0.5万人以上非国有组织已经超越传统信息化阶段，逐步进入数字化管理阶段，其中完成全模块数字化的占比达到42.8%； ➤ 0.5万人以下组织（国有组织和非国有组织）中仍有小部分组织处于传统的信息化阶段，虽然超过半数的组织已经完成部分模块数字化，但是实现全模块数字化的组织占比较低。

续表

人力资源管理体系 数字化建设	表　现
数字化建设阶段	• 在招聘、培训、绩效和薪酬管理、人才管理、学习等方面的数字化表现相近，总体上进度均较缓慢，但是规模更大的组织人力资源数字化各方面建设得更好。 ➢ 0.5 万人以上非国有组织受访者对提高招聘效率、匹配内部导师、人才资源库管理建设的积极评价（好 + 非常好）占比均达到 80%或以上。 • 现场劳动力管理的建设进度最快，生态门户的数字化建设进度相对缓慢，规模更大组织的进度更超前。 ➢ 0.5 万人以上非国有组织在人力资源管理数字化建设进度中处于相对领先的位置，其中 Core HR 建设进度的优势最为明显，完成或待升级占比为 60%。
数字化建设障碍点	• 有 66.5% 的受访者认为，在数字化人力资源转型过程中，一旦在工作中出现失误，后果将非常严重，工作本身的容错率较低。超五成的受访者认为数字化人力资源相关工作环境充满各种潜在威胁，总是有人在背后捣鬼或是找麻烦。
人力资源管理体系 未来建设	表　现
建设愿景	• 不同规模组织在制定清晰的人力资源数字化愿景、蓝图与路径上的表现截然不同： ➢ 0.5 万人以上非国有组织的制定率高达 94.3%； ➢ 0.5 万人以下国有组织和 0.5 万人以下非国有组织的这一比例仅为20.9% 和 22.3%。
建设方向	• 受访者认为企业未来的人力资源数字化建设的重点方向是**增加组织内员工协同力和简化员工工作**，不同规模 / 性质的组织的人力资源数字化建设重点方向略有差异： ➢ 0.5 万人以上非国有组织对**运用新技术简化员工工作**的关注度更高； ➢ 0.5 万人以下组织（国有组织与非国有组织）则更关注**增加组织内员工协同力**。
建设内容	• 过半数的受访者所在企业未来重点投入或建设内容包括**建设大数据分析平台、建设核心的人力资源系统和建设移动 / 社交 / 视频化的新一代学习平台**，在其他建设内容上，不同规模组织之间略有差异： ➢ 0.5 万人以上非国有组织对**打造人力资源新计划架构、建设实时反馈系统**的关注度超过 0.5 万人以下的组织； ➢ 0.5 万人以下组织对采用**"超连通"的团队沟通或协同工具**的关注度超过 0.5 万人以上非国有组织。

续表

人力资源管理体系 未来建设	表　现
建设目标	• 企业普遍对数字化人力资源转型的具体目标期待较高，特别是**提升员工对组织的价值创造，对新战略、新业务的支撑和建立更强大的人力资源管理网络**。
对人力资源数字化 的态度	**表　现**
人力资源与 数字化关系	• 82.5% 的受访者认为数字化与人力资源的关系属于协同关系，且认为协同共生关系的受访者占比更高。 • 不同规模的组织对于数字化与人力资源是否存在竞争关系的看法有明显差异： 　➢ 0.5 万人以上非国有组织受访者认为数字化和人力资源之间存在竞争关系的占比为 31.4%，远超过 0.5 万人以下组织的这一比例。
员工需要 具备的技能	• 受访者普遍认为，顺应人力资源数字化变革趋势，员工应具备技术技能、数据和认知能力以构建有效的人机共生系统，此外还需具备感知能力和社交能力等。
对数字化转型的 具体态度	• 有超八成的受访者认为数字化转型是一个很好的目标，可以为转型目标奋斗及坚定地致力于追求数字化转型的目标。
数字化转型对个人 的具体影响	• 受访者对企业人力资源数字化转型有着高度认同感，认为这项业务能够获得各种经验，也让受访者对企业有更高的认同感，从中获得难忘的经历。 • 人力资源数字化新功能和服务能够帮助个体快速适应工作变化、改变工作方向，对个体遇到问题和实际工作有重要帮助。此外，人力资源数字化新功能也能够帮助企业内部各部门更密切地合作。

AI 已来，人的价值在哪里？

2024 年 10 月 25 日，第十四届中国管理·全球论坛暨第十七届中国管理模式杰出奖颁奖盛典在江苏省无锡市成功举办。在以"数智驱动，价值成长"为主题的巅峰对话环节，中西方学者、企业家智慧激荡，共同探讨 AI 时代人的价值和管理的价值。

对话嘉宾

理查德·沃森　　群决策信息系统、商业智能（BI）和新能源信息学领域奠基人之一，管理信息学会原主席

陈春花　　上海创智组织管理数字技术研究院院长、教授

徐少春　　金蝶集团董事会主席兼 CEO

蒋锡培　　远东控股集团创始人、董事局主席

主持人

马旭飞　　香港中文大学商学院副院长、终身教授

01　AI 时代下，知识资本不对称的挑战

马旭飞： 我们就开始第一个问题，AI 时代会对企业管理产生什么

样的影响？

　　理查德·沃森： 好的。首先，AI 能够带来什么影响，之前我说过有五大系统，这些是基于系统记录，并且基于客户的需求，基于我们所看到的，对这种企业数据的分析，我们可以利用 AI 工具完成。比如聊天机器人（Chat Robot），它们有一些系统，比如电力系统，可以记录数据、获取数据并进行分析，了解客户业务需求，我们也可以通过机器学习进一步分析、培训我们的机器。比如沃尔玛可以通过软件，电子化呈现目录，更加多样化和灵活。所以我们必须搞清楚所面临的情况是什么，如何获得这些数据，并且利用客户的软件，进行数据的分析，从而产生更多的价值。我们必须从整个软件拓展到数据的价值，从而获得我所说的知识资本的不对称。

　　其次，有时候我们不但要考量技术，也要想想我们有什么样的问题。只有知道问题是什么，才能够用正确的工具来解决相关的问题。如果有生产方面的问题，你可以用识别的技术，或者机器人系统，或者机器学习等方式，来解决相关的问题。总之，必须先识别问题，再找到相应的系统去解决和应对，之后才能够看到在 AI 的格局当中，我们可以利用哪套工具解决相应的问题。

　　最后，我要说说 AI 的干预，如何进一步主张我们的价值。举例来说，沃尔玛每天都有大量的信息和数据，这个过程中可以提供更加灵活、多样化的东西。很多产品是有形的，但服务是无形的，有形和无形连接起来成为一个混合体，就需要我们有能力在这个范围内优化我们的知识信息，从而更好地应对挑战。比如温控，空调系统能够很灵活地制造舒适的环境温度，让所有人都感到舒适，这就是智能所带来的影响。你要想想 AI 所涵盖的范围是什么。比如苹果公司，不仅有很好的电子产品，也有很好的服务，他们创造了一个细分领域，针对无形的纯粹的服务，即服务密集型的产品。在这个过程中，我们可以通过无形的方式，让服务与客户进行良好的互动。

马旭飞：好的，谢谢沃森教授的详细介绍，就 AI 对于企业管理的影响，我们也想听一下台上几位专家、企业家的看法。

陈春花：这个话题本身涉及管理的面是特别广的，可以说管理活动的全过程，AI 都已经参与进去了。沃森教授分享的视角很独特，叫作知识资本的不对称，实际上这里面有两个很大的挑战。一个挑战是就知识本身来讲，它会融入两个主要的方面，一个是在人的身上，人会形成自己的知识体；另一个是知识要融入方法论中，我们讲人力资本、组织资本组合成知识资本时，AI 的主推作用是非常明显的。另一个挑战是，AI 本身会形成知识资本，而管理始终要回到人的问题，那么这两者之间就是我们管理要解决的部分。所以我也想向沃森教授提问，您怎么看待 AI 和人，也就是人和机在知识资本生成过程中各自受到的影响？

理查德·沃森：的确是的，这种是人机互动以及人机平衡，实际上人类创造了 AI，而 AI 让人类更加聪明，更加机敏。AI 可以存储大量的数据，从大量的数据中进行学习。在这样的基础之上，我们可以创造新的产品或者作品。在过去的 60 年里，科学家都在研究蛋白质，收集了大量的关于蛋白质的数据，人类的力量总是有限的，现在我们可以使用 AI 来进行学习、研究，并且识别和创造出新的蛋白质。其实这只是一个应用案例，各行各业都是如此，利用 AI 来辅助人类，帮助受过高等教育的研究人员，来不断地提高研发能力，让这个世界更加美好和光明。

02　拥抱 AI，领导者的工作重点是什么？

马旭飞：我们再听一下企业家对这个问题的想法，AI 怎么影响到我们的企业？

蒋锡培： AI 越来越让我们了解，越来越让我们认同，我们要了解 AI，拥抱 AI。无论是作为生活的助手还是事业的帮手，AI 已经深深地影响了我们，而且影响会很深远。无论是政府管理还是企业管理，都需要 AI 实现好的知识或者好的方法的运用。我觉得这让人心潮澎湃，激动万分。比如昨天有人问，为什么这里叫拈花湾，AI 一秒钟就给了答案。我们参观科大讯飞，在人机互动环节问 AI，30 年后的马云是什么样。AI 马上展示了马云 80 岁、90 岁的形象。我还问，哪里的人最漂亮、最潇洒，想不到 AI 的回答这么精准。当然管理当中有什么问题也可以咨询 AI，请教 AI，它确实是众多科学家、创新发明家和企业家共同打造的新世界。

远东事实上也是受益者。5 年前，我们就提出了一个目标，争取在两三年时间内，实现人均效能的提升。我们做到了，现在数据还在不断地提升。我就在想，怎么才能真正地利用新的事物，让我们的社会也好，企业也好，得以迅猛发展，这是至关重要的。今天沃森教授回答了很多问题，我有一个要请教您的问题。我们今天讨论的话题是否意味着各个国家的发展和企业的发展，是资本的不对称、时间的不对称和能力的不对称造就的，还是出于其他原因？

理查德·沃森： 非常重要的问题。我可以从两个方面回答一下。从组织方面来说，我们需要考虑资本不对称；同时对于国家来说，我们也需要考虑资本不对称的问题，这都是非常关键的。对于政府来说，政府也需要有各种资本和资产，如此才能够取得成功，获得经济的增长。

我刚才提到过有 6 种不同的资本，随着时间推移，还会发生一些变化，可能在当下，知识资本是至关重要的，但是对于很多国家来说，这种象征资本其实也是很重要的，对吗？比如，有的国家有这种象征资本，不需费吹灰之力就能够吸引很多移民到它的国家工作，这就是一种象征资本。所以，资本有非常广的含义，有不同的配方、不同的组合，每个国家、每个企业都有自身的考量，有不同的资本优势。

马旭飞： 徐主席有没有问题？

徐少春： 沃森教授今天提出了很重要的概念，现在的商业竞争创造了资本的不对称，沃森教授提出的公式是资本等于人力资本加上知识资本。中国有很强的人力资本优势，在知识资本上的潜力就更大了，因为 AI 可以帮助我们产生很多知识，这点超出我们的想象。大家知道 AI 主要由算力、算法和数据三个方面形成，中国有足够的算力，数据也有很大潜力，中国人很聪明，算法可以是一流的。所以中国企业如果善用 AI，可以产生很大的知识资本，我觉得沃森教授提出了一个很有意义的问题。我想在这里请教沃森教授，资本具体怎么用财务指标来衡量？

马旭飞： 请沃森教授回答一下这个问题，这也是一个很难回答的问题。

理查德·沃森： 观众的问题都非常难回答，非常好。实际上资本不只是经济资本，只能用经济指标或者具体的数字去量化。资本包括专利数量，专利是一个具体的知识资本的表现。除此之外，我们还可以考虑学科知识，比如科学家可能掌握生物学、信息系统、生物化学等多个学科的知识，研发人员的多学科知识体系也属于知识资本的衡量方式、量化方式。当然这种知识资本的量化很难，经济资本当然比较好量化，但是知识资本以及其他的资本需要我们进一步讨论，未来进行研究。

徐少春： 谢谢。我再问一个问题，我在这里剧透一下，明天我们将在北京发布一个超级 App，为每家企业、每个人包括管理者提供一个超级 AI 管理助手，有任何问题，都可以通过自然语言，与 AI 管理助手进行对话。比如，它能给你提供报表，帮你做一个分析，甚至可以作一首诗。

我想未来如果每一个企业都拥有超级智能的 AI 管理助手，就可以提升大部分管理者和领导者的效率，把他们从很多工作中解放出来。我想请教沃森教授，如果这个目标实现了，企业的管理者和领导者，未来的工作重点在哪里？

马旭飞：请沃森教授回答一下这个问题。

理查德·沃森：非常感谢。我开始展现过一个图表，里面包括了 4 种战略，其中有一些基础的系统和软件，未来每家企业都会有基础 AI 工具，都可以使用 AI 提升生产能力和效率，但是真正带有颠覆性力量的是企业是否有定制化的软件。比如对于电力企业来说，可能电力售卖的不只是传统电力，还有新型电力，这个也可以结合 AI 工具使用定制化的功能。所以说定制化在未来是非常关键的。

我认为，对于每家企业来说，不仅要有基本的 AI 工具，领导者还需要了解整个 AI 的发展，找到最适合自己公司的 AI 策略，也能去寻找不对称性，因为未来每家企业都不一样，要实现定制化和独一无二的特点非常难。

03　当低技能的工作被 AI 取代，人的价值在哪里？

马旭飞：利用这个机会，也请沃森教授问我们一个问题，然后我们进行交流。

理查德·沃森：好的。过去价廉的人力资本是中国的巨大优势，现在面对 AI 时代的来临——不单单是中国，其他国家也面临这样的问题。我们看到组织内部人力资本，很多是高技能的，对于技能不够的人，我们可以给他什么机会？

徐少春：好。我举个例子，在财务工作当中，那些善用 AI 的人，能发挥更大的价值和作用；那些 AI 使用不熟练或者不善用的人，要么再次培训，要么转岗。总之我们要通过 AI，把人的数量减少，并且让财务这些岗位的工作内容发生转变，从过去的事务处理变成分析、参谋和决策。

陈春花： 我也从一个故事讲起。前两天我跟家里一位 80 多岁的长辈聊天，他跟我说了两个话题，让我很受震动。他说你为什么还在忙活大学的教育，你现在教出来的学生都没工作了，当时我就被他说愣了。他还问我，怎么不去搞消防员，为什么要去搞无人驾驶，搞出租车司机。这位 80 多岁的长辈是一个普通人，当他问出这两个问题的时候，我想也就回应了刚才沃森教授的问题。面对 AI 的挑战，我想中国也好，全球也好，可能确实是有几个问题需要关注。

一个是教育。我们的教育所教的知识都是人类已有的、已知的部分，就这部分内容，AI 一定比我们强。如果我们的教育没有做整个知识体系的更新，是无法给学生们新的知识，让他们领先于或者借助 AI 获取更多的知识和技能的。我们知道教育是要培养学生让他们未来 15 年都还能够胜任在社会中的工作，这是一个最基本的要求。这的确是中国或者世界 AI 面临的非常大的挑战。另一个是 AI 应用到哪些领域，造福于人类的哪些方面。我想这也是一个根本的挑战。如果我们认为 AI 可以解决所有的问题——事实上也能，但人到底发挥什么作用？这是另一个很大的挑战，可能也是大家要一起努力做的事情。

蒋锡培： 从管理学角度来说，让人负起责任很重要。我想如果未来 AI、机器人能够把我们从众多的劳动中解放出来，未必是一件坏事。我们还有很多事情要做，像马斯克这样的企业家确实少了点，他很早就考虑把人机接口变成现实，把人类带到另一个星球，也在努力去实现。人机接口、人类跟机器人今后怎样互助、互动、互利、共赢，未来可能还会不断有矛盾产生，解决起来是很具挑战性的。我相信无论挑战有多大，所有的机器和工具都是为人服务的，我们的生活未来会非常有激情，有这样乐在其中的心态，相信未来会很好。

04 AI 时代的领导力

马旭飞： 好的，因为这些问题都是非常难回答的，所以我想刚好有一个大家交流的机会。刚才沃森教授讲到了一个很重要的词就是 AI for science（AI 对于科学领域）。刚才这一部分是 AI for manager（AI 对于管理者），因为大家提到很多关于人的问题，我想再追加一个问题，更加聚焦一下：AI 对企业家，对领导力有什么样的影响或者帮助？请沃森教授也回答一下。

理查德·沃森： 首先对于领导力，我们要知道资本创造的秘诀是什么，看看 AI 怎么改进这样的秘诀，有哪些机会可以改进价值主张。专注在这些点上，能够给领导力提供进步的空间，从而更好利用 AI。事实上，这对价值主张来讲是非常重要的一张牌，要好好打。通过 AI 的赋能，你能够更好地服务客户，业务更加成功，同时去找寻 AI 更多的可能性，更好地运用技术实现价值主张的转型和改进。

马旭飞： 谢谢沃森教授。针对这个问题，我想请在座的专家和企业家进一步问一下沃森教授关于 AI 对于领导力、对于企业家的一些影响或者帮助。

徐少春： 我想跟沃森教授探讨一个很有意思的话题。AI 让知识的产生、生成变得那么容易，我们只需要提高算力、算法，让 AI 更多地去学习。我想，我们每一个人未来的重点更多是放在想象上，对未来的想象以及通过内心来观察这个世界，因为具体的工作、知识全部交给 AI 做了，如果是这样的话，我想在中国的现在和未来，就不只是产生一个孙子（《孙子兵法》的作者孙武）了。刚才沃森教授提到了孔子、王阳明等，是不是人类社会未来会产生更多的圣人、思想家和哲学家？因为具体工作都交给 AI 去做，我们就是想象，就是与自己的内心对话，我这个判断猜测是不是成立？

理查德·沃森：聪明人用 AI 可以用得更好，AI 是很强的，但是需要人产生相关数据和知识，进行记录就能够创造更大的价值，进而去生产药物、研究治疗方法、治疗病人，所以对于那些坚持学习的人、了解 AI 的人，他们就可以利用 AI 去创造更多的价值。比如说你有一些新产品，例如新的机器人，经过训练它对医学可以有更好的了解，可以帮助治愈病人，所以我觉得大家不用害怕 AI。AI 是什么呢？它是一种加强。事实上不单是 AI，人的智能和机器智能的结合才是成功的秘诀。

蒋锡培：我请教沃森教授一个问题：在未来或近 10 年中，AI 时代究竟是一个多级领导者的世界还是单级领导者的世界？

理查德·沃森：如果只依靠一个领导者或者一种技术，就会导致垄断，这是非常危险的。所以我还是希望未来是有多种科学技术，发展多种 AI 方法，有多种模型、多级领导这样的世界，否则单极世界还是过于危险了。我也相信，在未来我们可以依赖 AI 技术创造出更高级的 AI 工具。

马旭飞：好的，请陈老师问一个问题，沃森教授也能很快地给一个答复，谢谢。

陈春花：其实领导者最基本的功能是指引方向，保持组织高效运行，鼓舞人心。前两个部分，指引方向和保持组织高效运行，AI 可以很明确地帮助我们。在鼓舞人心方面，在 AI 时代，领导者对于价值观、道德感、同理心，对于爱以及对于责任，是不是要求更多？比前面两个还要多？

理查德·沃森：这个也很难回答，的确是的，关于您提到的领导者或者说领导力，研究也发现领导者的确是变局的关键、破局的关键，能够带领一家企业走上全新的道路，所以说领导者最重要的品质肯定是有前瞻力，他需要理解市场的环境、理解技术所带来的影响，拥有前瞻力的领导者，才能找寻破局之道，理解技术、更好利用技术，更好地去提供服务、提供产品，来服务客户和消费者。我认为不仅是您说的共情力，前瞻力也是非常重要的。

马旭飞：好的，谢谢沃森教授。确实，我们处在 AI 已经到来的时代。再次感谢沃森教授，感谢在座的专家和企业家，谢谢各位！

致谢

在本书的调研与创作过程中，围绕调研主题，我们与众多企业的人力资源负责人踏上了探索数智时代人力资源管理转型与人机协同的旅程。过程充满挑战，然而，正是众多同行者的支持与启发，才使得这段旅程更加充实、美好且富有意义。

回顾人力资源管理的演变历程，我们见证了从最初基于泰勒《科学管理原理》的"经济人"管理范式，到人才作为核心资产的专业化发展阶段，再到如今人机协同的战略人力资源管理新纪元的转变。在这一过程中，人力资源管理的核心使命始终是构建组织与个体的价值共生平台。在 AI 时代，我们需要深入思考如何通过数智技术赋能，激发人的创造力，实现组织与个体的共同成长。

在与金蝶集团和徐少春主席的深度合作中，我们共同经历了 7 年多的探索，在结束第一个合作项目时，我们取得了相应的成果，并出版了《数字化加速度：工作方式、人力资源、财务的管理创新》一书。随后我们展开了第二个合作项目，也就是本书完成的内容。在这段携手共进的旅程中，我们通过紧密的合作与对话，不断突破，明确了数智时代企业转型的关键路径。我们坚信，在 AI 时代，企业数智化转型的核心在于管理模式的创新，而人才发展与人机协同至关重要。

本书相关的调研与访谈过程，要特别感谢朱丽老师、刘超老师、钟皓老师的倾力支持。我们一起投入了大量的时间与精力，从问卷设计到访谈分析，从理论框架到实践验证，确立了调研和访谈的战略方向，为企业驾驭数智化变革开辟了新的航道。同时，金蝶研究院曾昊院长深度参与了研究进程，优化资源配置，确保了研究工作的有序展开。

我由衷感谢"CHO100"项目的支持，该项目汇聚了逾百位中外顶尖企业的 CHO，他们在数智时代的前沿实践与深刻思考，为本书注入了宝贵的智慧。在与 61 位来自 20 多个行业的 CHO 的深入对话中，我们得以洞察行业的最新动态与趋势。他们丰富的经验与深度参与，犹如繁星点点，照亮探索数智化人力资源研究的道路，让我们在数字创意应用于人力资源管理的各个环节中，获得了多元和实践的智慧与灵感，也推动着人力资源管理研究向更具实践性的方向迈进。

在访谈过程中我们获得了几位杰出学者的大力支持，他们是来自英国利兹大学的宋继文教授、北大习研院的尹俊老师、北大国发院的梅亮老师以及王岚老师，他们对项目的指导和帮助，让我们的思考更加深入。同时，也要感谢北大国发院的王欣老师，王欣老师帮助推动调研和访谈的各项对接与访谈工作，为高质量访谈的顺利开展提供了极大支持。还要特别感谢知室的小伙伴，他们在调研、资料收集与梳理、书院研讨与学院访谈中所做的工作，让我们的研究可以延展到更多的企业实践之中。

通过深入研究，我们发现数智技术下的人力资源管理正面临着前所未有的挑战与机遇。如何在人机协同中重塑人才价值？如何平衡效率提升与人性关怀？这些问题促使我们重新思考人才生态、组织形态与价值创造的本质。我们的研究证明，未来的人力资源管理将呈现出新型工作形态与多元价值共生的特征，而人机协同将成为释放组织创新力的关键引擎。

本书凝聚了各方的思考与努力，是一次理论与实践的合一探索。在数智技术变革的浪潮中，我们更加深刻地认识到，技术的终极目标是赋能人、激发创造，而非简单替代。人机协同不仅是效率的提升，更是价值的重构与创新的迸发。这是一场充满启发与感动的共创之旅，每一位参与访谈及调研者都为本书注入了独特的思考与洞见。在此，我向所有为本书贡献智慧与力量的伙伴致以最诚挚的感谢，同时，作为阶段性成果，不足之处请读者包容，期待在此基础上，我们继续展开下一段旅程。

陈春花

2025 年 4 月

CHO 访谈嘉宾名单

（按访谈时间顺序呈现）

泰康集团——苗力

银雁科技集团——梁岚

蒙特利尔银行——屠伟

福迪威——周雪

AIG——张伟宏

东软——宋清君

搜狐——张雪梅

康菲石油——周晓军

美菜网——刘军

华发集团——许可

雀巢——李红霞

辉瑞制药——张燕燕

毕马威——郭音

美铝——张西娟

工银科技——徐艺宸

凯德投资——程菲

通力电梯——陈亮

ABB——郑旭

紫光国芯微电子——李玮

人瑞集团——刘艳

诺和诺德——王淑红

美敦力——张蕾

奥特莱斯中国——曾先

蒂升电梯——陈敏

中国远大——杨勤

岚德中国投资有限公司——何星耀

菲尼克斯（负责人力资源卓越运营）——范晓静

菲尼克斯（CHO）——郭美峰

赫基集团——宋春涛

科大讯飞——李剑峰

韵达——蔡元启

施耐德电气——乐海雯

百胜中国——袁耀宗

智云健康——胡悦

联通集团——江义娟

通用医疗——沈雁

泰科电子——梁路云

思科——吴汶锜

GFK——李婕

爱立信——黄庆海

惠普中国——徐苗苗

极智嘉科技——王春光

恒安集团——刘莹

好未来——位晨

环球影城主题乐园——尹冬梅

巨一科技——万俊学

奥托立夫——赵亚

百济神州——王子剑

京东物流——吕守升

史密斯——杜以玲

拜耳——王彤

康希诺——刘蔚

平安——高鹏

瑞士再保险——刘佳

天士力控股集团——李真

博世中国——李晓虹

自如科技——张秀滨

北京市市政工程设计研究总院有限公司——赵太珍

万达——张伟

TCL——许芳

元生资本——朱晓楠

注释

第 1 章

1　陈劲，郑刚.创新管理（精要版）[M].北京：北京大学出版社，2021.

2　Tsai, C., Marshall, J., Choudhury, A., et,al. Human-robot collaboration: A multilevel and integrated leadership framework[J]. The Leadership Quarterly, 2022, 33(1).

3　陈春花，徐少春，等.数字化加速度：工作方式、人力资源、财务的管理创新 [M].北京：机械工业出版社,2021.

4　劳埃德·拜厄斯，莱斯利·鲁.人力资源管理 [M].李业昆，等，译.9 版.北京：人民邮电出版社, 2017.

5　陈春花，赵海然.共生：未来企业组织进化路径 [M].北京：中信出版集团,2018.

6　Leonardi, P., Contractor, N. Better People Analytics[J]. Harvard Business Review, 2018, 96(6): 70-81.

7　资料来源: https://www.imf.org/zh/Blogs/Articles/2024/01/14/ai-will-transform-the-global-economy-lets-make-sure-it-benefits-humanity

8　劳埃德·拜厄斯，莱斯利·鲁.人力资源管理 [M].李业昆，等，译.9 版.北京：人民邮电出版社, 2017.

9　资料来源: https://www2.deloitte.com/cn/zh/pages/human-capital/articles/global-human-capital-trends-2024.html

10　参考调研资料：在所有的员工反馈当中，员工福利占比很大，人力资源需要看看在员工福利中有哪些需要进行改变、优化，然后才能让员工的感受更好。员工现在的压力很大，外面的世界也很浮躁，除了传统的员工福利，我们还应该加入一些精神层面的需求，比如心理辅导，主动帮助员工疏解他们的压力，这是 CHO 应该做的。（郭音，KPMG）

11　陈春花.组织的数字化转型 [M].北京：机械工业出版社，2023.

12　参考调研资料：数据化过程，即人力资源的方方面面用数字去即时呈现，这对我们的整体战略是有帮助的。了解我们目前的人才和潜在人才需求，包含与战略的连接，对战略是有更直观的帮助的。（陈敏，蒂升电梯）

13 陈春花, 赵海然 . 共生：未来企业组织进化路径 [M]. 北京：中信出版集团, 2018.

14 劳埃德·拜厄斯，莱斯利·鲁 . 人力资源管理 [M]. 李业昆 . 等 . 译 .9 版 . 北京：人民邮电出版社 , 2017.

15 陈春花 . 组织的数字化转型 [M]. 北京：机械工业出版社 , 2023.

16 资料来源：https://www2.deloitte.com/cn/zh/pages/human-capital/articles/global-human-capital-trends-2024.html

17 参考调研资料：人力资源自身做数智化，首要的是提升员工体验、管理者体验，因为人没办法做到7×24 小时提供关注关怀，但通过数智化信息系统可以实现。包括自助不上锁的工具箱，员工需要的时候就能获得资源，这是提升体验的部分。（周晓军，康菲石油）

18 参考调研资料：对于人力资源来讲，一个很重要的思考是，我们应该给发展的社会中的人、越来越数智化的社会中的人，带来什么样的更重要的体验，我觉得这是人力资源本身需要去考虑的一个问题，避免为数智化而数智化。把人本身最美妙、最温暖、最感人的东西丢掉，我觉得这是本末倒置。（郭音，KPMG）。

19 Leonardi, P. M. When Flexible Routines Meet Flexible Technologies: Affordance, Constraint, and the Imbrication of Human and Material Agencies[J]. MIS Quarterly, 2011, 35(1): 147-167.

20 穆勇 , 王薇 , 赵莹 , 等 . 我国数据资源资产化管理现状、问题及对策研究 [J]. 电子政务 ,2017(2):66-74.

第 2 章

1 唐塔普斯科特，亚力克斯·塔普斯科特 . 区块链革命 [M]. 凯尔，孙铭，周沁园，译 . 北京：中信出版社 ,2016.

2 陈春花，朱丽 . 协同：数字化时代组织效率的本质 [M]. 北京：机械工业出版社，2020.

3 陈春花 . 组织的数字化转型 [M]. 北京：机械工业出版社 , 2023.

4 陈春花 . 组织的数字化转型 [M]. 北京：机械工业出版社 , 2023.

5 陈春花 . 价值共生 [M]. 北京：人民邮电出版社 ,2021.

6　调研参考资料：从个人潜能的挖掘到团队合作的优化，直至企业文化深度融入公司每一业务板块，这一过程对于打造全员胜者心态至关重要。我们力求构建一种文化，让每位员工都能化身战场上的常胜将军与常胜士兵。这要求我们从增强个人数智化能力、优化团队协同机制，到将这一文化理念深植企业血脉，每一个环节都不容忽视。因此，人力资源的评价体系与发展方向应紧扣这一核心思想，培养和选拔那些能够体现这种能力的人才。（张伟，万达）

7　调研参考资料：我们现在都讲员工的敬业度，其实员工的敬业度也是用数字来衡量的，通过问问题，然后员工打分，最后形成一个敬业度指标。敬业度指标跟整个公司的净利润也会有一些关联。在大卖场里每平方米高敬业度的员工比低敬业度的员工一天可以多卖 22 美元，这个敬业度可以跟组织的目标以及结果，还有利润率，做正向的对比分析。这就是人力资源把工作从讲故事的模式变成对业务的直接贡献者，其实这些数字本身就是最可靠的桥梁。（CHO 访谈记录）

8　陈春花 . 价值共生 [M]. 北京：人民邮电出版社 ,2021.

9　廖晓明，陈珊 . "90 后" 新生代员工的特点与管理策略 [J]. 领导科学 ,2017(19):10-11.

10　开课吧 . 数字化人才与组织建设 [M]. 北京：电子工业出版社 , 2021.

11　涂满章 . 数字化时代人才管理新思维 [M]. 北京：企业管理出版社 ,2020.

12　陈春花，赵海然 . 共生：未来企业组织进化路径 [M]. 北京：中信出版社 , 2018.

13　调研参考资料：第一个是多元化。第二个是综合素养和文化修养，这方面的东西跟 40 年前相比发生了根本性的改变。第三个则是商业的要求接地气。（梁岚，银雁科技）

14　刘凤瑜 . 人力资源服务与数字化转型：新时代人力资源管理如何与新技术融合 [M]. 北京：人民邮电出版社 , 2020.

15　冯国华，尹靖，伍斌 . 数字化——引领人工智能时代的商业革命 [M]. 北京：清华大学出版社 , 2019.

16　陈春花，朱丽，刘超，等 . 协同共生论：组织进化与实践创新 [M]. 北京：机械工业出版社 ,2021.

第 3 章

1　唐·泰普斯科特，安东尼·D. 威廉姆斯 . 维基经济学 [M]. 何帆，林季红，译 . 北京：中国青年出版社 ,2007.

2 陈春花, 朱丽. 协同: 数字化时代组织效率的本质 [M]. 北京: 机械工业出版社, 2019.

3 陈春花, 朱丽. 协同: 数字化时代组织效率的本质 [M]. 北京: 机械工业出版社, 2019.

4 陈春花. 组织的数字化转型 [M]. 北京: 机械工业出版社, 2023.

5 调研参考资料: 我们的顾客群体对世界的认知、对产品的体验认知都发生了很大的变化, 所以重新去对我们的客户进行认知是肯定的、毋庸置疑的。(张雪梅, 搜狐)

6 Stone, D. L., Deadrick, D. L., Lukaszewski, K. M. et al., The Influence of Technology on the Future of Human Resource Management[J]. Human Resource Management Review, 2015, 25(2): 216-231.

7 Buckingham, M., Goodall, A. Reinventing Performance Management[J]. Harvard Business Review, 2015, 93(4): 40-50.

8 调研参考资料: 其实现在人力资源都起到了一半的首席战略官的角色, 因为如果首席战略官的定位只是对宏观的未来的研究, 那人力资源做这些治理结构、组织体系、运营以及人才的招聘都是要根据公司未来发展的需求来定的, 所以人力资源首先要对公司未来的战略有一个非常深入的感知。(CHO 访谈记录)

9 Peters, Thomas J, Waterman, Robert H., Jr. In Search of Excellence: Lessons from America's Best-Run Companies[M]. Harpercollins, 2004.

10 调研参考资料: 我们新承担的价值和贡献是, 我们是公司内这些新东西的创造者; 我们利用 AI 的技术、利用新的东西, 没有一家公司是 HR 在做, 我相信所有新技术的应用、新观念的引入, 都是 HR 领先的, HR 可以在这些部分首先应用, 你成为一个新的东西的倡导者, 这是 HR 起到的新的作用。(陈敏, 蒂升电梯)

11 马贵梅, 樊耘, 于维娜, 等. 员工 - 组织价值观匹配影响建言行为的机制 [J]. 管理评论, 2015, 27(4): 85-98.

12 陈春花, 赵海然. 共生: 未来企业组织进化路径 [M]. 北京: 中信出版集团, 2018.

13 周开国, 卢允之, 杨海生. 融资约束、创新能力与企业协同创新 [J]. 经济研究, 2017, 52(7):94-108.

14 陈春花, 朱丽, 刘超, 等. 协同共生论: 组织进化与实践创新 [M]. 北京: 机械工业出版社, 2021.

第 4 章

1 Meijerink J, Boons M, Keegan A, et al. Algorithmic human resource management: Synthesizing developments and cross-disciplinary insights on digital HRM[J]. The InTernaTIonal Journal of human resource managemenT, 2021, 32(12): 2545-2562.

2 Noack B. Big data analytics in human resource management: Automated decision-making processes, predictive hiring algorithms, and cutting-edge workplace surveillance technologies[J]. Psychosociological Issues in Human Resource Management, 2019, 7(2): 37-42.

Kellogg K C, Valentine M A, Christin A. Algorithms at work: The new contested terrain of control[J]. Academy of Management Annals, 2020, 14(1): 366-410.

3 参考调研资料：模型出来之后，知道理想人力资源总监的画像，能评价现有的人力资源总监，分析他和理想模型在哪些维度上有差距……海尔大学的系统也已经打通，内部十几个系统，包括岗位系统、绩效系统、薪酬系统、SSC 系统都打通了，回到人才发展这块，通过海尔大学的课程数据库，就可以为这个人自动、定向推送课程。（蔡元启，韵达集团）

4 参考调研资料：对于中后台的数智化转型，在一定的资源控制的基础上，实现 HR 的快速转型，把所有线下的场景以及线下的数据打通，建立人力资源管理场景的模型。（徐艺宸，工银科技）

5 参考调研资料：CHRO 能够有效利用人力战略、数据洞察和技术来提升竞争优势，推动企业发展，扩大业务成果。企业只有赋权 CHRO 以这种方式开展工作，方能加速员工发展，助推企业盈利。（CHO 访谈记录）

6 参考调研资料：第三个方面的挑战来自员工体验。不仅仅是人力资源的机制和政策，更要研究新的管理模式、新的管理手段，让它们能够更好提升员工的感知。（江义娟，联通集团）

第 5 章

1 陈春花 . 四种力量下的三种增长战略 [J]. 哈佛商业评论（中文版）,2023(12)：117-125.

2 陈春花 . 价值共生：数字化时代的组织管理 [M]. 北京：人民邮电出版社 , 2021.

3 参考调研资料：人力考核 50% 是战略落地；另外 50% 是人才发展，就是内部的人才发展方向。我们分了几个，这个跟以前是比较类似的，我们叫公司的 A+ 人员，就类似高潜占比不断提升。（杜以玲，史密斯）

4　陈春花 . 四种力量下的三种增长战略 [J]. 哈佛商业评论（中文版），2023(12)：117-125.

5　陈春花 . 组织的数字化转型 [M]. 北京：机械工业出版社，2023.

6　BI 挪威商学院兰德斯教授在《2052》一书中为了提供"未来的丰富性"，邀请了诸多专家共同撰文，共 35 篇，本文为其中的一篇《瞥见 8-6: 利用群体智慧》，作者拉威尔是欧洲在可持续战略与公司责任方面的权威专家。

第 6 章

1　即 COE、HRBP 和 SSC。COE（Centre of Excellence or Center of Expertise）是 HR 领域的专家，主要任务是确保设计一致性，建立 HR 专业能力；HRBP（Human Resource Business Partner）是业务合作伙伴，主要任务是贴近业务，协助业务经理更好地使用各种 HR 管理制度和工具支持员工；SSC（Human Resource Shared Service Centre）是共享服务中心，主要任务是为目标群体提供高效、高质量的 HR 共享服务。

2　参考调研资料：随着企业的发展、外界环境的变化，人力资源的角色也在不停变化，面临的挑战和需要做的事情也不一样。HR 团队需以更多元角度站在不同部门的视角去看待 HR 管理，并反哺 HR 体系、架构或制度、流程各方，这样会更贴近业务现实。（张雪梅，搜狐）

3　参考调研资料：因为数智化、因为科技、因为自动化……把人释放到了更前端，人变得更有前瞻性，更有创造性；对 HR 来说也一样……释放了人力，提高了生产力，让 HR 往前进了一步，从体力劳动里面脱离出来，去做更多战略的事情，创造更大的价值。（李婕，GFK）

4　参考调研资料：我们今天想推动店铺助手或者一些业务竞争等，这个属于人力资源数字化应用的场景，但实际上这个并不容易，因为需要跟业务部门去接通，确定业务的那些数据跟我的数据是不是相通。（宋春涛，赫基集团）

5　参考调研资料：我们现在很多时候使用 AI 面试工具，特别是做大批校招的时候。（沈雁，通用医疗）

6　参考调研资料：如果我们能够实现数智化的"仪表盘"并将相应数据打通，就不是简单的 HR 小数据，而是可以同业务挂钩，甚至和客户行业挂钩的一个大数据。在这个大数据的基础之上，我们基于数据分析给决策人、管理层提供了

一个思考，回答"什么样的组织能力、人员配比是最佳的"，进而产生最高的ROI价值。（李婕，GFK）

7　参考调研资料：人机对话的系统，能通过数智化解答员工的一些共性的问题，尤其是新员工培训、员工对基本的入职、登记、薪酬福利的咨询等。（曾先，奥特莱斯中国）

8　Kellogg K C, Valentine M A, Christin A. Algorithms at work: The new contested terrain of control[J]. Academy of Management Annals, 2020, 14(1): 366-410.

9　SAGE商业案例库是一个面向全球高校及商业机构图书馆开放的国际案例平台，与耶鲁大学、剑桥大学、清华大学、中国人民大学等全球知名商学院及案例中心进行合作，涵盖商业与管理领域的众多学科，现已包含5500多项具有当代新闻价值的优秀案例。

10　海尔实行的是"人单合一"管理模式。"人单合一"模式中，"人"是员工，使员工进行自我管理、自组织；"单"是用户价值，"合"就是消除距离。

11　参考调研资料：员工端的数智化应用还是非常领先的，数智化做得非常齐备，比如每一个销售人员，每天拜访过什么客户，规定动作是哪些，客户的反馈，医生的反馈，客户的信息维护，当日的销量，发货量统计，每天都可以看到实时数据，在业务端的应用非常成熟。（杨勤，中国远大）

12　参考调研资料：真正创造价值的员工不一定都是营销一线的，我们需要的是全维度的给企业创造价值的员工。可能有研发人员，有设计人员，有营销人员，有职能人员，HR要通过职级体系设计为员工打破上升通道的天花板。（刘艳，人瑞集团）

13　参考调研资料：这个人力资源的体系一定是为企业的战略和业务服务的。（张西娟，美铝）所以人力资源是我们自己的角色，我们甚至有时候（10%~20%）能够直接履行业务，我们直接对客服，当然承载的载体是我们的前台部门，因为前台部门在跟客户的接触当中可能会收集到一部分需求，我们会成为其强有力的支持者。（徐艺宸，工银科技）

第7章

1　埃里克·施密特，乔纳森·罗森伯格，艾伦·伊格尔. 重新定义公司：谷歌是如何运营的 [M]. 靳婷婷，陈序，何晔，译. 北京：中信出版社，2015.

2　张兴贵，罗中正，严标宾. 个人—环境（组织）匹配视角的员工幸福感 [J]. 心理科学进展, 2012, 20（6）: 935-943.

3　陈春花. 组织的数字化转型 [M]. 北京: 机械工业出版社, 2023.

4　参考调研资料: 尤其未来的零工经济或更灵活, 每个人其实都是自己小的
business（生意）, 我可能雇用了 1/3 的奥托利夫人, 1/3 外面生态圈的人, 1/3
的临时工。做生态里的一员, 而不是自己做一家公司, 心态要改变, 这对数字
化人力资源体系的要求更高了, 来一个人、走一个人的速度频率要比我们合同
工更高, 怎么收集这样大量的数据, 或者依靠一个外部的平台去收集这样的信
息, 这是一个大的趋势。（赵亚, 奥托立夫）

5　HBR-China. 2024 年, 这 8 个大趋势, 将会深刻影响我们的工作 [EB/OL].
（2024-02-01.）https://mp.weixin.qq.com/s/LIOOlzN2DXw0ZIdHRVbqig.

6　参考调研资料: 员工端的数智化应用还是非常领先的, 数智化做得非常齐备,
比如每一个销售人员, 每天拜访过什么客户, 规定动作是哪些, 客户的反馈,
医生的反馈, 客户的信息维护, 当日的销量, 发货量统计, 每天都可以看到实
时数据, 在业务端的应用非常成熟。（杨勤, 中国远大）

7　鲍勇剑, 袁文龙, 董冬冬. 区块链改造组织信任 [J]. 清华管理评论, 2018
（10）: 50-63. 鲍勇剑等认为, 区块链的契约活动可以解决"不信任"成分,
但是弱于解决"相信"成分。

8　参考调研资料: 我们自己做了一个内部协同办公平台, 在这个大的内部协同办
公平台上, 八九万人一起工作, 你就感觉效率是特别高的。我们在这个平台上
有很多管理工具, 比如 OKR, 比如我们公司有非常好的传统——写周报, 我们
的周报不是下级给上级写, 而是上级给下级写。比如我的周报、每个人的周报
发出来, 他的上 2 级、下 3 级、平级都能看, 这也是结一个网, 大家都看的过
程中效率也会有提升, 所以对组织的效能是有提升的。（位晨, 好未来）

9　参考调研资料: 我们现在有一个线上的平台挺好的, 这个蛮有意思的, 过去的
一代比较容易接受高管对他的从上往下的沟通, 但是新一代不大喜欢被教育了,
所以在文化的推动当中我们必须把它做得更好玩一点。同时相对来讲利用群众
的力量, 他们更希望听到跟他同年龄的同学们的心声。当然有些高管的讲话,
我们会通过 digital（数字化）的手段发布出来, 甚至当中有一些游戏让大家玩;
但我们现在做很多工作, 收集一线员工所发生的故事, 我们把这些故事变成文
化主题类似的东西。（袁耀宗, 百胜中国）

第 8 章

1　陈春花. 组织的数字化转型 [M]. 北京: 机械工业出版社, 2023.

2　请您按照对于人力资源数智化管理的重要性对以下技术运用相关的"从关注胜任力到关注创造力"进行排序（从最重要到最不重要）。赋分规则：排序 1 赋 7 分，排序 2 赋 6 分，排序 3 赋 5 分，排序 4 赋 4 分，排序 5 赋 3 分，排序 6 赋 2 分，排序 7 赋 1 分。

3　截至 2022 年 2 月，我国在业 / 存续"人工智能"相关企业共 69.3 万家。

4　Enikö Orsolya Bereczki; Andrea Kárpáti; (2021). Technology-enhanced creativity: A multiple case study of digital technology-integration expert teachers' beliefs and practices . Thinking Skills and Creativity, https://doi.org/10.1016/j.tsc.2021.100791.

5　参考调研资料：对于怎样实现创新，当你释放出来生产力，当你有更多的数据帮助你有洞见地去思考的时候，你就可能有更好的发现。（李婕，GFK）

6　参考调研资料：当时我们做了一个快输理论，让我们敢于尝试，把我们自己的想法拿给客户，看是不是客户要的，如果是客户要的就进行下去，如果不是，这个方案就不要了。在体系上我们也做了加速成长的项目。通过全球选，我们的文化普及到各个地方。现在外部的变化快，你又是一个新生的小公司，怎样应对变化，都取决于客户，但是客户的需求也有变化……整个运作体系和创新手段也变了，这是我们做的价值观调整，不影响整个运作模式。我们认为可以帮助实现可持续发展。（周雪，福迪威）

7　参考：赵晨, 林晨, 周锦来, 等 . 新就业形态劳动者的数字素养：概念、内涵及培育路径 [J/OL]. 图书情报知识 :1-1.http://ifgga60aabc7d15084b00h6xn9oc0np6kv6uxn.fhaz.libproxy.ruc.edu.cn/kcms/detail/42.1085.G2.20230516.0938.004.html。数字基本能力作为第一层级，主要涉及读取、使用数字信息的技能、方法和态度；数字应用能力作为第二层级，主要涉及查找、处理信息及完成相关任务和解决问题的能力；数字转化能力作为第三层级，主要涉及将数字信息转化为专业知识的能力，一般需要从数据中挖掘规律、创造知识或研发新的技术和产品。

8　请您按照对人力资源数智化管理的重要性把以下技术运用相关的"员工知识技能更新"进行排序（从最重要到最不重要）。赋分规则：排序 1 赋 7 分，排序 2 赋 6 分，排序 3 赋 5 分，排序 4 赋 4 分，排序 5 赋 3 分，排序 6 赋 2 分，排序 7 赋 1 分。

9　参考调研资料：我们要有温度，关注人性变化，用科技助力人性的美好释放。（许可，华发集团）

10　参考调研资料：HR 要避免为数智化而数智化。把人本身具有的最美妙、最温暖、最 touching 的东西丢掉，这是本末倒置。因为最后所有这些都是回归到人的本质，机器永远不是人，数智化永远不是人，它只是可以让人更完善，让人的社会更完美的工具和途径，但是人无可替代。（郭音，KPMG）

11　曾获评 2018 年哈佛商业评论"拉姆·查兰管理实践奖"——全场大奖 & 人力资源管理实践奖，以及 2018 年人大商学院"人力资源管理学院奖"——人力资源管理最佳实践奖。

12　请您按照对于人力资源数智化管理的重要性对以下与技术运用相关的几个选项进行排序（从最重要到最不重要）。赋分规则：排序 1 赋 7 分，排序 2 赋 6 分，排序 3 赋 5 分，排序 4 赋 4 分，排序 5 赋 3 分，排序 6 赋 2 分，排序 7 赋 1 分。

第 9 章

1　陈春花，钟皓 . 数智化生存与管理价值重构（六）数智化转型的关键：智能协同 [J]. 企业管理，2020(11):102-104.

2　海尔集团总裁周云杰：全链路创新以变制变 [EB/OL]. (2020-11-29) https://baijiahao.baidu.com/s?id=1684688603431552046&wfr=spider&for=pc.

3　赫曼特·塔内佳，凯文·梅尼 . 去规模化：小经济的大机会 [M]. 杨晔，译 . 北京：中信出版集团，2019.

4　金蝶与华为共建 HR 系统。2022 年 5 月，金蝶正式对外发布国内首个面向超大型企业全球人力资源管理的重磅 HR SaaS 产品——金蝶云·星瀚人力云，星瀚人力云以华为作为原型客户，融合了华为全球领先的人力资源管理实践，并基于可组装企业级 PaaS 平台金蝶云·苍穹打造而成。它把华为过去 30 多年的全球化和业务多元化的发展经验融入了平台。

5　参考调研资料：很重要的一点是用数智化方式赋能人才决策和组织决策，最终支撑领导者及组织能实现的价值。（郭美峰，菲尼克斯）

6　北大国发院 . 陈春花：数智化时代的个体与组织如何蜕变 [EB/OL]. (2021-09-03).http: //baijiahao.baidu.com/s?id1709844208700312014&wfr=spiderdfor=pc.

7　埃森哲在《技术展望 2023》中指出，生成式人工智能等技术的迅速演进正在创造超越人类想象的全新商业未来。它号召"企业需要立即行动起来，对数据、人才和定制基础模型开展大规模投入，满足企业所需，实现技术价值"。

8　陈春花，梅亮 . 人—机共生：组织新生态 [J]. 哈佛商业评论（中文版）2019(9):112-120.

9　参考调研资料：人机对话的系统，能通过数智化解答员工的一些共性的问题，

尤其是新员工培训、员工对基本的入职、登记、薪酬福利的咨询等。(曾先,奥特莱斯中国)

10 参考调研资料:我们在业务中其实有很多时候是人机分工,也是通过共同的界面来完成;最重要的是把人力资源的体系建设和文化价值观做绑定,然后让员工去感受、传递……把业务部门的系统和人力资源的系统结合起来一起看一些场景。(张雪梅,搜狐)

11 请您按照对于人力资源数智化管理的重要性对以下技术运用相关的"人机共生系统打造"进行排序(从最重要到最不重要)。赋分规则:排序1赋7分,排序2赋6分,排序3赋5分,排序4赋4分,排序5赋3分,排序6赋2分,排序7赋1分。